欧洲工业化、城镇化与农业劳动力流动

Industrialization, Urbanization and Labor Migration in Europe

蒋 尉 著

社会科学文献出版社
SOCIAL SCIENCES ACADEMIC PRESS (CHINA)

图书在版编目（CIP）数据

欧洲工业化、城镇化与农业劳动力流动/蒋尉著. —北京：社会
科学文献出版社，2013.6
（中国社会科学博士后文库）
ISBN 978 - 7 - 5097 - 4795 - 7

Ⅰ.①欧⋯ Ⅱ.①蒋⋯ Ⅲ.①工业化 - 研究 - 欧洲 ②城市化 -
研究 - 欧洲 ③农业劳动力 - 劳动力流动 - 研究 - 欧洲 Ⅳ.①F450.9
②F299.502.1

中国版本图书馆 CIP 数据核字（2013）第 142633 号

· 中国社会科学博士后文库 ·

欧洲工业化、城镇化与农业劳动力流动

著　者 / 蒋　尉

出 版 人 / 谢寿光
出 版 者 / 社会科学文献出版社
地　　址 / 北京市西城区北三环中路甲 29 号院 3 号楼华龙大厦
邮政编码 / 100029

责任部门 / 皮书出版中心（010）59367127　　　责任编辑 / 张丽丽　王　颉
电子信箱 / pishubu@ ssap. cn　　　　　　　　责任校对 / 李海雄
项目统筹 / 郭　峰　张丽丽　　　　　　　　　责任印制 / 岳　阳
经　　销 / 社会科学文献出版社市场营销中心（010）59367081　59367089
读者服务 / 读者服务中心（010）59367028

印　　装 / 北京季蜂印刷有限公司
开　　本 / 787mm×1092mm　1/16　　　　　　印　　张 / 16.75
版　　次 / 2013 年 6 月第 1 版　　　　　　　　字　　数 / 278 千字
印　　次 / 2013 年 6 月第 1 次印刷
书　　号 / ISBN 978 - 7 - 5097 - 4795 - 7
定　　价 / 59.00 元

编委会及编辑部成员名单

（一）编委会

主　任：李　扬　王晓初

副主任：晋保平　张冠梓　孙建立　夏文峰

秘书长：朝　克　吴剑英　邱春雷　胡　滨（执行）

成　员（按姓氏笔画排序）：

卜宪群　王　巍　王利明　王灵桂　王国刚　王建朗　厉　声
朱光磊　刘　伟　杨　光　杨　忠　李　平　李　林　李　周
李　薇　李汉林　李向阳　李培林　吴玉章　吴振武　吴恩远
张世贤　张宇燕　张伯里　张昌东　张顺洪　陆建德　陈众议
陈泽宪　陈春声　卓新平　罗卫东　金　碚　周　弘　周五一
郑秉文　房　宁　赵天晓　赵剑英　高培勇　黄　平　曹卫东
朝戈金　程恩富　谢地坤　谢红星　谢寿光　谢维和　蔡　昉
蔡文兰　裴长洪　潘家华

（二）编辑部

主　任：张国春　刘连军　薛增朝　李晓琳

副主任：宋　娜　卢小生　高传杰

成　员（按姓氏笔画排序）：

王　宇　吕志成　刘丹华　孙大伟　陈　颖　金　烨　曹　靖
薛万里

序　一

　　博士后制度是 19 世纪下半叶首先在若干发达国家逐渐形成的一种培养高级优秀专业人才的制度，至今已有一百多年历史。

　　20 世纪 80 年代初，由著名物理学家李政道先生积极倡导，在邓小平同志大力支持下，中国开始酝酿实施博士后制度。1985 年，首批博士后研究人员进站。

　　中国的博士后制度最初仅覆盖了自然科学诸领域。经过若干年实践，为了适应国家加快改革开放和建设社会主义市场经济制度的需要，全国博士后管理委员会决定，将设站领域拓展至社会科学。1992 年，首批社会科学博士后人员进站，至今已整整 20 年。

　　20 世纪 90 年代初期，正是中国经济社会发展和改革开放突飞猛进之时。理论突破和实践跨越的双重需求，使中国的社会科学工作者们获得了前所未有的发展空间。毋庸讳言，与发达国家相比，中国的社会科学在理论体系、研究方法乃至研究手段上均存在较大的差距。正是这种差距，激励中国的社会科学界正视国外，大量引进，兼收并蓄，同时，不忘植根本土，深究国情，开拓创新，从而开创了中国社会科学发展历史上最为繁荣的时期。在短短 20 余年内，随着学术交流渠道的拓宽、交流方式的创新和交流频率的提高，中国的社会科学不仅基本完成了理论上从传统体制向社会主义市场经济体制的转换，而且在中国丰富实践的基础上展开了自己的伟大创造。中国的社会科学和社会科学工作者们在改革开放和现代化建设事业中发挥了不可替代的重要作用。在这个波澜壮阔的历史进程中，中国社会科学博士后制度功不可没。

值此中国实施社会科学博士后制度 20 周年之际，为了充分展示中国社会科学博士后的研究成果，推动中国社会科学博士后制度进一步发展，全国博士后管理委员会和中国社会科学院经反复磋商，并征求了多家设站单位的意见，决定推出《中国社会科学博士后文库》（以下简称《文库》）。作为一个集中、系统、全面展示社会科学领域博士后优秀成果的学术平台，《文库》将成为展示中国社会科学博士后学术风采、扩大博士后群体的学术影响力和社会影响力的园地，成为调动广大博士后科研人员的积极性和创造力的加速器，成为培养中国社会科学领域各学科领军人才的孵化器。

创新、影响和规范，是《文库》的基本追求。

我们提倡创新，首先就是要求，入选的著作应能提供经过严密论证的新结论，或者提供有助于对所述论题进一步深入研究的新材料、新方法和新思路。与当前社会上一些机构对学术成果的要求不同，我们不提倡在一部著作中提出多少观点，一般地，我们甚至也不追求观点之"新"。我们需要的是有翔实的资料支撑，经过科学论证，而且能够被证实或证伪的论点。对于那些缺少严格的前提设定，没有充分的资料支撑，缺乏合乎逻辑的推理过程，仅仅凭借少数来路模糊的资料和数据，便一下子导出几个很"强"的结论的论著，我们概不收录。因为，在我们看来，提出一种观点和论证一种观点相比较，后者可能更为重要：观点未经论证，至多只是天才的猜测；经过论证的观点，才能成为科学。

我们提倡创新，还表现在研究方法之新上。这里所说的方法，显然不是指那种在时下的课题论证书中常见的老调重弹，诸如"历史与逻辑并重"、"演绎与归纳统一"之类；也不是我们在很多论文中见到的那种敷衍塞责的表述，诸如"理论研究与实证分析的统一"等等。我们所说的方法,就理论研究而论,指的是在某一研究领域中确定或建立基本事实以及这些事实之间关系的假设、模型、推论及其检验;就应用研究而言,则指的是根据某一理论假设,为了完成一个既定目标,所使用的具体模型、技术、工具或程序。众所周知,在方法上求新如同在理论上创新一样,殊非易事。因此,我们亦不强求提出全新的理论方法,我们的最低要求,是要按照现代社会科学的研究规范来展开研究并构造论著。

我们支持那些有影响力的著述入选。这里说的影响力,既包括学术影响力,也包括社会影响力和国际影响力。就学术影响力而言,入选的成果应达到公认的学科高水平,要在本学科领域得到学术界的普遍认可,还要经得起历史和时间的检验,若干年后仍然能够为学者引用或参考。就社会影响力而言,入选的成果应能向正在进行着的社会经济进程转化。哲学社会科学与自然科学一样,也有一个转化问题。其研究成果要向现实生产力转化,要向现实政策转化,要向和谐社会建设转化,要向文化产业转化,要向人才培养转化。就国际影响力而言,中国哲学社会科学要想发挥巨大影响,就要瞄准国际一流水平,站在学术高峰,为世界文明的发展作出贡献。

我们尊奉严谨治学、实事求是的学风。我们强调恪守学术规范,尊重知识产权,坚决抵制各种学术不端之风,自觉维护哲学社会科学工作者的良好形象。当此学术界世风日下之时,我们希望本《文库》能通过自己良好的学术形象,为整肃不良学风贡献力量。

中国社会科学院副院长

中国社会科学院博士后管理委员会主任

2012 年 9 月

序　二

在 21 世纪的全球化时代，人才已成为国家的核心竞争力之一。从人才培养和学科发展的历史来看，哲学社会科学的发展水平体现着一个国家或民族的思维能力、精神状况和文明素质。

培养优秀的哲学社会科学人才，是我国可持续发展战略的重要内容之一。哲学社会科学的人才队伍、科研能力和研究成果作为国家的"软实力"，在综合国力体系中占据越来越重要的地位。在全面建设小康社会、加快推进社会主义现代化、实现中华民族伟大复兴的历史进程中，哲学社会科学具有不可替代的重大作用。胡锦涛同志强调，一定要从党和国家事业发展全局的战略高度，把繁荣发展哲学社会科学作为一项重大而紧迫的战略任务切实抓紧抓好，推动我国哲学社会科学新的更大的发展，为中国特色社会主义事业提供强有力的思想保证、精神动力和智力支持。因此，国家与社会要实现可持续健康发展，必须切实重视哲学社会科学，"努力建设具有中国特色、中国风格、中国气派的哲学社会科学"，充分展示当代中国哲学社会科学的本土情怀与世界眼光，力争在当代世界思想与学术的舞台上赢得应有的尊严与地位。

在培养和造就哲学社会科学人才的战略与实践上，博士后制度发挥了重要作用。我国的博士后制度是在世界著名物理学家、诺贝尔奖获得者李政道先生的建议下，由邓小平同志亲自决策，经国务院批准于 1985 年开始实施的。这也是我国有计划、有目的地培养高层次青年人才的一项重要制度。二十多年来,在党中央、国务院的领导下,经过各方共同努力,我国已建立了科学、完备的博士后制度体系,同时,形成了培养和使用相结合,产学研相结合,政府调控和社会参与相结合,服务物质文明与精神文明建设的鲜明特色。通过实施博士后制度,我国培养了一支优秀的高素质哲学社会科学人才队伍。他们在科研机构或高等院校依托自身优势和兴趣,自主从事开拓性、创新性研究工作,从而具有宽广的学术视野、突出的研究能力和强烈的探索精神。其中,一些出站博士后已成为哲学社会科学领域的科研骨干和学术带头人,在"长江学者"、"新世纪百千万人才工程"等国家重大科研人才梯队中占据越来越大的比重。可以说,博士后制度已成为国家培养哲学社会科学拔尖人才的重要途径,而且为哲学社会科学的发展造就了一支新的生力军。

哲学社会科学领域部分博士后的优秀研究成果不仅具有重要的学术价值,而且具有解决当前社会问题的现实意义,但往往因为一些客观因素,这些成果不能尽快问世,不能发挥其应有的现实作用,着实令人痛惜。

可喜的是,今天我们在支持哲学社会科学领域博士后研究成果出版方面迈出了坚实的一步。全国博士后管理委员会与中国社会科学院共同设立了《中国社会科学博士后文库》,每年在全国范围内择优出版哲学社会科学博士后的科研成果,并为其提供出版资助。这一举措不仅在建立以质量为导向的人才培养机制上具有积极的示范作用,而且有益于提升博士后青年科研人才的学术地位,扩大其学术影响力和社会影响力,更有益于人才强国战略的实施。

今天,借《中国社会科学博士后文库》出版之际,我衷心地希望更多的人、更多的部门与机构能够了解和关心哲学社会科学领域博士后及其研究成果,积极支持博士后工作。可以预见,我国的博士后事业也将取得新的更大的发展。让我们携起手来，共同努力，推动实现社会主义现代化事业的可持续发展与中华民族的伟大复兴。

人力资源和社会保障部副部长

全国博士后管理委员会主任

2012 年 9 月

摘　要

　　工业化、城镇化，作为人类社会历史的拐点，是现代经济增长的核心命题，而劳动力的结构变迁进而二元经济结构的转变则是工业化的程式化特征。这一程式化特征主要表现为劳动力持续地从农业部门流向非农业部门，由农业向制造业和服务业流动。本书系统论述了欧洲农业劳动力流动的机制、动因、共性以及存在的问题及其对策，试图回答以下五个问题。

　　（1）欧洲农业劳动力流动具有怎样的影响机制？本书第一章在对主要的二元结构理论模型简要评述的基础上，对刘－费－拉二元结构模型进行了扩展，增加了技术创新与技能教育两个变量，强调了这两个变量在农业劳动力流动中的效应，描述了在技术和教育作用下农业劳动力的释放和吸收路径。提出技术断层是劳动力职业转变过程中的瓶颈，而教育则是突破瓶颈的决定因素。

　　（2）什么是农业劳动力流动的核心推动力？本书第二章基于对工业化框架下农业劳动力流动的考察，认为欧洲主要资本主义国家农业劳动力流动的核心推动力涵盖了以下六个动因：技术创新与扩散、非农产业的发展、农业技术进步、土地制度的变革、基础设施建设以及政府政策的作用。在不同国家以及同一国家工业化的不同阶段，驱动农业劳动力流动的主导因素不尽相同，但都囊括了上述因素的共同作用。

　　（3）不同国家的农业劳动力流动是否存在规律性的特征与趋势？本书第三章探讨了这一问题，强调了以下共性：农业劳动力流动主要与工业化相联系，劳动力结构变化的时间和速度决定于工业化的进度；劳动力的流向与产业的兴起和发展方向相一致，在产业更替的过程中，劳动力的流向呈现对产业兴起和扩张方向的跟踪性变化；劳动力的流动很难在不同阶层之间实现；劳动力流向的重点领域在工业化的后期必然从工业转向服务业，对农业劳动力的吸纳最终要依赖于第三产业的发展。此外，本书以多种原因叠加导致的流动指数的季节变化、流动指数在波峰与波谷之间的差距直观论证了不同国家农业劳动力流动所共有的双向性特征。

（4）如何缓解劳动力流动中被放大了的城市压力和社会非均衡问题？本书第四章探讨了失业和贫困、资本与劳动之间及劳动者内部不同群体之间的收入差距和社会地位差距、劳工住房困境等城市病和社会失衡问题以及不同国家的应对之策。提出农业劳动力流动中的失业现象在于工业化进程中农业部门释放能力与非农业部门吸纳能力之间在数量、技能以及信息上的非对称性。以劳动者内部不同群体之间的差异为切入点，分析了工业化的收益流向在不同群体之间的巨大差距，利用丰富的史料解开了在整体数据掩盖下的悖论。本书提出，工业化的过程正是不断地制造并设法解决一系列不平衡的过程，欧洲国家相继走向了福利国家建设的方向，其中不可忽视的是从内在的动力着手，立足于劳动者自身素质的提高，依赖于教育和职业培训，增强劳动者的适应能力，同时以就地城镇化发展产业替代劳动力向主要城市的大量流动，来缓释城市问题。

（5）欧洲的经验是否对症中国工业化和城镇化？第五章结合我国城市病和农村劳动力诉求，根据大量的实地问卷调研和访谈，以及欧洲国家的案例分析，提出"去中心化"和就地城镇化，实现资源、公共产品和公共服务的同质化和均等化，以产业转移替代劳动力向主要城市的大量流动，来缓释城市问题，推动地区的平衡和可持续发展。

最后，结论部分紧扣中国的现实，提出了欧洲主要资本主义国家在"问题—对策"形成过程中的相关逻辑，无论是劳动力流动条件的创造、产业战略和流动方式的选择、就地城镇化和去中心化的实现，还是福利制度的建设，以及对问题的各种回应，及时、适时、到位的政府调控都是其中必不可少的因素。这种逻辑经验将在中国建设和谐社会的实践中日臻完善。

　　关键词：欧洲工业化　去中心化　就地城镇化　劳动力流动　社会失衡

Abstract

Industrialization and urbanization, as an inflection point inlaid in human social history, is the core topic of modern economic growth. The change of labor structure, then the evolution of economic structure is a formulating characteristic of industrialization. This kind of formulation is displayed as that the labor force keeps continuously flowing from agricultural sector to non-agricultural sectors. This dissertation dates back nearly 200 years to trace and review the mechanism, impetus, common features and solutions to the obstacles related in the industrialization and urbanization of the main European countries. Focusing on five main core issues affiliated to the industrialization, urbanization and their migrant workers, the dissertation aims to acquire the original understandings and experiences, and constructive references for China's industrialization, urbanization and the migrant labor issues.

(1) What is the mechanism of the rural labor migration in European industrialization? In view of the comment on economic structural transition models by W. Arthur Lewis, Harris, J. , Todaro, John C. H. Fei and Gustav Ranis, the author adds the technical and educational factors to expand the Lewis-Fei-Ranis model. This dissertation puts stress on the function of technology and professional education in the economic structural transition. It illustrates that technical fault zone is a vital challenge for the majority of migrant workers, consequently, the professional education is the key factor to

break down this barrier.

(2) What're the key impetus to rural migration? On the basis of the investigation of main European industrialized countries, the dissertation puts forward six key impetus including technological innovation and expansion, development of non-agricultural sectors, land system reform, improvement of public services and governance reform. Beyond all doubts, the leading motive varies in different countries and changes according to different stages even in the same country.

(3) Are there any regularities and common trends in the process of industrialization and urbanization? The author argues that the migration is notably correlated with industrialization. The speed and scale depend on the variable process of industrialization. The direction of labor-flow is based on the trend of industrial development and dances to the tune of the industrial expansion. The labor transformation from agricultural sector to non-agricultural sector depends on the development of Secondary Industry and Tertiary Industry. Based on the distance between the wave crest and the trough of the labor-flowing index curve, the author proves that the " two-way flow " is a remarkable characteristic in industrialization of different countries other than the former conclusion which was described as " one-way migration ".

(4) How could the social imbalances that grew during industrialization and urbanization be alleviated? The dissertation discusses unemployment, poverty and housing problems in the process of labor migration. It demonstrates that the unemployment in the job-transition is due to their quantitative, technical and informational non-symmetric features between agricultural and non-agricultural sectors. Focusing on the industrial benefit distribution, the author analyses the disparity between the capitalists and the labor workers, the divergence among different groups. Therefore, the dissertation claims that industrialization as well as urbanization is a process of solving a series of problems it produced and polishing different kinds of imbalances occurred correspondently.

（5）Is the European experience applicable to China? Based on the survey of industrialization in main European countries, the dissertation argues that the " in situ urbanization " plus " decentralization " in rural China is an optimize choice to settle the related problems. It is critically important to create industries and move the labor-intensive industries from developed areas to undeveloped areas, instead of the moving of migrant workers. Meanwhile, additional stress should be put on the decentralization, which helps to make scientific allocation of resources possible and to meet the target of equal access to the public goods and services. This also prescribes the right medicine for China's Migrant issues.

In conclusion, this dissertation traces out the main logical principles of " problems-solutions " mechanism of European industrialization pioneers. The construction of welfare state and the improvement of labor quality are proved as effective approaches. The effective and opportune governance which based on the negotiation and co-operation among government, enterprises, organizations and individuals is a fundamental key to all the solutions as well as public services supply, industrial strategy choice-making and response to any tricky issues. The logic principles of European industrialization such as in situ urbanization, decentralization and welfare state, could be conductive to the building of China harmonious society.

Key Words：European Industrialization；Decentralization；In Situ Urbanization；Migrant Workers；Social Imbalance

前　言

　　大约在 1750—1950 年的两百年间，欧洲经济社会经历了一种以创新、竞争为主导的突变过程[①]——工业化。此前，经济关系相对均衡，此后，经济关系在不同的架构下重归一种更高水平的均衡。如果把工业化放在历史的长河中，那么，人类在不久之前全部为农业工作者，或者狩猎，或者渔猎，或者采集野果，或者种植粮食，或者驯养动物，然而人类经济活动的这种历史由于工业化而断裂……工业化使经济发展经历了质的飞跃，农耕经济转向现代农业、工业经济，农村趋向于城市化，农民或农奴转变为农业工人或向其他非农产业流动。如果从现代意义上讲，英法在 18 世纪末期还算不上是一个现代经济体的话，那么，随后的工业化则彻底重塑了它们。

　　工业化深深地改变了整个社会经济结构。欧洲主要资本主义国家的实践证明，工业化在很大程度上是技术推动下社会经济结构的变动调整及由此带动的劳动力流动和资源配置重组以及城乡结构的变化过程。人类自私有制确立之后，三大产业处于同时并存的状态（三大产业各自也处在不断地变化和进步中），只是不同时期的主导产业不同，在工业化进程中，经济结构逐渐由第一产业为主导转向以第二、第三产业为主导。

　　在此过程中，农业劳动力的流动似乎成为任何以农业为初始状态的国家实现工业化所无法绕开的路径，成为经济结构和城乡结构变化的主线，它包括不同部门之间、城市与农村之间

[①]　卡洛·齐波拉在定义工业革命时提出"工业革命造成了人类历史进程的突变"，详见卡洛·齐波拉主编《欧洲经济史》第三卷，中译本，商务印书馆 1989 年版，导言部分。

以及国际之间的流动。劳动力的流动与工业化相互作用，把人类社会经济关系推向一种更高水平的均衡。本文拟截取 1750—1950 年[1]这一欧洲主要资本主义国家的工业化阶段，研究在此过程中农业劳动力流动的机制、动因、共性、问题及其对策。马克思曾在《资本论》序言中提到，"工业较发达国家向工业较不发达国家所展示的只是未来的景象"。[2]尽管由于各个国家经济增长的参数和初始条件很不一致，并且处于不断的动态变化中，不可能有完全统一的增长路径，然而，不可否认，发达国家与发展中国家在各自的经济增长过程中不可避免地会在相同的阶段中出现一些共有的趋势或特征，遇到一些类似的发展问题。在欧洲国家工业化期间的劳动力流动过程中，就有很多值得我们借鉴的经验和需要规避的教训。在由发达国家倡导的知识产权保护（TRIPs）逐渐蔓延到各个领域的时代，经济发展的教训与经验则能得以留在 TRIPs 触及不到的角落，成为我们可以从发达国家免费获得的极少数资源之一。工业化中欧洲主要国家农业劳动力流动的核心推动力以及存在的问题基本一致，并呈现某些共有的特征，但各自的实现方法和解决问题的对策不尽相同。因此，通过对欧洲主要资本主义国家工业化过程中农业劳动力流动的机制、动因、共性、问题及其对策的研究，亦可给正面临同样问题的中国工业化提供借鉴。

欧洲有不少国家专门成立了研究人口流动的机构，如德国的奥斯纳布吕克大学的人口流动和多元文化研究所，英国莱斯特大学城市研究中心专门研究英国与欧洲共同体国家人口流动与城市发展问题。对于农业劳动力流动的相关研究在欧洲已有不少著作。如英国雷德福的《英格兰的劳工流动，1800—1850》对英国农村劳动力流动的原因、方式以及国际移民都作了较详尽的叙述[3]，但该书仅是针对英国单个国家而言。韦伯

---

① 为对相关问题有更清楚的解释，文中对个别资料的取值延续到 1950 年以后，如像法国等工业化时间跨度较大的国家。
② 马克思：《资本论》第 1 卷，人民出版社 1975 年版，序言。
③ Reford, A., *Labour Migration in England, 1800–1850*, Manchester, 1926.

在《19 世纪的城市发展——统计研究》一书中，以大量统计数据论述了世界主要国家农村人口向城市的流动以及城市发展状况。① 虽然该书主要侧重于对城市的发展以及由农村到城市的单向流动的描述，但资料丰富，便于进行国别比较。英国萨维尔的《英格兰和威尔士农村人口的减少：1851—1951》提供了农村人口外流的历史背景，该书探讨了造成农村人口外流的因素如城市社会的发展、农村手工业的衰落等，并且论及人口流动的地区差异。② 贝恩斯在其著作《一种成熟经济的移民：英格兰和威尔士的国际和国内移民》中不仅研究了农村人口向城市以及海外的流动，而且对城市人口的外流作了专门分析。③

以上著作立足于历史学、经济学、统计学、社会学、人口学等多种学科的分析框架，或是从国别的角度或者涵盖多国，分别对劳动力流动相关问题进行了不同程度的研究，但这些研究没有明确定位于工业化时期。沃尔夫冈·科尔曼所著的《工业化时期的人口》较深入地探讨了工业化和农村劳动力的转移④，但该书主要局限于德国。此后，琼斯在《农业与工业革命》一书中，明确地把研究的时间跨度定位于英国工业化阶段，不仅包括工业化中的农业变化、发展，而且还涉及了工业资本和农业劳动力市场等方面的问题。⑤ 理查德和吉艾尼编的《19 世纪欧洲工业化的模式》以及卡洛·齐波拉主编的《欧洲经济史》对包括英、法、德、意、奥、匈、俄等不同国家工业化进行了研究，文中涉及工业化过程中农业劳动力大量流向城市后引发的失业、贫困等一系列社会问题，强调了在提高实际工资和生活水平方面政府调控的重要性⑥，

① Weber, A. F., *The Growth of Cities in the 19th Century, a Study in Statistics*, New York, 1963.
② Saville, J., *Rural Depopulation in England and Wales, 1851 – 1951*, London, 1957.
③ Baines, D., *Migration in a Mature Economy, Emigration and Internal Migration in England and Wales, 1861 – 1900*, London: Cambridge University Press, 1985.
④ Koellman Wolfgang, *Bevolkerung in der Industriellen Revolution*, Gottingen, 1974.
⑤ Jones., E. L., *Agriculture and the Industrial Revolution*, New York: Halsted Press, a division of John Wiley and Sons Inc., 1974.
⑥ Richard Sylla and Gianni Toniolo edited, *Patterns of European Industrialization the 19th Century*, London: Weidenfeld and Nicolson, 1991；卡洛·齐波拉主编《欧洲经济史》第三卷，中译本，商务印书馆1989 年版。

但这方面的篇幅较小。约瑟夫·克拉兹曼在《法国农业政策——错误的思想观点和幻想》和《法国农业》中都提到，农村劳动力尤其是青年一代劳动力的流出将促使农业老龄化，主张进行必要的政府干预。[①] 托多洛维奇和希波什著的《西欧国家的农业工业化》，论及农业人口阶级结构的变化。[②] 这些论著基本上都是在工业化的条件下部分论及农业劳动力问题，但没有专门、系统地研究流动的机制、动因、共性和引发的社会不平衡等问题。

此外，国外还有一系列著作涉及工业革命、农业发展、人口变化、劳工状况等问题。如，阿什顿的《工业革命，1760—1830》、迪恩的《第一次工业革命》以及他和科尔合作的《不列颠的经济增长：趋势与结构》论证了农业的发展变化与工业革命的相互关系[③]；鲍利的《世界人口的增长与控制》、尼尔逊的《世界人口：以往增长与当今趋势》、格莱兹高兹的《欧洲1939年以来的人口变化》以及库青斯基的《欧洲人口》等著作从不同侧面对欧洲的人口变化进行了较深入的研究[④]；库兹涅茨的《现代经济增长》、罗纳尔德的《工业革命与经济增长》、克拉克的《经济进步的状况》、范恩斯坦的《联合王国的国民收入、消费与产出，1855—1965》、斯蒂格勒的《消费行为的实证研究》等对国民总收入的分配以及家庭消费等问题进行了全面探讨，从中不难发现工业化过程中不同群体之间的经济地位差距。[①]上述著作均

---

① 约瑟夫·克拉兹曼：《法国农业政策——错误的思想观点和幻想》，李玉平译，农业出版社1982年版；《法国农业》，宇泉译，农业出版社1982年版。

② 托多洛维奇、希波什：《西欧国家的农业工业化》，裴元伦译，北京出版社1979年版。

③ Deane, P., Cole, W. H., *British Economic Growth*, *Trends and Structure*, London：Cambridge University Press, 1967.

④ Kosinski, Leszek A., *The Population of Europe*, London：Longmans, 1970；Borrie, Wilfred David, *The Growth and Control of World Population*, London：Weidenfeld and Nicolson, 1970；Carr - Saunders Alexander, *World Population：Past Growth and Present Trends*, *Oxford：Clarendon Press*, 1936；*Frumkin, Grezegorz, Population Changes in Europe since 1939：A Study of Population Changes in Europe during and since World War II as Shown by the Balance Sheets of Twenty - four European Countries*, New York：Kelley, 1951；George G. Stigler, "The Early History of Empirical Studies of Consumer Behavior", *Journal of Political Economy*, LXII (1954)；Ronald Max Hartwell, *The Industrial Revolution and Economic Growth*, London：Methuen Press, 1971.

① Simon Kuznets, *Modern Economic Growth：Rate, Structure and Spread*, New Haven：Yale U. P., 1966；Feinstein, C. H., *National Income*, *Expenditure and Output of the United Kingdom*, *1855 - 1965*, London：Cambridge University Press, 1972.

基于深厚的研究基础，尽管不是对劳动力流动的专门、系统的研究，但提供了探讨相关问题的环境背景、丰富的数据资料和很有价值的启迪。

国内对欧洲工业化时期农业劳动力流动的系统研究主要有戎殿新研究员、司马军研究员等主编的《各国农业劳动力转移问题研究》，王章辉研究员和黄柯可研究员编著的《欧美农村劳动力的转移与城市化》。前者从历史的角度考察了农业劳动力转移的实践过程，在此基础上从多方面进行了理论探讨，详尽地评述了世界各国农业劳动力转移的历史进程、现状和问题，总结出共同规律，指出各国不同的特点和经验教训①，是中国第一部系统论述世界各种类型国家农业劳动力转移的著作，汇集了20余位研究人员的智慧。后者以最早完成工业化的英、法、德、美四国为对象，对农村人口转移的原因、过程和特点等方面进行了深入的研究，对农村劳动力转移的社会作用做了客观的历史评价和详尽的分析，并论述了农村人口转移引发的社会经济问题，也是欧美工业化和农村劳动力转移研究方面不可多得的著作。

国内外经济史著作对于欧洲工业化、城市化过程中劳动力流动的论述颇多，但其中系统地有针对性地从机制、动因以及引发的问题等方面作专门的研究尚不多见。现有著作大都侧重于认为工业化时期的农业劳动力流动是单向流动，对于双向流动则很少论及。他们往往强调在工业部门的扩张过程中伴随着相应的变化：人口从农村和农业向城市和工业流动（正向流动），兼职工人向全职工人的转变，家庭作坊向工厂制的转变以及同质的工业劳动队伍的形成等一系列单一的运动，而忽视了其中的另一面，即从城镇或非农产业向农村或农业的反向流动。已有著作对于欧洲工业化进程中不同群体之间收入差距的扩大没有给予足够的关注。而上述问题在欧洲主要国家的工业化进程中普遍存在，且对经济社会的均衡和可持续发展具有重要作用。此外，欧洲的经历证明，劳动力的反向流动与正向流

---

① 戎殿新、司马军编《各国农业劳动力转移问题研究》，经济日报出版社1989年版。

动并存，且在工业化、城镇化进程中同样重要，正因为如此，本书题为"农业劳动力流动"而不是"农业劳动力转移"。

本书除序言和结论之外，分为五部分，分别述论欧洲农业劳动力流动的机制、核心推动力、欧洲不同国家农业劳动力流动的共性与趋势以及存在的问题及其对策，欧洲主要国家应对工业化城市病的有效手段案例。书中主要运用计量经济学、统计学的分析方法对上述问题进行翔实的资料分析，做了历时的纵向比较和共时的国别地区的横向比较，得出了一系列有借鉴意义的结论。本书的创新之处主要表现在以下几个方面。

（1）本书利用主要的二元经济理论模型之间的联系，系统地论证了工业化进程中农业劳动力的流动机制，在费景汉—拉尼斯二元结构模型的基础上引入了经济结构转换中的两个关键变量：技术和教育，描述了在技术与教育作用下劳动力的吸纳与释放路径，指出技术断层是劳动力职业转变过程中的瓶颈，而教育则是突破瓶颈的一个决定因素。提出农业劳动力流动中的失业现象在于工业化进程中农业部门释放能力与非农业部门吸纳能力之间在数量、技能以及信息上的非对称性（不考虑经济周期、战争及其他因素）。[①] 对此，问题的解决途径主要是：推动技术创新，发展第二、三产业以拓展就业空间；加强多种形式的教育以提高劳动力的技能，完善劳动力市场使信息畅通。此外，通过英、德、法、荷的案例分析，证明政府主导的农业技术教育体系，以及农业合作社和农民协会是推动农村可持续发展的有效途径。

（2）利用劳动力流动周期中流动指数[②]在波峰与波谷之间的差距论证了农业劳动力流动的双向性，即反向与正向并存，而不是单向的运动。由于经济的周期性变化、劳动力需求的季节性变化以及国际移民等多种因素的叠加效应使得秋季的流动指数最高，这直观地证明了农村劳动力流动的双向性，即工业

---

① 限于篇幅，本文未对资本主义制度下生产资料私有制与生产社会化的矛盾所导致的周期性失业与劳动力的过剩等因素展开讨论。

② 流动指数在此是指每1000人中流动人口的总和。

化与城镇化进程蕴含了劳动力由农村向城镇的流动以及由城镇向农村的反向流动。

（3）以劳动者内部不同群体之间的差异为切入点，强调了工业化的收益流向在不同群体之间的巨大差距，利用丰富的史料解开了在整体数据掩盖下的悖论：数据显示的工业化过程中不同群体之间的差距在迅速收敛，而不是扩散，而欧洲工业化时期的现实却是贫富差距非常显著，且呈扩大趋势。① 存在这一悖论的症结在于：工业化前期，收入差距主要表现为资本和劳动之间的非均衡性，而工业化后期，工资收入者内部的差距也在不断地扩散，这也正是工业化引起的产业的不断演进与扩大外延所造成的劳动者整体不断地裂变出的新的不同群体，他们之间差异的扩散即是在整体工资水平上升所掩盖下的真实现象。而布朗与布朗讷以及洛夫特斯所用的整体数据和平均值则无法反映劳动者内部不同群体之间的鸿沟。对此，本书将劳动者整体分解为不同的群体，对他们之间的差异做了重点分析和论证。

（4）本书提出欧洲主要国家的工业化基本上都有一个经济的转变过程，即传统农业—过渡经济（如，农村工业、家庭工业和工场手工业）—城市非农产业—多元并存的阶段，而不完全是刘易斯等经济学家所认为的简单的二元经济的转换过程，相应地，农业劳动力的流动也基本上因循这一主线展开。而过渡经济凭借其技能普及性、高度劳动密集型、运作灵活性、强流动性等固有特征，在劳动力从农业部门到非农业现代部门的流动中发挥了独特作用，成为劳动力流动过程中缓解失业问题的一个缓冲区间。

（5）本书针对我国工业化进程中的"城市病"，通过案例研究，分析了德国工业化发展模式及其核心理念，认为效率与

---

① 的确，从整个国家的工资－收入比的变化上看，在工业化时期，劳动力工资水平并非像刘易斯等经济学家指出的那样，仅仅徘徊在贫困生存线或其他固定水平上，而是像水蛭一样紧紧依附着上升的国民产值曲线，这仿佛证明了，劳动者的收益是与国民产值成比例地增加了，而事实却是贫富差距在欧洲工业化时期不断扩大。

社会公平并重作为德国模式的核心要素，发端于日耳曼民族特性和文化等制度基因以及德国特殊的历史历练，它不仅体现在经济制度模式上，而且是从民族理念到经济社会行为，渗透在其各种政策的形成和实施的整个体系中。其中重点分析了德国的去中心化（Decentralization）特征和实现机制①，包括规划和立法的均衡、资源的二次分布、公共服务可获得性的均衡、行政机构的分散化以及教育分享的多种选择等方面的一种平衡和去中心化。德国，乃至欧洲绝大部分国家的城市化都是以城镇均衡发展的形式来体现的。这种模式曾经使工业化有效地避免了目前仍然为很多国家棘手的城市病，至今仍然对社会平衡和正义发挥着正面的作用。

本书认为，流动的多向性以及群体之间的非均衡性是工业化中劳动力流动的重要特征，其实工业化包含的正是一种广泛的、多向的、统一性与多元性并存的发展进程。在这种多向性的发展过程中，经济社会的不平衡性日渐凸显，主要表现为工业化引起的收入增加效应在资本方和劳动方之间以及劳动者内部不同群体之间形成了明显的落差和失衡状态。而工业化引致的城市化使得资源和公共产品与公共服务的配置倾向于"集中主义"，进一步加剧了这一失衡和社会公正损失。从某种意义上可以说，德国"去中心化"模式无疑为正在工业化和城镇化进程中的国家求解"城市病"提供了很好的借鉴。工业化的过程正是不断地制造并设法缓解、消化这一系列不平衡的过程。在工会力量的发挥最终还是无法从根本上化解这种失衡的情况下，提高劳动者自身的知识技能水平应该成为其中的决定因素②，而如何使决定因素贡献出它的最大效用则有赖于政府的支持与调控，在解决这一系列失衡问题的过程中，英、德等国较早地把视角投向了福利国家的建设，法、意、北欧国家也陆续步入了福利国家的轨道，而福利制度引致的新矛盾又促使人

① 因"去中心化"研究的需要，论文跳出了原先设定的工业化阶段，以便对德国去中心化的机制进行更透彻的讨论。
② 假设不考虑资本主义经济关系的改变。

们探索合理的度，寻求新的平衡点。

　　上述国家从问题到求解的不同程式化架构，既是源自他们方法和思维上形成的路径依赖，也是各利益相关者多层动态博弈的最优选择。各国农业劳动力流动的动因以及存在的问题具有很高的相似度，然而对策各异，并且随着历史条件的变化而有所不同，而及时、适时、到位的政府调控则是其中必不可少的因素。在"问题—对策"的变迁过程中，欧洲工业化和城镇化留下了需要后起国家规避的诸多教训和值得借鉴的经验。

目　录

Contents

第一章 农业劳动力的流动机制

从历史上看，工业化一直是发展的中心内容①，劳动力结构的变化则是任何一个以农业人口占多数的国家实现工业化所无法绕开的节点。费景汉与古斯塔夫的研究指出，工业化中的程式化特征就是二元经济结构的转变，其中包括人口内部结构的变迁，其主要类型就是劳动力持续地从农业部门流向非农业部门，库兹涅茨则表述为，人口从农业向制造业再向服务业的转移。对于这一程式化的特征，经济学家分别从不同的角度建立了二元经济理论模型。总的来说，在发展思路上，二元经济理论体现了由"唯工业论"（如刘易斯、费景汉、拉尼斯等）向重视农业发展（如舒尔茨）的转变。在劳动力结构的转变模式上，与工业化发展的不同阶段相联系，主要体现了两种方向：第一种方向以刘易斯为代表，主张通过发展城市工业部门吸纳农业剩余劳动力，认为发展城市工业和提高城市化率可以促使以农业人口为主的传统农业社会向以非农业人口为主的现代社会转变，这种方向主要与工业化的前阶段相适应；第二种方向以托达罗为代表，认为二元经济结构的转变不是依靠农业劳动力不断地流向城市，而是缩小城乡差别和工农差别以消除二元特征，因此主张"就地城镇化"和发展农村工业，这种方向主要与工业化后阶段相适应。本章对主要的理论模型做一简要的评述，并在此基础上，强调技术创新与技能教育的效应，描述在技术和教育作用下农业劳动力的释放与吸收路径。

---

① H. 钱纳里等：《工业化与经济增长的比较研究》，吴奇等译，上海人民出版社 1995 年版，中文版序言。

第一节 关于农业劳动力流动的主要
理论模型评述

一、刘易斯模型

刘易斯在《劳动力无限供给条件下的经济发展》中描述了发展中国家经济的二元性，以两部门（非农资本主义部门和自给农业部门）劳动力的转移为核心建立了发展中国家的经济增长模型。刘易斯认为，在非农业部门中劳动的边际生产率较高，农业部门存在隐性失业（指劳动力相对于资本和土地过于丰富，以至于把一部分劳动力转移出农业，而农业产量不会减少），劳动边际生产率很低，甚至为零或负数。农业部门的工资水平决定非农业部门工资的下限。由于非农业部门较高的生活费用、农民转移到城市所付出的心理成本，以及工会的影响等，使得非农业部门工资水平通常比农业部门的平均收入高30%，这样的两个部门并存是发展中国家的普遍现象。[①] 在该模型中包含以下假定：ⓐ封闭型经济；ⓑ农业边际生产率趋于零；ⓒ劳动力无限供给；ⓓ传统部门的工资保持在仅够维持生存需要的低水平上。

刘易斯模型中的基本思路就是劳动力从农业部门到非农业部门的流动构成了经济结构转变的重要内容，也是结构转变的一个决定因素。如图1-1所示，纵轴代表边际劳动生产率和工资数量，横轴表示非农业部门的劳动数量。则曲线MP便是对应于不同数量的非农业部门劳动条件下的边际生产率。OS为低水平的仅够维持生存的固定工资，非农业部门的工资为OW。因此，若农业部门劳动力要向非农业部门流动，就必须满足条件：OW > OS。

P_0 为初始均衡点，在此点上，工资等于劳动力的边际生产率MPL，

[①] 参见阿瑟·刘易斯编著《二元经济论》，北京经济学院出版社1989年版，第一章的"封闭经济"部分。

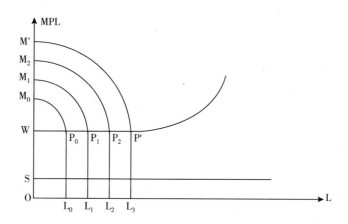

图 1-1　刘易斯模型

此时，就业人数为 OL_0 总产出水平为 $OL_0P_0M_0$ 所围的面积，OL_0P_0W 为工资，WP_0M_0 为利润。若利润全部用于投资，则 M_0P_0 曲线移至 $M_1P_1\cdots\cdots M'$ P'，此时非农业部门的就业水平为 OL_1，利润为 $WP_1M_1\cdots\cdots WP'M'$，这过程连续下去直到达到 P' 点时，剩余劳动力全部消失，从 P' 点开始，劳动力转向稀缺状态，刘易斯模型的假设"劳动力无限供给"不再存在，之后工资水平上升。刘易斯模型认为，这一过程能够顺利进行而不至于在资本积累赶上劳动供给这一点之前停止下来，关键是实际工资不能上升过快以至于使非农业部门资本家的利润下降到仅够消费而没有继续投资的水平。任何提高农业部门劳动生产率的做法都会造成非农业部门实际工资的上升，从而使资本家剩余减少和资本积累率下降。

该模型存在下述缺陷。

（1）低估城市的失业可能性。在刘易斯模型中，只要非农产业能够支付一个高于农业的实际工资，只要两者工资差额能够弥补城市较高的生活费用和迁移成本，农业剩余劳动力就会源源不断地流向城市非农产业。但实际情况是，农业和城市非农部门均存在失业和就业不足现象。

（2）忽视农业生产率提高对劳动力转移的作用。刘易斯倾向于认为，相对于非农业部门，农业部门处于从属和被动地位，农业只是为非农部门的扩张提供所需的低成本的劳动力。他过于强调非农业部门的扩张吸纳能力，而轻视农业自身的生产率提高对劳动力流出的作用。

但是后来，刘易斯也改变了把农业仅仅作为一个消极发展部门的观点，他在《国际经济秩序的演变》中，从三个方面反复论证了发展中国家农业的重要性。首先，他强调农业革命是工业化的前提，因而必须先于工业化或与之同时发生；其次，工业发展受农业生产状况的制约，工业部门的规模是农业生产状况的函数（刘易斯函数说），其中所引的证据就是18世纪的工业化是在农业生产率最高的英国开始的，而在一些农业生产率低的国家，工业部门的规模都较小，工业化进展缓慢。最后他还提出，只有提高粮食产量才能改善生产要素的贸易条件。

二、哈里斯－托达罗模型

哈里斯－托达罗模型揭示了在城市失业条件下农业劳动力继续向城市流动的原因。该模型的基本观点是，农业劳动力是否向城市转移取决于两点：一是农业劳动力对流向城市非农部门后的收入预期，二是在城市能找到就业岗位的概率。即使在城市存在失业的情况下，农业劳动力也有向城市流动的动力，原因在于预期工资的存在，在被分割但是同质的劳动力市场上用预期工资的均等取代工资的均等。假定农村工资为W_r，高于农村工资的城市预期工资为W_u^e，则哈里斯－托达罗模型可以由此推导：

$$W_u^e > W_r,$$
$$W_u^e = W_u[L_u/(L_u + U)]$$
$$= W_u[1/(1 + U/L_u)]$$
$$= W_u[1/(1 + \lambda)]$$

其中，W_u为城市工资，L_u为城市就业人口，U为城市中的失业人口，λ是城市失业率。假定经济由城市和农村两大部门决定，分别由u和r来表示，L和K分别是劳动和资本数量。则有：

$$Q_i = F_i(L_i, K_i) \qquad i = u, r$$

其中，Q_i为第i部门生产i产品的数量，I在这里主要指农业r与工业两个部门u，R为资金成本。假定该函数具有规模不变效应，且二阶导数连续可微和具有凹形。L_i、K_i通过边际生产力定价，则有：

$$P_r F_r^k = R = P_u F_u^k$$

$$P_r F_r^L = W_r$$
$$P_u F_u^L = W_u$$
$$K = K_r + K_u$$
$$L = L_r + L_u(1 + \lambda)$$

其中，P_r 和 P_u 分别为农业部门的价格水平和工业部门的价格水平，F_r^k 和 F_u^k 分别为农村和城市的资本边际产出，相应的，F_r^L 和 F_u^L 为农村和城市的劳动力边际产出。由上述等式可知，农村和城市的资金成本相等，而劳动力的价格城市高于农村。因此，农业劳动力存在着一个对城市工业部门收入的预期 W_u^e，且 $W_u^e > W_r$。

托达罗强调，在收入预期的驱动超过对失业风险估计的情况下，劳动力往往大量流向城市工业部门。该模型最突出的一点就是重视失业问题，它考虑到农业劳动力进入城市后失业和半失业的可能性，如在获得稳定的就业岗位前可能会有一段时间的失业，或者处于不充分就业状态。其基本思路是：农业劳动力向城市流动，取决于在城市获得较高预期收入的概率和可能陷于失业风险之间的权衡。

该模型认为，在工业化初期存在着较大的城乡收入差距，导致农业人口向城市非农部门的流入，由此造成城市劳动力市场的失衡状态，使失业问题逐渐明显。扩展城市的就业机会将引致农业剩余劳动力供给的增加，从而导致更多的失业，开创城市就业无助于解决城市失业问题。该模型甚至认为，不加区别地发展教育事业会进一步引发农业劳动力向城市流动并加剧失业，其原因在于农业劳动力的学历越高，流向城市的预期收入就越高，就有更多的劳动力流入城市，这一点显然是片面的。它还认为政府制定最低工资线，并且对城市失业人口给予最低生活补贴，也会导致要素供给价格的扭曲，导致更多的劳动力流入城市，使失业率上升。因此，该模型认为，应该转向重视农业的发展，扩大农业就业机会，缩小城乡就业之间的不平衡，改善农村的基础设施条件，倾向于农村工业化，就地吸收农业剩余劳动力，从而缓解农业人口向城市流动的压力。①

---

① Harris, J. and Todaro, M., "Migration, Unemployment and Development: A Two Sector Analysis", *American Economic Review*, Vol. 40, 1970.

三、费景汉 – 拉尼斯模型

费景汉 – 拉尼斯在一定程度上修正了刘易斯模型，强调了提高农业生产率的重要意义，该模型建立在如下假设基础上：ⓐ封闭型经济；ⓑ传统部门的工资固定在低水平上；ⓒ劳动边际生产率趋于 0；ⓓ工业部门的劳动力供给曲线具有完全弹性；ⓔ劳动力转移的成本趋于 0。

费景汉 – 拉尼斯模型可以分解为以下三个图形①：

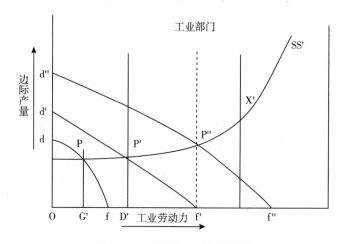

图 1 – 2a　费景汉 – 拉尼斯模型

图 1 – 2a 表示工业部门，图 1 – 2b 表示农业部门。设想生产 AX 单位农产品的 OA 单位的全部劳动力（图 1 – 2b），最初都处于农业部门；然后开始重新配置，如 AG 单位的劳动力转移到工业部门，同时工业部门的劳动力便从零增加到 OG 单位（图 1 – 2a）。劳动力再配置的范围和速度除了取决于工业创新的强度和偏向之外，还取决于工业资本存量（来自生产出来的工业利润和农业剩余）的增长速度。

图 1 – 2b 上的 ORCX 曲线描绘的是二元经济农业部门中总的物质劳动生产率（TPPL）曲线。假定有一个凹进部分 ORC，表示当 PK′ 从右向左

① John C. H. Fei, Gustav Ranis, *Development of the Labor Surplus Economy*: *Theory and Policy*, U. S. A. : Richard D. Irwin Inc. , 1964.

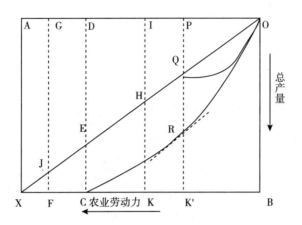

图 1 - 2b   费景汉 - 拉尼斯模型

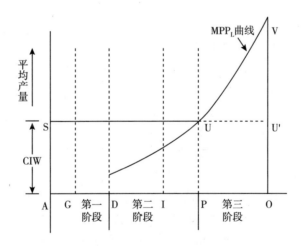

图 1 - 2c   费景汉 - 拉尼斯模型

移动时农业劳动的边际生产率递减；还有一个水平部分 XC，在这里边际产品完全消失。超过 OD 单位的农业劳动力都被看做过剩的，它的撤出不会影响农业产量。因而非过剩系数 T 等于 OD/OA。

   不变的制度工资 CIW 由图 1 - 2b 中直线 OX 的斜率表示（作为最初的近似值），等于农业劳动力的平均产量。假定总产量曲线上的 R 代表边际生产率 MPPL 与 CIM 相等的一点，即在 R 上的虚切线与 OX 平行，把 AP 定义为农业部门总的隐蔽失业人口，也就是说，所有这些人的工资收

入（CIW）都超过了他们对产量（MPPL）的贡献。这样，隐蔽失业包括
边际产量为零的人——过剩劳动力——和边际产量低于（如果为正数的
话）CIW的人。这样，过剩被看做一种技术现象，另一方面，隐蔽失业
还依存于工资水平。

图1-2c可以清晰地表示农业部门中的隐蔽失业、过剩劳动力和不变
制度工资这些重要概念，每一个工人的平均农业产量在纵轴上衡量。用
VUDA曲线表示农业部门的MPPL曲线，有着负斜率部分VUD和水平部
分DA。然后，如果我们在纵轴上标出CIW水平，即AS（图1-2c）=
OX的斜率（图1-2b），我们就能在再配置过程中区别出三个不同的区域
或阶段：第一阶段是MPPL=0的范围，即图1-2b中的MPPL是水平的
（这个区域标志着过剩劳动力AD）；第二阶段是MPPL为正数，但低于制
度工资的范围（第一阶段和第二阶段一起标志着隐蔽失业AP）；第三阶
段是MPPL大于CIW的范围。

假定，只要农业中还有一些隐蔽失业的工人，制度决定的工资水平
AS就将保持不变，但是一旦这样的工人被重新配置以后，工资率就将等
于边际劳动生产率。换而言之，随着总劳动力在这两个部门之间的不断流
动，如图1-2b上向右移动的一系列点A、G、D、I、P所表示，CIW将
继续维持，直到AP单位的劳动力全部移出农业部门为止（图1-2c中的
U点）。在此之前，农业雇主是倾向于那些消费超过他们的边际产量的隐
蔽失业工人离开本部门的，到达U点之后，实际工资曲线便沿着边际生
产率曲线UV上升，进入第三阶段后，劳动力的边际产出大于制度工资水
平CIW，于是农业雇主开始倾向于吸收劳动力[①]，使得制度工资不再维
持，工业部门必须在劳动力市场上与农业部门竞争以获取农业劳动力的流
入，竞争时工业部门的工资水平大于或等于农业部门的边际生产率，其结
果是工业部门的工资水平加速上升。

该模型中，当经济进入商品化的拐点，即P点时，工业部门贸易条件
可能恶化，工业部门的利润率下降，从而抑制了工业部门的扩张和农业剩
余劳动力的流入，使得劳动力流动无法顺利完成第三阶段。因此，费景汉
与拉尼斯强调在工业化过程中工业与农业的平衡增长，保证农业生产率的
同步提高，以增加农业剩余和释放农业劳动力。

---

① 在使劳动力的边际产出大于工资水平的数量范围内吸收劳动力进入本部门。

费景汉－拉尼斯模型强调了非农部门的扩张以至于对农业劳动力的吸纳必须以足够的农业剩余①为基础，以农业生产率的提高为前提。农业剩余越多，农业部门向非农部门提供的粮食就越多，从而可以养活更多的非农业人口。费景汉－拉尼斯从工农业平衡发展的角度认为，必须是农业劳动生产率与工业劳动生产率保持同步增长。

第二节　农业劳动力的流动机制
（对费景汉－拉尼斯模型的扩展）

实际上，从长期看，欧洲工业化进程中的劳动力供给是有限的，刘易斯模型中的"劳动力无限供给"的假设与欧洲工业化中劳动力流动现实存在较大的差距（以上模型基本上是建立在对第二次世界大战后发展中国家考察的基础上）。上文提到的关于劳动力流动的模型，都隐含着一个条件，即劳动力的单向流动，其夸大了劳动力从农村直接进入城市工业的可能性，忽略了从城市和非农部门到农业部门的回流现象。而且，欧洲的实践证明，工业化都有一个多元经济的转变过程，即传统农业－过渡部门（农村工业、家庭工业、工场手工业等形式）——城市非农产业的阶段，其中大部分时期是多元并存的状态，而不完全是刘易斯等经济学家所认为的简单的二元经济的转换过程，相应的，农业劳动力的流动也基本上因循这一主线进行。此外，以上模型低估了农业的技术进步②，而农业剩余劳动力的产生则主要是由技术进步推动的。从流动机制上看，农业劳动力的流动其实就是一种释放和吸纳的机制，它必须满足两个必要条件：

（1）农业剩余劳动力的释放；

（2）非农业部门（包括农村工业）的吸纳。

---

① 农业剩余可以定义为农业产出用于农业人口必要消费后的剩余，以提供给非农部门劳动力所必需的消费。

② 乔根森模型强调了农业发展和技术进步的作用，以及市场机制对劳动力流动的影响。

一、农业部门剩余劳动力的释放路径

农业劳动力释放的一个重要前提就是农业剩余的产生，而农业剩余的产生必须有农业劳动生产率（p）的上升。这也是在农业社会模型中一个始终处于重要地位的关键因素。如果农业劳动生产率 p 停滞，则结构转换无法进行，如果 p 上升，则问题就演变为这种上升是否足以克服另一种反作用：人口增长和土地稀缺所造成的收益递减。在这些条件下，农业生产率的增长形成农业产出剩余，得以维持非农业部门工人的活动，这是非农业部门的出现即扩张的先决条件。在所有最初具有较大规模农业基础的经济中，增长动态分析的一个强有力工具就是重农主义关于农业产出剩余的思想。

可用三个指标来表示农业剩余，∂、p、c。

∂ 表示非农部门劳动力占总劳动力的比例，则农业人口比例为 $1-\partial$，令 B 为非农部门劳动力，V 为农业部门劳动力，L 为总劳动力，则有 $\partial B/L$，$V = L(1-\partial)$；C 为总人口的人均消费标准，Q 为农业部门总产出，P 为农业部门劳动力的平均生产率，则有：

$$P = Q/V = Q/L(1-\partial) \tag{1}$$

其中，$C = Q/L$ 为总人口的人均消费量，代入公式（1），则有：

$$1 - \partial = C/P \tag{2}$$

即农业人口比例 $1-\partial$ 等于消费标准与农业劳动生产率之比 C/P。

∂、p、c 之间的动态关系可通过图 1-3 来描述，其中纵轴、横轴分别为 P 和 C（∂）。由于 ∂ 始终小于 1，如果设定 ∂ 的初始值为点 m，则 $O'm$ 是 $1-\partial$，及 $C_0 \leqslant P_0$。Q_0 是直线 $O'P_0$ 及 C_0C 的交点，Q_0C_0 是在 $\partial = \partial_0 = m$ 以及 $C_0/P_0 = 1-\partial$ 时，均衡点 与纵轴的距离。图中 P_0、P_1、P_2、P_e 表示农业劳动生产率 P 的增长过程。

假定总人口的人均消费标准 C 为常量，则随着 P 上升，非农部门劳动力占总劳动力的比例 ∂ 也随着上升（从图 1-3 中 d_0—d_1—d_2—d_e 的变化），劳动力出现配置调整，农业劳动力逐渐减少。

假定非农部门劳动力占总劳动力的比例 ∂ 是一个常量，则随着 P 上升，经济中出现消费调整，总人口的人均消费量 C 也随着上升（Q_0—Q'—Q''—

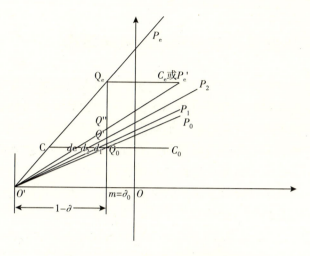

图 1-3 ∂、P、C 三者的动态关系

Q_e）。因此，农业生产率的提高能产生更多的农产品消费，以及更高的∂值，使劳动力配置更多地倾向于非农业部门，即更高的农业生产率导致每个农业劳动力所能供养的人口数量增加，从而出现农业剩余劳动力。

　　农业增长的基本支点是农业劳动生产率的提高，法国、联邦德国等国家 1950—1970 年的经验证实，在农业劳动生产率增长和非农产业劳动力增长之间有着特定的比例关系。一般规律是：农业劳动生产率增长 1%，非农产业劳动力增长约 2%。上述国家农业劳动生产率的增长率与非农产业劳动力增长率之间的比值为 1∶1.6—1∶2.4。[①] 可以把这两者之间的关系以简明的公式来表达，上述公式（2）变形可得到：

$$\partial = 1 - C/P \tag{3}$$

　　公式（3）表明农业劳动生产率对农业劳动力转移的支持作用，即假定人均消费农产品水平不变或其增长速度低于农业劳动生产率的增长速度，农业劳动生产率越高，非农产业劳动力的比重也就越高。相反，如农业劳动生产率下降，对非农产业劳动力比重的提高或是农业劳动力的流出所产生的是负效应。

---

①　蔡昉：《中国的二元经济与劳动力转移——理论分析与政策建议》，中国人民大学出版社 1990 年版，第 40 页。

二、非农业部门对劳动力的吸纳路径

欧洲主要资本主义国家工业化过程显示，工人的实际工资存在一个阶段稳定期，如，在 1780—1820 年，英国实际工资一直处于相当稳定的水平，古典经济学家将这种稳定性称之为"工资铁律"。当经过这一段时期之后，工资迅速上升，并成为现代经济增长的持久特征。当这一转折点来临时，工业部门对劳动力的吸收能力也相应增强（英国在转折点时期，工业部门吸收了全部劳动力的 45%）。根据费景汉等的研究，将劳动力结构的转变分为两个阶段，实际工资稳定的第一阶段是给定的，并假定当工业部门劳动力的规模达到转折点 T 后，工资 wi 迅速上升，而转折点的实际工资水平和劳动力规模是由农业部门活动决定的。工业部门在任何一个时点 t 的生产函数都可表述为 $Q = f(K, W, t)$，在每一点 t，生产函数可用图中的等产量线表示，其中横轴表示劳动力 W，纵轴表示资本 K，则各时点的劳动边际生产率 M_1 为：

$$M_L = dQ/dL = f_L(K,W,t)$$

资本边际生产率为

$$M_K = dQ/dK = f_k(K,W,t)$$

假定工业部门的收入分配是竞争性的，则在每一时点上的实际工资 $wi(t)$ 就等于劳动边际生产率 M_L，

$$M_L = f_L(K,W,t) = wi(t)①$$

假定技术条件、劳动力的技能条件不变，则劳动力吸收的时间路径可表示为

$$W(t) = y(K,t)$$

即由于每一时点上的实际工资是既定的，在一定的技术条件下，只要给定这一时点的资本 $K(t)$ 的规模，就可以确定工业部门吸收的劳动力数量 $W(t)$。

实际上，在欧洲工业化过程中，技能的提高对劳动力流动的贡献占相当大比重，对劳动力教育以及技术的进步和扩散是劳动力流动的主要因

---

① 参见 John C. H. Fei, Gustav Ranis, *Growth and Development from an Evolutionary Perspective*, Blackwell Publishers Ltd. ,1999。

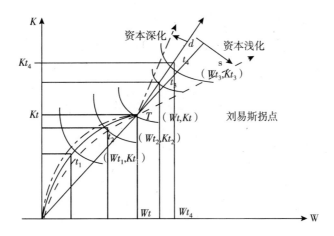

图 1 - 4　劳动力吸纳路径

素，因此，劳动力的吸纳路径应该包括动态的技术因素和提升劳动力素质的教育因素，则有下式：

$$W(t) = y(K, T, E, t)$$

即只要知道一定时点上的资本、技术状况以及劳动力技能水平，就可以确定工业部门的劳动力吸纳数量。假如技术不是劳动节约型的，出现资本浅化式增长，则工业部门吸收的劳动力越多。相反，如果技术是劳动力节约型的，由此导致的资本深化式增长对劳动力的吸纳能力就会相对较弱，工业部门所吸纳劳动力的数量决定于由技术变迁和资本积累所产生的合力。相同条件下，在重视教育和劳动力职业培训的国家，劳动力的职业转换比较顺利，而未能及时发展教育的国家，劳动力的跨部门流动往往遭遇技能瓶颈。[①]

如图 1 - 4 所示，Wt_1，Wt_2，Wt_3，…以及 Kt_1，Kt_2，…表示不同时点（t_1，t_2，…）所对应的资本和劳动力组合。曲线 $W(t)$ 表示在给定技术条件下，不同的资本投入引起工业部门对劳动力吸纳数量的变化；当技术创新引起资本深化式增长时，曲线向左上方移动，如箭头 d 所示，劳动力吸纳能力下降；当技术创新导致资本浅化式增长时，曲线向右下方移动，如箭头 s 所示，劳动力吸纳能力提高。

---

① 当然，除此之外，还有劳动力供求双方的信息传递问题等，也都是影响工业部门吸纳能力的因素。

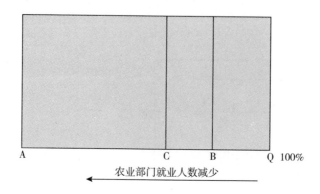

图 1 – 5a 教育培训对劳动力有效流动的影响

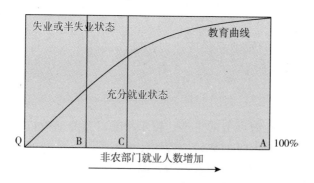

图 1 – 5b 教育培训对劳动力有效流动的影响

假定初始状态就业人数100%为农业部门，如图 1 – 5a、1 – 5b 所示，两图中越靠右的部分技能水平相对越高。随着工业化加快，不断由农业劳动力流向非农业部门。假设第一批流出量为 BQ，这是其中掌握知识水平相对较高的一部分农业劳动力，在职业转换过程中，由于教育的脱节，因此存在技术断层现象，使得有相当一部分劳动力在流出农业部门之后一时找不到合适的就业机会，处于失业或半失业状态，如图 1 – 5a、1 – 5b 教育曲线的左上角区域。在正常条件下（不考虑经济周期及战争等方面的影响），随着各种形式的教育培训活动的加强，劳动力的技能水平对工业化的适应能力逐渐提高，由技术断层导致的失业也逐渐得以缓解，农业劳动力的有效流动增强。

第二章 欧洲农业劳动力流动的
主要驱动因素

欧洲主要资本主义国家工业化过程显示，不同国家在劳动力流动的驱动力方面显示出一定的共性，除获取更高的收入这一动因之外，还涵盖了以下几方面：技术创新与扩散、非农产业的发展、农业技术进步、土地制度的变革、包括交通运输和教育在内的基础设施建设以及政府政策的作用等。在不同国家以及同一国家工业化的不同阶段，驱动农业劳动力流动的主导因素不尽相同，但都包括上述因素的作用。

第一节 决定因素：技术进步

技术进步及其扩散是工业化的主导力量，也是推动劳动力流出农业部门的决定因素。主要表现在：一方面，提高农业部门的劳动生产率创造剩余劳动力；另一方面，促进工业和服务业的发展，不断催生新的部门和行业，为剩余劳动力的流动提供渠道。各国农业劳动力比重随着技术的推进而递减，英国在19世纪中期基本实现工业化时，随着第一次技术革命的成果在各经济部门的广泛应用，英国农业劳动力比重下降12.8%，至第二次技术革命末期，又下降了14%，到第三次技术革命末期时，下降了6.2%，那时农业劳动力比例已经降到了2.8%。法国在1866—1911年，即在完成工业革命后至第二次技术革命末期，农业劳动力比重下降了13%，直到第三次技术革命结束时，又下降了 15.7%。① 可见，农业劳动力比重的下降与技术的进步及其应用的进度显著相关。

欧洲主要国家技术创新与扩散的过程也是第二、第三产业的兴起、发展以及不断外延的过程，技术创新及其扩散不仅是一个国家占据领先地位的关键，而且由此推动的产业结构的巨大变化也是劳动力从农业流向其他产业的条件。这可从英、德等国的工业化过程中窥其一二。

一、第一次技术革命时期的技术创新及就业拓展

欧洲第一次工业革命时期（1750—1870 年），英国凭借在纺织和炼铁上的技术突破兴起了棉纺织工业和制铁工业，并以这两个关键产业为突破口，不断改进、推广已有的技术，扩大了工厂的规模和数量，进而增强了对农业剩余劳动力的吸纳能力。

首先是棉纺织业。这是因为棉纺织业在国内外收益大，比毛纺织业更加适合机械化，其原料供应与产品销售弹性也较大。棉纺织业的发明创新是按照挑战—应战的顺序发生的。在这个过程中，一个制造工序的技术革新会给其他连锁生产工序带来巨大压力，从而要求进行新的创新以矫正这种不平衡。随着棉纺织技术的改良与推广，棉纺织业的规模越来越大。1760 年，英国输入了大约 1250 万磅原棉以满足广泛分散在兰开夏乡村地区的棉纺织工业部门的需要；1787 年，原棉消费量增加到 2200 万磅；1830—1840 年，则增至 3.66 亿磅②，按产品产值、资本投资以及雇佣人员计算，棉纺织业成为当时英国最重要的工业部门。进入工业化之前，棉纺织业在国民收入中的比重不到 0.5%，而到 1812 年就达到 7%—8%③。

随着棉纺织业规模的扩大，对劳动力的需求也相应增加，该行业就业人数由 1835 年的 22 万人增加到 1895 年的 54 万人。④ 英国进入棉纺织业的兴盛时期。与此同时，农业劳动力也出现了向棉纺织业的转移，如表

---

① 李毅：《科技进步：农业劳动力转移的基础》，戎殿新、司马军编《各国农业劳动力转移问题研究》，经济日报出版社 1989 年版，第一章第五节。

② 戴维·兰迪斯：《1750—1914 年间西欧的技术变迁与工业发展》，刊于《剑桥欧洲经济史》第六卷，中译本，经济科学出版社 2002 年版，第 260 页。

③ 薛庆根：《英国农村劳动力转移及对中国的启示》，《生产力研究》2004 年第 4 期。

④ 薛庆根：《英国农村劳动力转移及对中国的启示》，《生产力研究》2004 年第 4 期。

2-1和图2-1所示，棉花消费量和生铁产量的变化与农业劳动力的年均流出量变化趋势基本相符。

表 2-1　英国棉纺织业、炼铁业的发展与农业劳动力的流动（1740—1851 年）

单位：吨，万人

棉纺织业的发展		炼铁业的发展		工业发展引起的农业劳动力流动情况	
年份	棉花消费量	年份	生铁产量	10 年间的年均流出量
1759	1300	1740	17350	1751—1760 年	2760
1769	1800	1788	68300	1761—1770 年	2610
1779	2500	1796	125079	1771—1780 年	2430
1789	15000	1806	258206	1781—1790 年	7820
1799	19000	1810	310000	1791—1800 年	6940
1809	40000	1818	330000	1801—1810 年	13770
1819	49000	1820	374000	1811—1820 年	21420
1829	99000	1825	581367	1821—1830 年	26750
1839	173000	1830	678417	1831—1840 年	18430
1849	286000	1841	1524000	1841—1850 年	8760
1859	443000	1851	2701000	—	—

资料来源：农业劳动力流动数据来自 Deane. P. and W. A. Cole，British Economic Growth，1688—1959，1962，p. 143；棉花消费量数据来自中国社会科学院世界经济与政治研究所编《苏联与主要资本主义国家经济历史统计集》，人民出版社 1989 年版，第 835—836 页；生铁产量数据来自 Scrinenor H.，The History of Iron Trade，London，1854，p. 58。

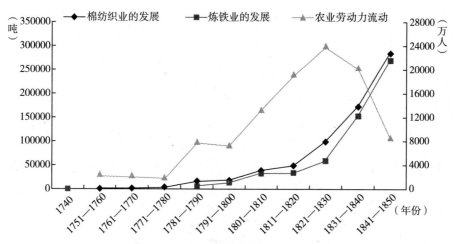

图 2-1　英国棉纺织业与炼铁业的发展与农业劳动力流动

表 2 - 2　英国 1741—1831 年每 10 年棉花和羊毛进口增长率

单位：%

年份	年均增长率	年份	年均增长率
1741—1751	8.1	1791—1801	67.5
1751—1761	21.5	1801—1811	39.5
1761—1771	25.5	1811—1821	9.3
1771—1781	75.75	1821—1831	8.5
1781—1791	319.5		

资料来源：W. W. Rostow, *The Stages of Economic Growth*, New York：Cambridge University Press, 1990, p.54。

技术创新对行业扩张的作用在 1741—1831 年每 10 年棉花和羊毛进口的增长率上也可得以印证。如表 2 - 2 所示，1741—1751 年，制造业规模虽然不大，但已有相当进展；此后的 20 年时间（1751—1771 年）增加不多；1771—1781 年，由于当时纺织机和水利牵引织布机技术创新进展迅速，在 1781—1791 年的 10 年间，即紧接着棉纺机的发明和阿克莱特专利权期满后，进口增长突飞猛进，年均增长率约上升了 322%。在这一阶段，农业劳动力的流出人数也出现了明显的增长，由表 2 - 1 可见，1771—1780 年农业劳动力年均流出量为 2430 万人，1781—1790 年平均流出量为 7820 万人，涨幅达 222%。

随着用煤炭代替木材，炼铁业从一个高成本工业部门变成效率最高的重要工业部门。18 世纪 80 年代，英国的铁产量尚不及法国，但到 1848 年，英国的铁产量已高达 200 万吨，超过了世界其他地区铁产量的总和。相应地，英国的煤产量从 1800 年的 1100 万吨增加到 1870 年的 1 亿吨以上。钢铁产量也由 1720 年的年产 2.5 万吨，增加到 1900 年的 896 万吨，从业人员由原来的 8 万人增加到 18 万人，此外还有 2 万多铁矿工人。技术环节是互相促进的。煤铁工业的发展大大提高了对动力的需求。1800 年，英国所使用的蒸汽机不超过 1000 台；假定每台平均功率为 10 马力，当年英国蒸汽机的总马力约为 1 万马力。但到 1870 年，英国的蒸汽机能量大约为 400 万马力，等于 600 万匹马或者是 4000 万人所能产生的动力。[①]

---

① 戴维·兰迪斯：《1750—1914 年间西欧的技术变迁与工业发展》，《剑桥欧洲经济史》第六卷，中译本，经济科学出版社 2002 年版，第 307、309 页。

瓦特蒸汽机的发明及其在生产中的应用给工业革命带来了新的动力，使工业摆脱了对水利、风力和畜力的依赖并更加快速地向城市集中，加速了工业化的进程。在此基础上，催生了新的部门和行业，如钢铁等制造工业的机械化和工厂化使其劳动生产率大幅度提高，带动与之相关的采矿、建筑、交通运输、商业和其他服务业的发展，并提高了这些产业在国民经济中的比重。到 1901 年，英国制造业、矿业和建筑业占国民经济比重达 40.2%，商业、交通运输也占 29.8%，政府、家庭和其他服务业占 23.7%[①]。这一系列新的部门和行业的不断涌现，进一步扩展了农业剩余劳动力的职业转换空间。

二、第二次技术革命时期的技术创新及就业拓展

在第二次技术革命期间，各国之间围绕着技术展开的竞争推动了工业化向纵深发展，不仅使工业规模进一步扩大，而且分工日趋细化，不断地衍生出新的行业部门，创造了新的就业空间。这从英、德两国在技术创新上相互追逐的过程中可见一斑。

19 世纪最后几十年是出现集群技术创新的时代，这使整个工业的普遍进步成为可能，而普遍进步是成熟的标志。这种"成熟"是指，把重大创新从作为工业革命核心的工业部门扩散到其他许多生产部门[②]。德国对英国的赶超首先表现在新材料领域，即廉价钢材的发明与扩散，以及化学工业的转变。19 世纪最后 30 年，技术发展的主要特点是钢替代铁以及与此相伴而来的金属消费量的迅速增长。炼钢工业的迅速发展，不仅得益于已持续了一百多年的技术进步，同时还受到了品质改良、价格下降以及出现新的需求等因素的推动。贝塞麦、西门子—马丁以及托马斯炼钢法，使粗钢的实际生产成本在 19 世纪 60 年代初至 90 年代中期下降了 80%—90%，并使地下铁矿开采得到了更为有效的利用。英国、德国、法国和比利时 1861 年的钢产量合计约为 12.5 万吨，1870 年为 38.5 万吨，到 1913 年则达 3202 万吨，在 43 年内增长了 83 倍（年均增长 10.8%）。其中德、英两国相比，德国逐渐

①　薛庆根：《英国农村劳动力转移及对中国的启示》，《生产力研究》2004 年第 4 期。

②　裴元伦：《欧洲国家工业化过程中的技术创新与扩散》，《中国经贸导刊》2005 年第 23—24 期。

占据了上风。19 世纪 70 年代，英国所生产的生铁产量为德意志关税同盟的 4 倍，钢产量则为 2 倍；到 1910—1914 年，德国铁的年均产量已是英国的 2 倍，钢为 2 倍以上。[①] 电的发明也一样，最惊人的成就是在德国发生的。直到第一次世界大战前夕，英国在电力消费方面可能仍然领先于德国，但在此后不到 10 年的时间内，德国已经远远超过了其竞争对手。1925 年，德国主要原动力的日常产量已达到 2119 万马力，而英国 1924 年为 1681 万马力；两国的发电机装机容量分别为 1329 万马力和 851 万马力。更重要的是，德国发电站和输电网的平均规模大，其电流性质更为统一且性能效率更高。[②]

德国在欧洲第二次技术革命时期（1870—1914 年），借助于这一时期的关键产业（以钢铁、化学、电力为代表）及其核心技术方面据有的优势，与英国展开了竞争，由此带动了工业化的加速发展，进入集群创新的时代，相关产业的不断外延，促使劳动力结构不断变化重组。

19 世纪最后 30 年和 20 世纪初是工业规模迅速扩大以及化学、药品、电气、内燃机、钢铁、汽车、飞机、光学等产业确立和快速发展的时期，也是农业劳动力向第二、三产业流动的高峰期。第二产业中不同行业的人数增加速度差别很大，新兴产业的增长速度大于传统行业。采矿业在 1849—1913 年就业人数由 9.5 万人上升至 86.3 万人，年均增长率约为 12.63%；冶金工业由 4.3 万人增加至 44.3 万人，年均增长率为 14.53%；金属加工业由 29 万人增加到 188.7 万人，年均增长率为 8.60%；化学工业由 2.4 万人增加到 29 万人，年均增长率为 17.32%；造纸行业由 2.3 万人增加到 28.2 万人，年均增长率达 17.60%。另外根据萧辉英对 1850—1913 年的行业就业人数年均增长率的计算与上面的数据有很大出入，但总的趋势一致，即就业增加趋向于向新兴行业，尤其是向水电、煤气、印刷、化工等行业的集中，如图 2-2 所示。[③]

---

① 裴元伦：《欧洲国家工业化过程中的技术创新与扩散》，《中国经贸导刊》2005 年第 23—24 期。

② 戴维·兰迪斯：《1750—1914 年间西欧的技术变迁与工业发展》，刊于《剑桥欧洲经济史》第六卷，经济科学出版社 2002 年版，第 462、471、476、491 页。

③ 根据萧辉英《德国农村人口的转移》，载于王章辉、黄柯可主编《欧美农村劳动力的转移与城市化》，社会科学文献出版社 1999 年版，第 161 页中的数据计算。

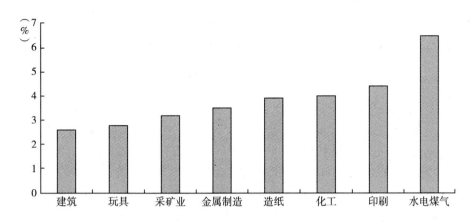

图 2 - 2　就业人数年均增长率

在各国的竞相争逐中，欧洲第二次技术革命不仅在深度与广度上都超过了第一次技术革命，而且还逐步出现了技术进步的制度化，更多的先进工业企业不再满足于接受别人的技术创造并利用它们，而是通过精心的、有计划的科研与试验来追求自己的技术创新。如在 19 世纪最后几十年中，化学工业的两项最重要的技术进步（苏尔维制碱法和有机化合物合成法）就是制度化的成果。在德国，到第一次世界大战爆发时，有机化学工业已占化学工业部门全部就业人数和投资的一半以上，它们又不断地衍生出新的方向与产品，产生新的就业空间。从英国来看也是如此，在技术不断扩展非农就业空间的同时，劳动力的就业分布发生了重大变化，如英国从事农、林、渔的劳动力比重从 1770 年的 42% 下降至 1901 年的 8.7%，而制造业、采矿业和建筑业却由 1801 年的 29.7% 上升至 1901 年的 46.3%，从事商业和交通运输业的就业人员也从 1831 年的 12.4% 增至 1901 年的 21.4%；而在 1851—1911 年的 60 年间，英格兰和威尔士从事农、牧、渔业的农业劳动力减少了近 55%。①技术创新成为吸纳农业剩余劳动力的决定因素。

---

① Deane, P., Cole, W. H., *British Economic Growth*, *Trends and Structure*, London: Cambridge University Press, 1967, p. 142.

第二节 供给能力：农业技术进步

供给能力是指农业部门产生农业剩余劳动力的能力，这种能力的关键在于农业技术的进步[①]与应用，农业技术的改进源自四个动机：①提高生产率，②更高的质量，③节省劳动力，④降低农作物遭受恶劣天气等自然灾害影响的程度。欧洲早期和晚期的技术进步都可以由以上动机在不同时期的强度来解释。农业技术进步主要包括作物种类的优化、经营方式的改进（农业经营的专业化和多样化）、农具的革新与发明、耕作技术的进步、农场规模的扩大、化学农业的应用等方面。

在西欧，技术在农业上的应用较之其他产业来说是相对滞后和缓慢的，尽管技术在农业中的应用相对滞后，但技术进步物化之后所带来的影响则是深远的，它直接创造了农业的物质剩余和劳动力剩余。据有关资料表明，农业耕作制度的改变、农业生产规模化程度的提高、农业机械化的采用、排水和施肥技术的实施，加上合理的组织和劳动分工，使得各国农业生产率、单位面积产量都有明显提高，每个农业劳动力供养人数显著上升。在英国，1700 年每个农业劳动力可供养的人数为 1.7 人，1800 年达 2.5 人，1900 年上升至 5 人左右。[②] 在德国，1750—1800 年，每个农业劳

[①] 对于农业技术进步，不同的经济学家分别给出不尽相同的定义。阿瑟·扬提出"农业改进"包括"不经过议会的圈地运动、良好的轮作技术、锄耕、三叶草和大麦的种植以及施撒石灰等对土地肥力的改善等"。在阿瑟·扬研究的基础上，汤因比认为"圈地运动与农业改进有着密切的关系，公地不利于轮作、浪费时间，又易引起争端，在圈地的基础上，新作物和新技术得以应用"。到了 20 世纪 60 年代，钱伯斯和明格拓展了农业技术变革的研究范畴，认为"农业生产技术的变革包括诺福克四茬轮作制的推广、新作物的引进、畜牧的改良、新式农具的使用等以及一系列的制度性改革。其中制度性的变革包括土地私有权的确立、议会圈地运动的推广以及租地农场的兴起等。制度性因素大致始于圈地运动。它消除了土地上的公共权力，建立起排他性的个人产权"。参见：

Toynbee, A., *Lectures on the Industrial Revolution of the 18th Century in England*, London: WarterlooPlace, 1884, p. 42 – 43; Chambers, J. D., *The Agricultural Revolution*, 1750 – 1850, London: B. T. Batsford Ltd, 1966; Mingay, G. E., *English Landed Society in the 18th Century*, London: Routledge and Kegan Paul, 1963.

[②] 薛庆根：《英国农村劳动力转移及对中国的启示》，《生产力研究》2004 年第 4 期。

动力可供养的人数为 3 人，1850—1870 年为 4 人，1905—1914 年为 5 人，1948—1953 年为 6 人，1960—1962 年为 10 人[1]。技术进步使得农业剩余向流出该部门的人口提供所需物质产品的能力不断增强，为农村劳动力的职业转换创造必要条件。

一、耕作制度的改进、新作物的培育和畜牧种类的优化

欧洲的大部分传统农业均以两种主要的轮作制为基础：两年轮作制，一年耕作，一年休耕；三年轮作制，两年耕作，一年休耕。这是为了避免耗竭肥力。耕作制度的改进在于推广一种一般为 3—4 年（有时有 6—12 年的）的作物轮种制度，在这种制度下，完全不用休耕[2]。通过种植一系列不同作物以恢复肥力，其原理是每种作物从土壤不同的深度吸收不同的养料，主要是通过较多的施肥，在轮种制中包括种植饲料，从而有可能扩大牲畜的饲养，并反过来增加肥料来源。这种耕作方式使得耕作与畜牧有效地结合起来，逐渐消灭休耕地，一方面能提高农业生产率，另一方面还可提高土地本身的生产能力。

作物种类的优化主要依赖自主培育和国外引进两种途径来实现，作物种类的优化促进了畜牧种类的优化，这两者又进一步引致耕作制度的改进。英国是西欧较早开始这方面的尝试的国家。新作物的引进和畜牧改良是 16 世纪中期至 19 世纪中期农业革命的主要内容。在此之前，作物品种主要局限于小麦、燕麦、黑麦、蚕豆、扁豆等。此后，一系列新作物"涌现"出来，如萝卜、三叶草、马铃薯、苜蓿、芜菁、漂浮水草等。随着作物种类的丰富与优化，尤其是三叶草、漂浮水草等新作物的引进、牧草的种植，畜牧业也出现了重大突破，即管理方法由粗放型转变为精耕细作型，并与轮作制度的改革结合起来。以英国为例，截至 16 世纪早期，人们仍对草地上的牧草实行粗放的管理方式。17 世纪，人们逐渐把三叶草等作物移植到可耕地上，并与三圃制结合起来。当时，英格兰人已从荷兰引进了良种牛，并培育出较优良的牛种。18 世纪 40 年代，贝克维尔开始进行培育良种羊的试验，直到

---

① 裘元伦：《德国工业化中的农业》，《世界农业》1989 年第 1 期。
② 卡洛·M. 奇波拉：《欧洲经济史》第 3 卷，商务印书馆 1988 年版，第 372 页。

18 世纪 90 年代，才培育出"因纽特羊"。贝克维尔把他的羊称为"变草为羊肉的机器"。①苏塞克斯郡格莱德地区的约翰·额尔曼培育出了南多恩羊。在饲料的来源由粗放经营转变为精耕细作经营以及畜种改良的前提下，与 17 世纪相比较，18 世纪后半期，羊肉和羊毛的产量提高了78%。在史密斯菲尔德市场，1732 年，牛羊的销售量分别为 76000 头、515000 只，到了 1854 年，分别达到 263000 头和 1 539000 只。② 随后人们将三圃制、新型作物、畜牧业与可耕地结合起来，发明了诺福克四茬轮作制。"第一年种小麦，第二年种萝卜，第三年种大麦，收完大麦种三叶草、黑麦，第四年收割三叶草和黑麦。萝卜用以喂牲口。饲料通过牲口转化为大量的粪肥，不仅肥了牲口，而且提高了地力，增加了谷物产量。"诺福克四茬轮作制在三圃制的基础上，利用休耕的机会，种植扁豆、白羽扇豆、三叶草、萝卜、麻类作物，被称为"提高了的三圃制"③。随着耕作制度的改进、作物和畜牧种类的优化，单位面积产量得以提高，同时节约了农业生产中劳动力的投入。

二、农场规模经营的实现

在欧洲，规模经营在创造农业劳动力剩余方面发挥了相当重要的作用。恩格斯指出，"在把各小块土地结合起来并在结合起来的土地上进行大规模经营的条件下，一部分过去使用的劳动力就会变为多余的，劳动的这种节省就是大规模经营的主要优点之一"。④ 所谓规模经营就是以最佳规模为标准，以最大效益为目标的产业经营。其理论依据是规模经济，即"在某个部门处于一定的技术条件之下，在该部门经营的企业规模同生产预期可能达到的最低成本之间存在一种系统关系，使得生产规模扩大到某一点时平均成本最低"。⑤ 再者，规模经济主要是通过充分发挥给定技术

① 阿萨·勃利格斯：《英国社会史》，陈叔平、刘城等译，中国人民大学出版社 1991 年版，第 209 页。
② Mitchell, B. R., *British Historical Statistics*, Cambridge University Press, 1988. p. 708.
③ Kriedte, P., *Peasants, Landlords and Merchant Capitalists*, Cambridge University Press, 1983, p. 108.
④ 《马克思恩格斯选集》第四卷，人民出版社 1974 年版，第 310 页。
⑤ 道格拉斯·格林沃尔德：《经济学百科全书》，麦克劳-希耳出版公司 1982 年版，第 327 页。转引自戎殿新、司马军编《各国农业劳动力转移问题研究》，经济日报出版社 1989 年版，第 44 页。

的作用，以较少的投入获得更大的产出。规模经济通常用短期平均成本曲线和长期平均成本曲线来表示。如图 2-3 所示，横轴为农场规模，纵轴为平均成本。短期平均成本曲线表示在农场规模不变的条件下，依靠发挥技术和管理方面的力量而使单位产品的平均成本发生的变化趋势；长期平均成本曲线表示，在农场规模和资源利用方面同时变化的条件下使平均成本发生的变化趋势。图 2-3 的 P3 既是短期平均成本的最低点，也是长期平均成本的最低点，因而该点就是农场在给定的技术和管理水平条件下实现成本最小化的最佳规模，大于或小于该点都会使成本上升。

当然，最佳规模并不是一个固定的值，不同国家或地区，不同的农场或同一个农场在不同发展时期，由于各种条件的不同或变化，最佳规模都会有不同的取值。随着技术和管理水平的提高，P3 向右移动，农场经营的最佳规模扩大。农场规模经济的量一般用经营土地的量或总产量来表示，由于经营的土地面积直接与农业劳动力转移相联系，因此，在此选取农场经营的土地面积来表示，即规模经营就是指用扩大农场经营土地面积来降低平均成本。

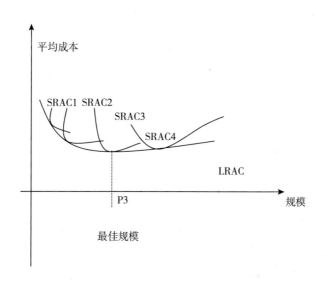

图 2-3 经济规模与成本曲线

在手工劳动的条件下，经营规模的大小主要取决于劳动力的多少，体力极限约束了规模的扩大，进入工业化阶段，机器逐渐取代手工劳动，必然要求扩大经营面积，增加产量以降低分摊的固定成本，由于土地资源是个常量，要扩大经营规模，减少劳动力和兼并土地是必然的途径。理论上认为，越小的农场效率越低，竞争力越差，在市场竞争中，这些小型农场遭遇破产，其土地就通过一定方式转到其他农场主手中，或者被较大的农场主兼并，或者同其他小农场合并成大农场。而这些小农场主及其原来的大部分雇工转向非农部门。这可以从欧洲工业化的实践上得以验证。1892年，在法国，5公顷以下的小农场主占农场总数的71%，而在1982年则为26%[①]。

农场规模经济的优势主要体现在以下几个方面：使批发购销更加经济、减少风险、获取信贷支持、分摊固定成本、市场集中和一体化。集中到一点就是降低风险，提高人均产量，从而释放出更多的剩余劳动力。农场规模扩大的动力及优势可以从图2-4中反映出来：农活粗重和技术进步是最初采用机械的主要原因，采用这些设备是为了扩大农场规模，农场经营者还采用了其他扩大生产的技术，目的是增加收入、提高生活水平、减缓经济方面的威胁（成本与价格挤压），扩大机械的使用成了生产过剩和农产品降价的主要原因之一，这种循环的后果是农场规模继续扩大，农业人口减少。

新技术和政府计划、政策也鼓励了农场规模的扩大，从而超出家庭范围，鼓励了农场资源的非农场主所有制的增加，这是通过降低价格和减少经营风险实现的，技术改革和政府计划的收益常与农场规模大小有关，因此，更加刺激了规模的扩大。扩大规模能减少种种费用，这都是家庭农场力所不及的，因此鼓励了一般农场规模的扩大，也刺激了超出家庭范围的农场的形成。

由此可见，农业机器及其他技术的采用为农场规模的扩大创造了条件，而农场规模的扩大又进一步推动了农业机器及其他技术的采用，技术的替代效应进一步挤出了农业劳动力，也促进了生产要素的优化配置。随着资本技术构成的提高，在经营面积扩大的同时降低了单位面积的就业人口密度，转移剩余的劳动力，即提高农场的人均经营土地面积，实现劳动力的节约使用和转移，由原来劳动的密集型农场逐渐转向资本和技术密集型农场。而且在市场竞争中，规模经济又进一步刺激了新技术的发明和使

---

① 戎殿新、司马军编《各国农业劳动力转移问题研究》，经济日报出版社1989年版，第51页。

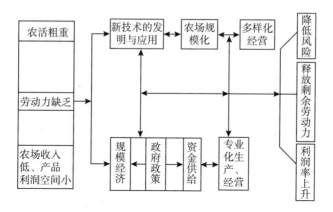

图 2 - 4　农场规模扩大的动力及优势结构

用，使得在原有的农场规模上，技术和资本更加集中，技术和资金的替代效应进一步减少了农业劳动力，扩大了经营面积（在一定范围内），从而使规模经济达到一个新的水平，实现了农场规模经济与技术扩散的联动效应，如图 2 - 5 所示。

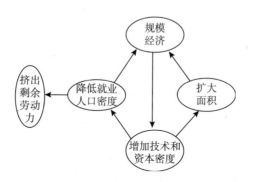

图 2 - 5　农场规模经济与技术扩散的联动效应

在西欧，农场规模的扩大与田地分化运动在工业化开始前到 20 世纪一直处于此消彼长的状态。① 由于新技术和机械的使用都要求土地有一定

---

① 再分配零散田地或"合并零散田地"在欧洲最早可以追溯到中世纪，迟至 20 世纪中叶，大部分国家仍存在着土地分割运动。程度不等的合并田地运动遍布许多欧洲国家并延续了几百年。在各种文献中，人们提到最多的是英国中世纪末以来的圈地运动，但其他欧洲国家中都有类似的规模不同的合并田地运动，以期获得规模效应。

的规模，因此，土地分割运动越来越受到农业技术扩散的冲击。大的土地所有者逐渐意识到将自己耕作的土地与其他大块土地合并起来的规模经营可能带来额外收益，因而通过地块交换或其他措施来合并土地。甚至在小农庄，根据这种或那种制度进行土地再配置，在中世纪就已经进行了，而且在很多地方逐渐成为习惯法的一部分。18世纪，当欧洲西北部许多地区的分散农场问题引起公众的注意时，期望合并田地的原因之一就是希望引进新的农业技术。而遗产继承制等其他原因又加剧了田地分块的问题，与技术的运用开始直接冲突。[①] 在技术改进以提高利润与地租上涨等动机的驱动下，18世纪英国的地主们首创了田地合并和圈地运动，政府也倾向于推进田地合并。

在农场规模扩大的过程中，农场主试图把他们种植的土地亩数调整到与他们的家庭劳动力和机械化设备的生产能力相适应，同时有些农场经营者破产或脱离农业，这对于留下来的农场主来说，收入增长了，而对于想重新开始经营农场的人来说，机会减少了，对于大部分小农来说，由于失去土地，只能成为农业雇佣工人或者离开土地。因此，农场规模的扩大反过来也加快了该地区农业劳动力流出的速度。

三、农业机械化的发展

农业机械化的发展是农具改进的重要内容，而后者在技术性因素中占有突出的地位，是减少每单位产出所需劳动力的有效途径。机械化的发展还与农场规模的扩大相关，由于来源于实际工作的创新是最具有生产性的，欧洲农业的工具改进也都主要倾向于满足最直接的社会需求，规模大的农场有利于分摊高额固定成本，因此，大农场对高成本的机械化需求大于小农场。如在大不列颠，18世纪末现代脱粒机的发明已经基本完成，随后根据生产的要求和农场规模的大小逐步改进，将谷物风选设备和脱粒机合为一体，并且不同类型的脱粒机被运用于不同类型的农场。如，根据不同性质农场的实际需要，19世纪的脱粒机有手动的、马力驱动的和蒸汽驱动的三种，在德国，许多拥有510公顷土地的土地所有者都拥有一台

---

① H. J. Habakkuk and M. M. Postan, *The Cambridge Economic History of Europe*, New York: Cambridge University Press, 1965, Vol. 6, p. 627。

马力驱动的脱粒机，但只有一些最大的土地所有者能拥有蒸汽驱动的脱粒机，小农场则根本没有。可见，农场规模的扩大有利于机械化的推广，而机械化本身也倾向于刺激农场规模的扩大，这种循环机制的后果是加速剩余劳动力的产生并游离出农业部门。

欧洲农业劳动力的减少与机械化的推广显著相关。从整个欧洲的情况来看，由于农业劳动力总体的下降速度较慢，因此机械化的推广也是一个缓慢的过程。农业机械化的发展与农业人口减少的刺激显著相关，因为人们设计机器的最初动机无疑是节省劳动力、节约饲料，并且使许多工作变得简单易行，增加产出，因此只有在劳动力处于一定程度的稀缺状态时，机器才有可能得以大范围地推广。如，美国在19世纪的大部分时间内都处于劳动力不足的条件下，因此机器的应用非常广泛。而在西欧，人口密度相对较高，只有在农业人口的绝对数停止增长甚至开始下降的情况下，劳动力才会表现得较为稀缺，因而在农业人口开始明显下降以前，农用机械在欧洲一直未能很好地利用。

拖拉机从发明到推广的过程就是一个明显的例子。在欧洲，拖拉机从发明到推广非常缓慢，其原因就是欧洲在每单位面积的农业人口密集程度远远大于北美，欧洲大部分农场都比较小或者仅有中等规模，其农业人口密度也不鼓励这种巨额投资，加之两次世界大战之间的农业萧条也助长了这种情况。1930年前后，虽然拖拉机的数量较蒸汽犁多，但其规模非常有限，英、法、德、意分别有近2万台拖拉机，显然，都只占这些国家农业牵引力的很小一部分。20世纪30年代，由于采取了一些促进拖拉机推广的措施，英国和德国的拖拉机数量增长了3倍，这意味着这些国家农业拖拉机化开始在某种程度上形成。同期，意大利的拖拉机数量只增长了2倍，法国甚至更少。瑞典在1940年前后的拖拉机数量与英国和德国在1930年的情况差不多。

反之，当西欧农业人口下降速度加快时，拖拉机的推广速度也随着加快。第二次世界大战结束以来，农业从业人口下降很快，这期间也是西欧大多数国家拖拉机数量的快速增长时期。如第二次世界大战之前，整个西欧总共有拖拉机约20万台，到了1950年前后，仅联合王国就突破了33万台大关，德国和法国的拖拉机数量1950年以前就已达到10万台，意大利和瑞典在几年后也达到这一水平，几乎在同一时间内，欧洲大部分其他国家的拖拉机数量也超过了1万台，而且在大多数情况下，拥有比过去所统计的蒸汽机和火力发动机多得多的拖拉机用于固定的工作。20 世纪 50 年代中期，西欧总的拖拉机数量超过 200 万台[①]。联系上文提到的农业人口的变化，可见，机械化的发展速度与农业人口的下降程度相一致。

表 2 - 3　德国农业劳动力比重的下降、机械化发展以及劳动力流动情况

内容		年份	1870—1882	1900—1905	1907—1913	1920—1925
机械化进展(千台)	脱粒机		374	856	1436	1055
	收割机		20	35	301	1023
	播种机		64	169	290	589
农业劳动力比重变化(%)			50	37	34.6	22.2
流动指数(‰)			250	350	310	

注：机械化进展与农业就业比重根据《帕尔格雷夫世界历史统计欧洲卷 1750—1993》（B. R. 米切尔编，中译本，第四版，经济科学出版社 2002 年版）第 157、158、168 页中的相关数据，以及 H. J. Habakkuk and M. M. Postan, *The Cambridge Economic History of Europe*, VI, Cambridge University Press, 1965, p. 642 - 643 中的相关数据计算。流动指数根据 Stefan Friedrich, *Aus der Geschichte Lernen*, Kas - Schriftenreihe China, No. 48, Shanghai, 2004, p. 219 的相关数据估算。

从同一个国家不同时期的发展来看，也是如此。如表 2 - 3 所示，德国机械化发展的高峰期，也是农业就业比重急速下降的时期，同时也是农业人口流动的高峰期，农业人口的减少对于采用机械化的刺激是相当强的，同样，机械化的推广也加速了劳动力从农业部门的流出。

以农业劳动力比重为被解释变量，机械化进展（三种机器的台数总和）为解释变量，进行线形回归结果如下：

$$农业劳动力比重 = 52.97 - 0.01 \times 机械化进展$$
$$(12.34) \qquad (5.55)$$
$$R^2 = 0.89 \quad F = 17.32 \quad P = 0.05$$

通过回归结果可以看出，机械化进展对于农业就业比重的变量有着较为显著的影响，在不考虑其他因素影响的情况下，三种农用机械每增加 1000 台，农业就业比重就会减少一个百分点。

欧洲农业机械化的实践也说明，从机械的出现到普遍采用中间相隔的

[①]　H. J. Habakkuk and M. M. Postan, *The Cambridge Economic History of Europe*, New York: Cambridge University Press, 1965, Vol. 6, p. 650.

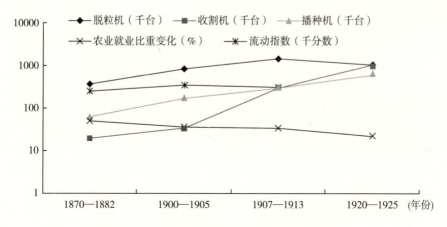

图 2 − 6　农业劳动力比重变化与机械化的发展

时间之长并不仅仅因为技术的时滞效应，而在很大程度上是由于农业人口下降的速度缓慢，只有农业人口明显下降才会推进机械的普遍应用。这是因为各种机器的发明、推广和不断的技术改进是与社会对他们的需求相联系的，尽管所有的机器都节约劳动力，完成同样的工作需要更少的时间和劳动力，但是，在资本稀缺而劳动力资源丰裕的条件下，这种节约劳动力和实践的经济驱动力是较弱的。

此外，从不同国家的横向比较来看，机械化发展的速度相对较快的国家其农业人口也下降得较快。如表 2 − 4 所示，德国农用机械的推广速度快于法国，如 1862—1929 年法国脱粒机数量的年均上涨幅度为 2.17%，1882—1925 年德国脱粒机数量的年均上涨幅度为 4.23%，速度将近法国的两倍。收割机、播种机等的推广速度也快于法国。相应地，农业人口的下降速度也比法国快得多。

表 2 − 4　欧洲部分国家农业机械化装备情况

单位：台

国家	年份	脱粒机	收割机	播种机
法国	1852	60000	无资料	无资料
	1862	101000	18000	11000
	1882	211000	35000	29000
	1892	234000	62000	52000
	1929	204000	1809000	322000

续表

国家	年份	脱粒机	收割机	播种机
德国	1882	374000	20000	64000
	1895	856000	35000	169000
	1907	1436000	301000	290000
	1925	1055000	1023000	589000

资料来源：H. J. Habakkuk，M. M. Postan，*The Cambridge Economic History of Europe*，Ⅵ，Cambridge University Press，1965，p. 642 – 643。

四、化学农业的应用

化学农业的推广范围比机械化更广，欧洲早期的机械化主要发生在大农场，但化肥的使用却涵盖了整个农业，包括大量的小农场。[1]因而在提高单位面积产量，减少劳动力投入方面发挥了相当重要的作用。

化肥施用的推广在欧洲也是渐进性的，农民们在充分利用化肥方面经历了相当缓慢的过程。因为，尽管化肥的投入会带来较高的边际收益，但对于一个土地和雇佣劳动力等固定支出都已经较高而且不易改变的农场来说，化肥支出将使本来就不景气的经济形势不堪重负，尤其在农业产出大于市场需求的地区，情况就更是如此。早在19世纪30年代以前人们就基本上认可了化肥，当时，法国的鲍森高尔特、德国的李比希、英国的劳威斯几乎同时找到了制造化学肥料的方法，但迟至20世纪二三十年代之后，西欧大部分国家的化肥施用量才达到一种较低的标准，而其他国家则还未达到西欧的这一水平[2]，如表2-5所示。

---

[1] H. J. Habakku，M. M. Postan，*The Cambridge Economic History of Europe*，Ⅵ，New York：Combridge University Press，1965，p. 658.

[2] H. J. Habakku，M. M. Postan，*The Cambridge Economic History of Europe*，Ⅵ，New York：Combridge University Press，1965，p. 653.

表 2 - 5　欧洲国家单位面积土地化肥施用量

单位：千克/公顷·年

国家	1910—1913 年	1921—1927 年	1934—1938 年	1949—1950 年
英　国	28	30	60	125
法　国	20	25	41	49
德　国	50	58	144	152
波　兰	17	15	7	17
意大利	14	12	26	25
丹　麦	25	25	54	81
荷　兰	164	189	300	378

　　数据来源：Dovring, F., *Land and Labor in Europe 1900 – 1950：A Comparative Survey of Recent Agrarian History*, the hague, 1956, 转引自 H. J. Habakkuk and M. M. Postan, *The Cambridge Economic History of Europe*, Ⅵ, New York：Combridge University Press, 1965, p. 669。

　　为满足农业的化肥需求，19 世纪 30 年代，欧洲进口了不少智利硝酸钾肥料，而且在 1840—1870 年进口量有所扩大。1870 年以后，进口量迅速上升，到 1900 年前后，每年进口量达数百万吨。截至 19 世纪 70 年代末，英国是最大的肥料进口国，此后，英国市场达到一定程度的饱和，欧洲其他国家逐渐成为这种商业肥料的更大消费者。如德国农业在 1880—1900 年以及在 20 世纪 30 年代也迅速增加了肥料的使用量[1]。化肥需求也促进了相关工业的发展和技术创新。甜菜生产需要大量的硫酸铵，因此，硫酸铵在 1870 年以后就作为煤气厂的副产品被大规模地生产出来。硝酸钾、硝酸钠和碳酸钠工业始于 19 世纪 30 年代，到 1870 年前后也获得了重大发展。1860 年，德国开发了 Stassfurt 盐矿以后，从盐矿中提炼的钾盐就成为重要的农用化肥被大量投入使用。1885 年左右，作为炼钢工业技术创新的成果，使用磷铁矿炼钢的托马斯炼钢法的副产品——基础矿渣即托马斯磷肥开始大量投入市场。在 1870—1900 年的 30 年间，技术革新促进化学肥料的大量使用成为农业的重要特征。

　　化肥的推广还与各国的农业政策有关，这从两次世界大战期间波兰和德国东部的情况对比中可见一斑。两地农业生产的自然条件基本一样，实

---

[1]　H. J. Habakkuk, M. M. Postan, *The Cambridge Economic History of Europe*, Ⅵ, New York：Combridge University Press, 1965, p. 654。

行农业保护政策的德国农业向集约化方向发展，其中包括更多地使用化肥；而波兰更加粗放的农业所生产的产品只有一部分用于出口，它没有德国东部那样以较高的现金支出为代价去扩大生产的动力①，因而化肥的使用远不如德国东部那么普及。

随着人们开始对用化学方法提高土壤肥力的兴趣的增加，以及农民们对接受化肥的意愿的增强，欧洲国家的单位面积化肥施用量逐渐上升了，其后果是，单位面积产量提高了，也节省了一部分劳动力。

五、农业技术的扩散

劳动力从农业部门的流出依赖于技术进步带来的生产率提高，而技术应用最终被转化为生产力还取决于它的扩散程度，技术在农业部门的扩散相对缓慢，从创新到普遍运用在农业实践中往往具有一段较长的时滞，在技术先进的发达国家也是如此，有的甚至需要一两代人的时间。此外，不同性质的新技术推广的条件也不一样：新作物种类的推广往往更需要消除农民对新事物的不信任，而不是经济原因；引进和扩大工业加工用作物，还需要对那些想促进这一新生产部门发展的人进行不同程度的教育工作。比如，扩大种植甜菜，不仅需要知道它的可能收益，以及使利润变为现实的糖加工工厂的存在，而且需要培训耕作者正确地使用种子，耘锄甜菜以留下适当的植物间距等。所有这些都需要根据各地区特定的土质和天气条件而定。当一种作物被引进一个新地区时，对这种作物的耕作技术做一些因地制宜的调整是非常困难的，这可能会直接影响技术推广的成效。②

当然，技术的推广要受到各国农业政策的影响，除此之外，农业技术推广还与农场规模相关。耕作技术的改进、机器的推广、化肥的使用等几乎都是遵循大农场—中小农场—小农场的顺序，如化肥的使用，首先是大农场开始使用化肥。还有的投资成本高的技术，如拖拉机等大机器的使

---

① Dovring, , ., *Land and Labor in Europe 1900 – 1950*: *A Comparative Survey of Recent Agrarian History*: *with a Chapter on land reform as a propaganda theme by Karin Dovring*, The hague, 1956; H. J. Habakkuk, M. M. Postan, *The Cambridge Economic History of Europe*, New York Cambridge University Press, 1965, Vol. 6, p. 669.

② H. J. Habakkuk, M. M. Postan, *The Cambridge Economic History of Europe*, New York Cambridge University Press, 1965, Vol. 6, p. 669.

用，小农场就几乎推广不下去。从欧洲工业化的实践来看，农业技术的传播主要有三种形式。

1. 大土地所有者的推动

大土地所有者要求他们的佃农遵循改良技术进行耕作，这种形式主要发生在那些面向市场生产的地区。如，在英国、斯堪的纳维亚半岛国家以及德国部分地区，地主通过与佃农签订租赁的形式来实施、推广使用新的农业技术。这也是农业技术推广的首次有组织的实践之一。通过契约性的义务，根用作物和苜蓿的轮作耕作法得到推广，休耕地受到限制或者被放弃，进而导致土地上的家畜养殖有了较大的增长。传统耕作方式一旦在大的农业社区被打破，这种新耕作方法的实用性就会在整个地区得到彰显，并且能起到新技术的示范效应，更容易被没有签订契约的农民接受。在19世纪的大部分时期，地主们一直是欧洲大部分国家农业技术改良的主要推动者，他们或者单独行动，或者通过那种他们在其中充当主角的"启蒙学会"（Enlightened Societies）来推动技术的应用。地主们的态度和协调能力对于技术传播能否成功以及获得多大程度的成功是至关重要的。

2. 政府的推动

政府的推动作用主要表现在建立农业技术教育体系和政府为农民提供技术指导两个方面，在此主要对前者作一论述。在农业教育体系方面，英国、德国、法国、荷兰四个国家在欧洲工业化时期处于前列。他们的高等农业教育结构模式有很大差异，英国是"综合性大学＋地区学院＋独立学院三元结构模式"，法国是"高等专科学校单一结构模式"，而德国和荷兰都采取了"综合大学＋专科大学或国立综合性大学＋地方农学院的二元结构模式"。德国、荷兰的农科类院校有升格、改名、合并现象，四国分别根据本国农业教育及农业科技的需求发展了相应的不同教育体系和模式。

英国农业教育模式的主要特点是：没有国立大学，但所有大学依靠国家拨款。涉农学院除了英国皇家农业学院和哈珀亚当斯学院少数独立建制外，大多是综合性大学的附属地区性多科技术学院。[①] 地区性涉农学院的一个典型特征是融科研、教学、推广于一体。它们都是英国高等农业教育的补充。

法国的"单一结构模式"中，综合性大学不实施农业教育，高等农

---

① 周岩、冯喜兰、祝勇：《英国高等教育的特点及质量评估体系》，《河南职业技术示范学院学报（职业教育版）》2004 年第 3 期。

业教育主要存在于独立建制的单科性高等专科学校中。① 这种"单一模式"的特点是规模小、注重实际运用。法国农业教育的发展战略目标是：使农业教育更加适应农业当前与未来发展需求、更好地服务于青年就业，教育与培训的重点在农业生产和农产品加工领域。②

德国的"二元结构模式"中，高等农业教育主要在综合性大学和专科大学中实施，在综合性大学中，高等农业教育以农科学院、农学院或相关系科形式存在，这种模式注重培养实际应用型人才。19世纪末至20世纪初，德国各地建立的不少农、林、兽医等专门学校，除了高等农业教育机构外，德国还有诸多层次实施农业职业教育的机构：一是农业职业学校，二是农业专业学校，三是高级农业专业学校。

可见，英国、法国、德国等国的教育结构模式各不相同，但都紧扣各国农业教育及科技发展的需求。在施教主体形式方面，有"三元结构"的综合性大学、地区性农学院及独立学院形式，也有"单一结构"的高等专科学校形式，还有综合大学加专科大学。在大学与学院属性方面，有公立的，也有私立的，还有公、私兼营的，这种多样化的形式顺应了不同受教育群体的需要，借此有效地推动了技术的扩散，促进了农业劳动生产率的提高，同时还提升了农业劳动力的知识技能水平。

3. 农业合作社的推动

合作社第一个成功的领域是在信用领域，主要在中欧地区，随后，合作社发展到采购、加工、销售等领域。这就使得在一些国家，合作组织在传播新技术方面发挥了积极的作用。合作社活跃的主要地区是德国、奥地利帝国、低地国家和斯堪的纳维亚半岛国家，另外像爱尔兰和巴尔干地区，尤其是保加利亚，也有较大的发展。在意大利，1914年以前的合作化运动生机勃勃，而在法西斯时期，便让位给了国有殖民化机构并由其负责新农业技术的推广。西班牙的农业合作在它变为国家直接领导之前很难说到底取得了多大的成功。而英格兰和法国比较特殊。英国的情况特殊主要是由于经济原因，农场合作社发展缓慢，而且公共服务和个人首创精神的相互作用仍然是农业技术扩散的主要来源。在法国，北部地区，尤其是西北部的农业合作社发展情况介于英国和德国之间，而其中部和南部的情

① 平培元：《法国的农业教育》，《世界农业》2002年第11期。
② http://www.edu.cn/20020823/207846.

况则更接近于地中海国家的情况。①

案例分析：工业化过程中，农业合作社在技术推广方面发挥了相当大的作用，在此以作为农业合作组织发祥地的法国、德国、荷兰等国为例，进行具体的说明。

法国的农业合作始于 19 世纪 80 年代，荷兰出现农业合作的年代几乎与法国一致，而德国则更早一些，约在 19 世纪 60 年代。在法国，绝大多数农场主参加了产前、产后流通领域的合作社；德国几乎所有农户都是合作社成员；绝大多数荷兰农民甚至至少是 3—4 个合作社的成员。在法国、德国、荷兰三国，合作社仍是农产品加工、销售的主要渠道。免费进行技术咨询，比如在法国摩泽尔省，服务于农民的组织有三类：一是农业合作组织和行业协会，或者叫专业合作社；二是农民协会；三是农业工会。法国摩泽尔省农民协会有 45 位董事，分别来自专业合作社、老年农场主、青年农民、保险公司、银行、土地出租者、农民协会管理者等不同行业和职业，进行选举和决定重大事务时，必须由董事会民主决策，充分体现了农民的民主权利。摩泽尔省农民协会为农民提供的服务主要集中于四个方面：一是提供农作物和畜牧加工的技术咨询；二是提供财务管理；三是从事各类培训工作；四是提供法律咨询。除了在经济上保护农民的利益外，农民协会还是农民政治利益的代言人。由于农民协会是由农民代表组成的覆盖全国的网络组织，又得到政府的支持，所以农民对农民协会的依赖程度很高。

与法国农民协会覆盖全国的范围之广相比较，德国农民协会在联邦 16 个州中并不是都有的。下萨克森州农民协会作为农民自我服务的组织，按该州农民协会的规定，农场只要达到 2 公顷以上的规模就可以申请加入农民协会，下萨克森州有 4.7 万个农场加入了农民协会。会员组成中，约 2/3 是农场主，1/3 是农业工人。农民协会最高的权力机构是由 172 位各类农场代表组成的会员大会，并由会员大会产生董事会。主席任职 3 年，必须由长期从事农业的专家担任，能真

---

① 参见农业部软科学委员会考察团《欧洲农民多种形式的联合与合作组织——法、德、荷三国的考察与启示》，《中国农村经济》1999 年第 4 期。

正代表本区域内农民的利益。农民协会的基本职能表现为两大类：一类是法律规定的职能，主要包括提供政策、法律和技术等各种咨询服务，着重解决农场主在生产经营中遇到的困难和问题；另一类主要来自政府合同规定的职能，政府与农民协会签订合同，比如农业政策的实施，休耕计划的落实，畜牧饲养规模的限定，都是政府通过农民协会等组织贯彻的。当然，为此政府要付出相应的财政补贴。为了行使这些职能，农民协会还在下萨克森州的不同地区派驻工作人员，并兴办有 7 个职业技术培训学校。农民协会的工作人员认为，农民协会真正代表了农民利益，会员代表大会的代表和农民协会主席都是农民，而且农民协会网络遍布全州，随时为农民提供他们需要的服务。当然除了农民协会之外，下萨克森州也有农业合作社和代表农民与政府进行政治对话的农民工会等组织机构。

可见，法国、德国、荷兰等国的农业合作组织在农业技术的推广方面具有相当强的实际操作性：首先，覆盖面广，农民协会网络遍布各州，随时可以为农民提供所需的技术服务。其次，具有良好的运行机制，农业组织既独立于政府，又能得到政府的支持，政策不完全通过政府的职能部门来组织实施，而是大量借助于民间中介服务组织。最后，农业合作组织代表了农民的利益，如德国农民协会会员代表大会的代表和农民协会主席都是农民，在法国，农民协会选举和重大决策必须经董事会民主决策，充分体现了农民的民主权利。

然而，农业合作组织的长期运行还必须有足够的资金，其内在的动力还在于农业合作组织的对外赢利。

法国、德国两国农业合作组织之所以发展不太景气，根本原因还是在日益激烈的市场竞争面前，没有摆正自己的位置，缺乏赢利动机的企业化营运机制，农民从合作社得不到更多的好处。荷兰有一家名为"Henri Willig"的公司，该公司建立于 20 世纪 60 年代，是典型的"公司＋农户"的合作企业，由于经营者灵活的经营方法和科学的管理方式，公司不断发展。该公司有两条奶酪加工生产线，120 名加工人员和 40 名管理人员；拥有自己的鲜奶收购运输系统、乳品加工厂和销售网络，是一家产、供、销一体化的奶酪专业公司。该公司年加工牛、羊奶 3000 万升以及多品种的羊、牛奶酪。产品 80% 出口，20% 内销，年营利额 400 万荷兰盾。该公司发挥"龙头企业"的优势和作用，与 29 个专业农场签订长期的鲜奶收购合同（其中 10 个奶牛场、12 个山羊奶农场和 7 个绵羊奶农场），鲜奶收购价格一般比合作社的收购价高出 20%，而且保证收购，加上付款的周期短，农民交奶后能很快得到现款，因此农户很愿意将鲜奶卖给该公司。该公司能够在市场竞争中不断得到发展。[①]

因此，从法国、德国、荷兰农业合作组织的运行实践看，对外赢利是发展的重要前提，农业合作组织不仅仅要向农民提供各种服务，施惠于自己的成员，还应该向企业化方向发展，以灵活的经营方式，根据消费需求的变化和市场供求状况及时调整产品的类型和数量，并注重技术的研究，使自己能始终保持在科研方面拥有的优势。

当然，其中政府的支持必不可少，如果说好的运行机制是农民联合与合作组织发展的内在动力，那么有效的政府支持则是必不可少的外部条件。法国、德国、荷兰政府对合作社、农民协会和其他农民经济组织无一例外地采取了支持的态度。

以德国巴伐利亚州为例，每年政府对农业各类投资和补贴约 50 亿马克（其中联邦投资约 30 亿马克，占 60%；州投资约 20 亿马克，占 40%）。从州对农业的投资和补贴看，20 亿马克中 12% 用于农业行政支出，8% 用于农业科技开发，70% 用于农户补贴，其余 10% 用于支持包括合作社在内的各类农民经济组织。而下萨克森州农民协会每年的预算安排为 1.56 亿马克，其中 25% 来自会员缴纳的各种咨询服务费（农民协会为会员提供的各类技术咨询服务项目高达 150 多种），20% 来自会员费，其他 13%。而来自政府的预算则高达 42%（主要是执行政府合同得到的相应财政补贴）。[②]

---

① 参见农业部软科学委员会考察团《欧洲农民多种形式的联合与合作组织——法、德、荷三国的考察与启示》，《中国农村经济》1999 年第 4 期。
② 参见农业部软科学委员会考察团《欧洲农民多种形式的联合与合作组织——法、德、荷三国的考察与启示》，《中国农村经济》1999 年第 4 期。

可见，政府对合作社和农民协会的支持，首先体现在财政支持上。同时，政府农业政策的实施，包括政府对农场的补贴、休耕计划、农产品贸易配额等政策落实，很多需要借助合作社和农民协会等组织来实施，因此，政府如何协调好与这些组织的关系也非常重要。在此不再赘述。

简而言之，在大土地所有者、政府、合作社三种力量的共同作用下，农业技术得以推广应用，促进了生产率的明显提高。由此引起的第一轮影响就是大大减少了农场数目以及由农业机械发展产生的"挤出效应"，使农业就业人数减少，如图 2 - 7 所示。由此引申出一个广泛的因果关系脉络是：农业耕作技术的进步、农业生产规模的扩大（包括农场规模扩大）、农业机械化的发展、化学农业的应用——人口外流、人均收入的变动——产业结构的变化。

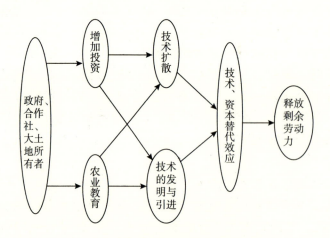

图 2 - 7　由三方推动技术扩散的联动效果

由于技术变革形成的经济力量也使得农村人口有了更多的闲暇和流动性，从而推动了劳动力与农业部门的脱离。农业人口的外流反过来又刺激了技术变革，使得资本技术构成进一步提高。这种循环机制促使农业部门的生产能力不断提高，从而产生并有效释放出剩余劳动力。在英国，从1815—1819 年到 1832—1833 年，小麦产量每英亩提高了 16% ，而劳动力仅增长了 2.7% 。[1]

---

① 　Jones, E. L. , "The Agricultural Labour Market in England, 1793 - 1872", *Economic History Review*, Vol. 17, p. 328.

第三节　吸纳能力：非农产业的发展

农业部门的释放能力和非农部门的吸纳能力犹如一枚硬币的两面，释放能力提高的同时还必须具备非农业部门对劳动力吸纳能力的增强，而对劳动力吸纳的强度则取决于工业、服务业等部门的发展，尤其是服务业的发展。

一、工业化进程中非农产业的发展[①]

非农产业的发展是与技术进步联系在一起的（这在上文已有阐述）。在产业结构变化的过程中，投资结构和财富结构由农业向非农产业倾斜，非农产业吸纳农业剩余劳动力的能力不断增强，农业就业比重持续下降。

　1. 投资结构的变化

在工业化过程中，非农产业的投资增长幅度远远超过了农业投资增长的幅度，这种重点的转移最直观地体现在投资结构的变化趋势中。投资的增加及其流向的变化，也带动了财富结构的重大变化。

以英国为例，从固定资本形成的绝对数额变化上看，资本形成逐渐由农业向非农部门转移。工业化期间，各部间的年均固定资本增长速度排序依次为：工商业、运输业、公共设施、农业。1761—1770年，10年内年均固定资本投资仅为6.64亿英镑，其主要投资对象依次排列为农业（2.18亿英镑）、居住与社会设施（1.64亿英镑）、运输（1.50亿英镑）和工商业（1.32亿英镑）；到了1851—1860年，次序排列正好相反，在年均57.99亿英镑投资总额中，占首位的工商业据有20.67亿英镑，其次是运输业18.12亿英镑，再接着是居住与社会设施12.30亿英镑，最后是农业6.90亿英镑（见图2-8），即其间按不变价格计算，工商业年均投资增长了14.7倍，运输业增长了11倍，居住与社会设施增长了6.5倍，而农业只增长了2.2倍。

---

①　鉴于前文已述及技术进步与非农产业的发展，在此不再赘述。

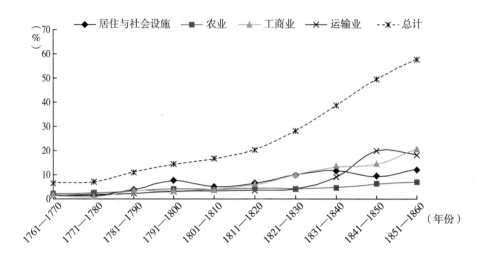

图2-8 英国1761—1860年固定资本形成的绝对数额的变化

资料来源：Feinstein, C. H., "Domestic Capital Formation in the United Kingdom", H. J. Habakkuk and M. M. Postan, *The Cambridge Economic History of Europe*, Vol. 7, London: Cambridge University Press, 1978, p. 93。

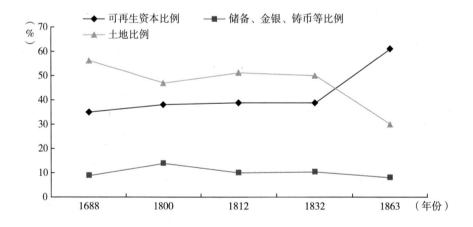

图2-9 英国1688—1863年的财富结构变化

资料来源：Feinstein, C. H., "Domestic Capital Formation in the United Kingdom", H. J. Habakkuk and M. M. Postan, *The Cambridge Economic History of Europe*, Vol. 7, London: Cambridge University Press, 1978, p. 35。

表 2 - 6 英国 1761—1860 年投资结构的变化

单位：%

时间	农业	工商业	运输业	居住与社会设施
1761—1770 年	33	20	22	25
1771—1780 年	37	12	29	22
1781—1790 年	30	30	19	21
1791—1800 年	30	23	22	26
1801—1810 年	25	24	21	30
1811—1820 年	22	29	18	31
1821—1830 年	16	35	15	35
1831—1840 年	13	34	23	30
1841—1850 年	13	29	40	18
1851—1860 年	12	36	13	21

资料来源：Feinstein, C. H., "Domestic Capital Formation in the United Kingdom," H. J. Habakkuk and M. M. Postan, *The Cambridge Economic History of Europe*, Vol. 7, London: Cambridge University Press, 1978, p. 92。

投资结构的变化很明显地反映了这一趋势，如表 2 - 6 所示。

（1）伴随着工业化的推进，在跨越一个世纪的时间里，农业在投资中的份额一路下滑，从 1761—1770 年的 33% 下降到 1851—1860 年的 12%。

（2）由工商部门吸收的固定投资份额从最初的 20% 上升到 1781—1820 年的平均 26.5%，进而升到 1851—1860 年的 36%。整个工商业部门的投资份额在总量中的快速上升趋势归因于制造业、采矿业和公用事业中机器和设备投资的增长。这些资产，即最直接的体现技术变化的资本货物（以及铁路），对工业化具有重要意义，它们的份额在 18 世纪中期仅为 5% 左右，一个世纪之后，增长到 17%，增幅达 240%。

（3）从工业化开始一直到 19 世纪 30 年代末，运输业固定成本占总量的份额基本上稳定在 20% 左右，在 19 世纪 40 年代大规模铁路建设的影响下，这一比例翻了一番，仅铁路一项就占国内固定资本形成总额的 28% 左右。

（4）用于住宅、公共建筑和社会设施工程的资本支出的变化阶段性非常明显：初始状态为 25%，接着跃升到 1821—1830 年的 35%，后一阶段又回落到21%（由于投资份额让给了当时的大规模铁路建设）。

2. 财富结构的变化

投资增加及其流向的上述变化，其直接结果就是"财富"中"土地"份额的下降，"可再生资本"所占份额的提高，以及产业结构中非农部门所占比重的上升（见图2－9）。直至19世纪30年代初（1832年），在英国的国民财富中，土地依然是最大项目，尚占整整一半。但到了1863年，"可再生资本"（包括住房及其他社会设施建筑、工商业设备投资与建筑、运输系统线路与工具等）已为"土地"的两倍。土地在财富中所占比重下降到了不足1/3。[①]

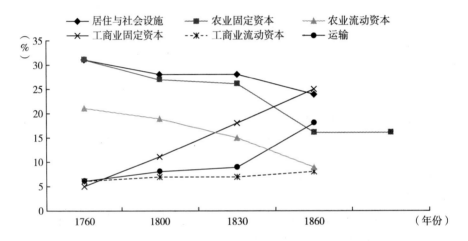

图2－10 1760—1860年按部门和资产类型分类的国民财富构成比例的变化

资料来源：Feinstein, C. H., "Domestic Capital Formation in the United Kingdom," H. J. Habakkuk and M. M. Postan, *The Cambridge Economic History of Europe*, Vol. 7, London: Cambridge University Press, 1978, p. 37。

导致财富结构变动的最重要也是最活跃的因素是资本的投入及其积累。这特别表现在工商业和运输业部门。在1760—1860年的一百年间，英国可再生固定资本存量从4.90亿英镑增加到了23.10亿英镑，即增加了3.71倍，其中，居住与社会设施增加了2.23倍；农业建筑物、农场改良和农用

---

① Feinstein, C. H., "Domestic Capital Formation in the United Kingdom," H. J. Habakkuk and M. M. Postan, *The Cambridge Economic History of Europe*, Vol. 7, London: Cambridge University Press, 1978, p. 37.

设备增加了 1.04 倍；而工商业却增加了 18.4 倍；运输业增加了 12.3 倍。1860 年与 1760 年相比，英国可再生固定资本存量的部门排序几乎完全相反：1760 年排位依次是农业、居住与社会设施、运输业和工商业；到 1860 年则为工商业、居住与社会设施、运输业和农业。而在一百年前的 1760 年，农业为 2.10 亿英镑，居住与社会设施也为 2.10 亿英镑，而工商业只有 0.36 亿英镑，运输业仅及 0.38 亿英镑。这一趋势与投资结构的上述变化一致。

　　按资产类型和部门划分的国民财富构成比例也反映出了工业化期间农业资本重要性的下降趋势，如图 2-10 所示。从工业化伊始的 1760 年到基本完成的 1860 年一个世纪内，农业资本从占国内可再生资本存量的 52% 下降到 25%，其中固定资本从 1760 年的 31% 下降到 16%，流动资本则从 21% 下降到 9%，二者都经历了相对重要性的持续下降趋势。居住与社会设施资本的比例相对来说比较稳定，但也从 31% 下降到 24%。另一方面，工商业资本则急剧上升，由工业化初期的 11% 上升到 1800 年的 18%，进而升至 1860 年的 33%，涨幅达 200%。其中主要在于其固定资产存量的增长，它以每年约 3% 的速度增加，从 1760 年占总量的 5% 增长到 1860 年的 25%。到 1860 年时，工商业固定资本存量在国民财富构成的六大类中比例是最高的。从这六大类的比例变化中还可发现，工商业部门固定资本与流动资本的比率也在急剧上升：1760 年固定资本/流动资本为 0.83∶1，到 1800 年时比率变为 1.5∶1，1830 年为 2.5∶1，1860 年达 3.3∶1。运输业中的固定资本比例在 1830 年之后也显示出了快速的增长，主要归因于 19 世纪三四十年代的铁路建设投入，运输业中的固定资本比例翻了一番，从 9% 升至 18%。以上比例的变化显示了工商业相对于农业更快的财富积累速度[①]。

二、非农产业发展对农业劳动力的吸纳

　　欧洲主要资本主义国家工业化的过程显示，农业劳动力的流动必然建立在非农产业的发展上，在产业更替的过程中，劳动力呈现了对产业兴起

---

① Feinstein, C. H., "Domestic Capital Formation in the United Kingdom", H. J. Habakkuk and M. M. Postan, *The Cambridge Economic History of Europe*, Vol. 7, London: Cambridge University Press, 1978, p. 87.

和扩张方向的跟踪性流动。与产业结构的变化方向相一致,工业化进程中农村劳动力流动存在两种不同模式,第一种是逐步递进式流动,即农业劳动力向第二、三产业流动在时间上表现出明显的阶段性,在相当长时期内,农业劳动力首先主要流向第二产业,第二产业不仅集中在大城市,而且在小城镇甚至农村也得到了一定的发展,它也是吸收农业劳动力最多的部门,只是在工业化后期或在传统工业走向衰落而第三产业兴起时,才有越来越多的农业劳动力流向第三产业(主要集中在城市)。对于这一种模式,先行工业化的英国表现得比德国更为明显。第二种是跨越式流动,即由于第三产业就业增长在经济发展较早阶段就呈现与第二产业同步增长或比第二产业就业优先增长的趋势,农业劳动力转移一开始也就较多地流向第三产业、流向城市,由于更多地汲取了英国的经验教训,德国等后起的国家在工业化伊始就较注重服务性基础设施建设(如铁路港口建设),因此,第二种模式更为明显。在这些国家工业化过程中,农业劳动力的流动呈明显的阶段性趋势:第一产业—第二产业—第三产业,或第一产业—第二产业,第三产业,并且随着各产业的不断延伸、扩展而发生就业变动。

以德国为例,随着第二、三产业的不断增长,农业劳动力出现了向这两大产业的流动。如表2-7所示,从19世纪中期到1913年,农业部门就业人员在全部就业人员中的比重从55%下跌至35%,而第二产业相应地从25%上升到38%,第三产业则由20%上升至27%,可以粗略地认为,农业部门减少的就业人员正好转移到第二和第三产业中。1852—1913年,工业、采矿业和手工业就业人数由1952年的380万人增加到1913年的1150万人,增长了203%,同时第一产业就业人数由830万人增加到1070万人,仅增加了29%,第三产业由300万人增加到850万人,增长了183%。[1] 第二产业中主要行业的就业人员比重的变化(从1846—1861年到1901—1910年)如采矿业为3.6%—6.6%,上升了3个百分点;金属加工业为8.8%—14.4%;金属制造业为1.6%—3.4%;纺织业为20.2%—10.8%;化工为0.85%—2.1%;建筑业为10.2%—13.7%。从它们各自的增减幅度可大致得出结论:这一期间农村劳动力的主要流向在第二产业中主要为制造业、采矿业和建筑业,而在这以前主要是流向制造业,尤其是纺织行业。

---

[1] Zorn, Wolfgang, *Handbuch der deutschen Wirtschafts – und Sozialgeschichter*, Vol. 2, Stuttgart, 1976, p. 528.

表 2-7 1849—1913 年德国三大产业的就业结构*

单位：%

产业	1849—1858 年	1861—1871 年	1871—1879 年	1880—1889 年	1890—1899 年	1900—1904 年	1905—1909 年	1910—1913 年
第一产业	55	51	49	47	41	41	36	35
第二产业	25	28	29	31	35	35	38	38
第三产业	20	21	22	22	24	24	26	27

*笔者注：由于不同经济学家统计的口径不一样，因此，表中个别数据与前文有些出入。

资料来源：Zorn, Wolfgang, *Handbuch der deutschen Wirtschafts – und Sozialgeschichter*, Vol2, Stuttgart, 1976, p. 528。

从第三产业的情况看，交通运输业以及其他服务行业的发展使得其就业比重也相应地不断上升，德国在进入铁路时代之后，这一趋势更为明显。从表 2-7 中可见，第三产业就业比重从 1849—1858 年的 20% 上升到 1910—1913 年的 27%。1852—1855 年，交通运输业就业人数占全部就业人数的 1.08%，商业、财政、保险业为 2.6%，这四项共为 3.68%，到 1910—1913 年，交通运输就业比重升至 3.65%，商业、财政和保险比重为 8.23%，共计 11.88%。1850—1913 年，服务业就业人数平均每年的增长幅度是：商业、银行、保险和饮食业为2.6%，交通运输业为 3.3%，家庭服务为 0.2%，国家行政人员为 1.8%[1]，因此可大致认为，在这一期间，农业人口主要是流向交通运输，其次是商业、银行、保险业等行业。

在法国 19 世纪后期到 20 世纪初，这段时期是冶金和采矿行业的扩张时期，也因此成为劳动力流动的两个主要方向。1856 年冶金业雇用的劳动力数量占全部工业劳动力总量的 8.9%，1911 年这一比例上升到 15.7%，绝对数额从 337000 人上升至 947000 人；各种采矿业，尽管它们所雇用的劳动力在工人总数中所占的比例只是从 5.1% 提高到 5.6%，但绝对数量也得到了很大的增长（从 199000 人增加到 349000 人）。[2]

---

① Zorn, Wolfgang, *Handbuch der deutschen Wirtschafts – und Sozialgeschichter*, Vol. 2, Stuttgart, 1976, p. 528, p. 529, p. 563.

② 伊夫·勒坎：《大革命以来法国经济中的劳动力状况》，《剑桥欧洲经济史（第七卷）》，中译本，经济科学出版社 2004 年版，第 387 页。

由于工业和服务业主要集中在城市，因此，农业劳动力向工业和服务业的转移也引起了城市和农村之间人口分布的变化，在工业化的初期阶段，城市人口增长比整个人口的增长快得多。1800 年，欧洲 10 万以上居民的城市有 23 座，总人数为 550 万人，占欧洲总人口 19200 万人的 3% 弱，1900 年，这样的城市达到 135 座，其人口达 4600 万人，占欧洲总人口 42300 万人的 10% 强。[1] 大多数新兴城市都成为职能多样化的综合性大都市、工业城市或商业中心。20 世纪初，联合王国的城市人口占该国总人口的 77%，德国占 56.1%，法国占 41%。[2] 城市吸收了越来越多的农业人口进城工作，城市人口的增长使城市或城镇由于郊区的发展而在地域上得到了扩展，如巴黎人口从 1801 年到 1856 年增加了 65%，其中塞纳市增加了 496%，1861 年，该市城郊最小的行政区并入巴黎。伦敦在 1800 年只有大约 100 万人口，但由于其周围的城镇和村庄逐渐并入，伦敦在 1910 年时人口猛增至 450 万人。[3] 郊区往往慢慢并入城市，使城市在人口数量和地域上都扩大了，相应地，农村人口比例逐渐下降。

对农业剩余劳动力的吸纳在很大程度上依赖于第三产业的发展。农业劳动力的流动在不同的阶段呈现不同的特征，主要呈现农村的"分散型"农业部门—农村流向城市的"聚集型"工业部门—城市和农村的"多向型"服务业部门的路径。如英国，19 世纪初的农业劳动力比重为 35%，在 19 世纪末降至 10% 以下。与此同时，城市人口比重由约 30% 上升至 75%。19 世纪，吸纳农业劳动力的主要部门是工业，人口由农村向城市集聚，即农业劳动力的流向以城市工业为主体，而到了 20 世纪 70 年代末，农村非农产业和城市第三产业成为主体。[4]

在地域流向上，从工业化后期开始，城市吸纳农业劳动力的能力也显示为减弱趋势，农村非农产业吸纳劳动力的能力增强，逐步代替了城市的吸纳空间。[5] 从劳动力的产业流向上看，第二次世界大战以后，工业吸纳能力明显减弱，以服务业为核心的第三产业则大大增强，第三产业逐渐取代工业的吸纳空间。如表 2-8 所示，吸纳不断增长的劳动力最多的是服

[1] 卡洛·齐波拉：《欧洲经济史》第三卷，吴良健译，商务印书馆 1989 年版，第 69 页。
[2] 卡洛·齐波拉：《欧洲经济史》第三卷，吴良健译，商务印书馆 1989 年版，第 69 页。
[3] 卡洛·齐波拉：《欧洲经济史》第三卷，吴良健译，商务印书馆 1989 年版，第 69 页。
[4] 杜恒波：《历史上的英国农业剩余劳动力转移》，《经济论坛》2004 年第 4 期。
[5] 即托达罗认为的发展农村工业，就地城镇化的作用。

务行业，而不是工业，工业就业人数保持了其在劳动力结构中的相对地位，农业部门减少的劳动力都被服务部门吸收了。

表 2 - 8　1920—1940 年欧洲劳动力在主要经济部门之间的分配情况

单位：百万人，%

部门\年份	就业数			百分比变化	占就业总人数的百分比		
	1920	1930	1940	1920—1940	1920	1930	1940
农　业	16	15	14	- 12.5	27	24	22
工　业	27	29	30	+ 11.1	44	44	44
服务业	18	20	23	+ 27.8	29	32	34

资料来源：Svennilson, I., "Growth and Stagnation of the European Economy", UN, *Economic Commission for Europe*, Geneva, 1954, p.75。

由此可见，非农产业的发展是流动性的激发因素，农业劳动力向非农部门的流动最终完成必须建立在第二、三产业发展的基础上，尤其是第三产业的发展。

第四节　挤出效应：土地所有制关系的演变

欧洲农业劳动力的流动是与土地关系的变化联系在一起的，封建土地制度的资本主义化一方面使得农业人口与土地被动剥离，另一方面也提高了土地产出，从而相对增加了农业剩余劳动力。

在西欧封建社会末期的 14—15 世纪，各国的土地占有形式，一般都表现为封土制[①]，这种同时包含大土地所有制与小土地所有制的封建土地关系，在两方面都阻碍了农业的发展。大地主阶层对农民的残酷剥削以及通过税收、高昂的工业品价格和装进地主钱包的地租而把资本从农村吸引到城市或直接用于大地主们的寄生性消费，阻碍了农业部门生产性积累的增长；而农民缺少土地也是农业部门技术和经济进步的一个障碍。马克思也提及"小块土地所有制按其性质来说排斥社会劳动生产力的发展、劳

---

① 宋则行、樊亢主编《世界经济史（修订版）》上卷，经济科学出版社 1998 年版，第 4 页。

动的社会形式、资本的社会积聚、大规模的畜牧和科学的不断扩大的应用"。① 然而，随着欧洲逐渐进入16—18世纪工业革命酝酿期，各国农业土地关系开始发生不同程度的变化。②

16—18世纪欧洲各地的农业土地关系差异很大：在欧洲大陆上，易北河以东地区（中欧和东欧）和易北河以西地区（西欧、北欧和南欧）不同；在英吉利海峡两岸，英国和欧洲大陆西部也各异。在这一时期，农业土地关系变动最显著的首推英国，其具体途径是通过"圈地运动"。③早在14世纪，英国就出现了圈地现象。到15世纪末和16世纪，英国贵族领主加剧了圈地活动，不仅暴力剥夺农民土地，而且还在占有全国土地1/3的教会领地上进行。圈地运动在农民起义的打击下曾有所缓和，但到16世纪末和17世纪重又加剧起来。从18世纪开始，圈地变成由议会立法批准的"合法"行动。这种通过议会法令批准的圈地活动，到18世纪中叶以后，进一步强化。于是，通过持续近400年左右的圈地运动，特别是长达一个多世纪的这种"合法"圈地，终于使曾在英国农业中占据优势的独立小农阶层在18世纪末基本消失了；同时，英国大租佃农场和农业资本主义化则得以产生和发展。

通过圈地运动的方式，英国逐渐确立了个人土地产权。地主逐渐把分散的土地集中起来，然后又向农场主出租。据《新末日审判书》的统计，到1872年，联合王国4/5的土地集中在不到7000人手中。④ 对地主来说，圈地更富刺激性是因为其价值高于敞田。在以地租为主要收入的形式之下，圈地对地主更具诱惑力。圈地的地租大幅增长，这样的例子不胜枚举。在麦德尔克莱顿，17世纪中叶前，地租的收入为1000—4000英镑，随后又增长了300英镑。最近的研究表明，改敞田为圈地，地租增长的幅度在30%左右。⑤ 圈地运动也为农场主创造巨额利润提供了机会。

在欧洲大陆易北河以东的现今德国东部和中、东欧国家地区，16—

---

① 马克思：《资本论》第三卷第四十七章《资本主义地租的产生》，刊于《马克思恩格斯全集》，中文版，人民出版社1974年版，第25版，第910页。
② 裴元伦：《二百年的发展观：欧洲的经历》，《科学与现代化》2006年第5期。
③ 此外还有宗教改革、资产阶级革命以及土地买卖。
④ Tompson, F. L., *English Landed Society in the 19th Century*, London: Routledge & Kengan Paul, 1963, p. 27.
⑤ Overton, M., *Agriculture Revolution in England*, London: Cambridge University Press, 1996, p. 163.

18 世纪许多封建领主直接经营自己的庄田，剥削农奴劳动。而在易北河以西的现今德国西部、法国、荷兰、西班牙和意大利，封建领主一般将领地分割，租给农民耕种，农民交纳货币地租或实物地租，承担程度不同的封建义务，小土地持有是这一时期、这一地区农业土地关系的基本特征。[1]

一、土地所有制演变的主要类型

欧洲在工业化前的土地所有制结构主要有四种类型[2]："不列颠"型，耕种者被解除租约变为工资收入者，企业主是租地农场主即农业资本家；"东方"型，耕种者是农奴，"企业家"是领主；"法兰西"型，小农所有者占支配地位，耕种者和"企业家"二者集于一身；"地中海"型，耕种者是分成制佃户，实际上没有人可以被称为真正的"企业家"。这四种类型经常是跨国家的。[3]

"不列颠"型农业企业的技术优势来自两个方面：一方面，圈地和解除租约运动解决了土地分散、公共牧场权力和掠夺性耕种等问题，于是，打开了实行机械化和推广农业新技术的道路；另一方面，农场主往往是有学问的人，银行愿意向他们提供信贷。这种类型的农业土地关系最盛行于英国，在法国北部、德国西北部乃至意大利北部也有所发展。这些地区的城市在早期就已经开始发展，18 世纪末 19 世纪初以后则越来越快。城市化、工业化和农业结构变动互为因果关系。这种规模庞大并且面向市场的农业单位有助于农业生产增长。

"东方"型主要存在于易北河以东。在德国，废除农奴制发生在"起飞"以前的数十年间。农奴解放显然是经济发展的必要条件：农业生产率需要它来刺激，城市工业需要它来解放劳动力。农奴制的存在，几乎是成功起飞的决定性障碍。但是一旦搬走了它，这种"东方"型也可能成为一个有利的起点，因为大"领主"的耕作单位可以转换成为有足够生

---

① 宋则行、樊亢主编《世界经济史（修订版）》上卷，经济科学出版社 1998 年版，第 74—77 页。
② 经济史学家 M. 鲍塞洛普在其于 1960 年举行的一次讨论现代经济增长历程中基本问题的会议上发表的论文中，把欧洲主要国家在经济"起飞"前的土地所有制结构大致分为四类，"不列颠"型、"东方"型、"法兰西"型以及"地中海"型。
③ 裘元伦：《二百年的发展观：欧洲的经历》，《科学与现代化》2006 年第 5 期。

产能力的大农业企业，劳动力又是自由的。它们也许比不上"不列颠"型，却比"法兰西"型小农所有制优越。这种"东方"型的大型农业企业在工业化开始时充当了正面角色。大庄园成为以工资劳动为基础的、最早的大型企业（矿山以外），对于产生服从于现代工业纪律的最初劳动力，它们也扮演了重要角色。

"法兰西"型即小农所有制。如果说上述两种类型，轮廓清晰，地域也比较确定，那么"法兰西"型可以说是散布于欧洲大部分地区。但它的典型代表是在法国和德国南部。小农所有制资本不多，难有多大的技术进步，也缺乏走向市场的强烈愿望，他们生来就坐享其所有权，安于传统的生产和工作方式。在欧洲，但凡小农所有制占支配地位的地方，经济发展普遍比较慢。

"地中海"型主要分布在南欧，特别是意大利南部和中部、西班牙及法国南部。南欧农业典型的社会结构，耕作单位面积不大，高度缺乏刺激，承租合同期限通常只为一年，得过且过，没有发挥首创精神的余地，而且十分顽固。因此，与其他欧洲国家相比，南欧在 19 世纪农业进步不明显，成为没有发生真正"起飞"即开始工业化的地区。

二、土地所有制的变化对劳动力流动的影响

土地所有制的变化促进了农业的发展，也加速产生了大量的自由劳动力。以英国为例，工业化开始之后，圈地运动加速，1761—1820 年，颁布圈地法令多达 3209 个，1760—1790 年的 30 年，圈占的土地面积相当于前 60 年总和的 8.8 倍。[①] 在这期间，英国农业就业人口加速减少。1751—1780 年，离开农业的劳动力每十年约为 25000 人；1781—1790 年，每 10 年为 78000 人，1801—1810 年，为 138000 人，1811—1820 年，进一步增加到 214000 人，1821—1830 年高达 267000 人。与此同时，农业人口占总人口的比重也不断下降，1811 年为 35%，1821 年为 32%，1851 年为 16%，1871 年为 12%，此后，速度慢慢下降，如表 2-9 所示。

---

① 戎殿新、司马军编《各国农业劳动力转移问题研究》，经济日报出版社 1989 年版，第 191—192 页。

表 2-9 工业化期间英国农业劳动力的流出情况

年份	总就业人口估计数（百万人）	农业就业人口估计数（百万人）	10 年期	每 1000 农业人口 10 年间的平均流出量（人）	10 年期中的总流出量（人）
1751	303	1.35	1751—1760	2.00	27600
1761	—	—	1761—1770	1.80	26100
1771	—	—	1771—1780	1.61	24300
1781	4.0	1.55	1781—1790	4.95	78200
1791	—	—	1791—1800	4.18	69400
1801	4.8	1.7	1801—1810	7.87	137700
1811	5.5	1.8	1811—1820	11.90	214200
1821	6.2	1.8	1821—1830	14.90	267500
1831	7.2	1.8	1831—1840	9.96	184300
1841	8.4	1.9	1841—1850	4.38	87600
1851	9.7	2.1			

资料来源：Deane, P. and W. A. Cole, *British Economic Growth*, *1688-1959*, 2nd edn, Cambrigdge, Mass., 1962, p. 143。

在法国，一些改良发生于 19 世纪上半叶（与工业化始发期大体同时）；在德国，至少部分地区在 19 世纪中期以前农业已经取得了显著的进步（也与工业化始发期大体同时），并且得以长期持续。这些进步主要来自逐渐传播开来的技术创新、交通系统的不断改善以及农业制度本身的变化。而农业制度本身变化的核心问题是，通过 18 世纪和 19 世纪发生在欧洲的农业改革运动，使土地所有权结构发生了转变。这一转变是村社、农民和领主三方斗争的结果。其主要结果是，村社对农村土地的权力受到削弱直至消失；而在领主和农民之间，则是在 18 世纪以后，一方面产生了大量的农业企业（英国农业中的租地农场主等），另一方面是产生了更大量的小农（特别是在易北河以西、以南欧洲大陆地区）。

所有这些变化的方向相当明晰：一是土地所有权日益明确，二是建立在非自愿合同关系基础上的劳动关系被消除，三是货币地租代替实物税负。农业土地关系的这些变化使得一部分劳动力得以脱离土地，从而产生了能够自由流动的人口，土地关系的变革成为劳动力从农业部门流出的挤出力量。

第五节 社会容量因素：公共产品与基础
设施建设的完善

农业劳动力流动的规模和速度以及顺畅与否，与社会容量的强度直接相关，其中包括经济基础设施和社会基础设施，如公共产品和公共服务以及基础设施的完善程度。本文主要从交通运输建设与教育发展两个方面进行论述。

一、交通运输建设及其对劳动力流动的作用

大规模、频繁的人口流动对于基础设施，如交通等公共工程的压力是各国工业化中的共同问题。如德国在工业化伊始就注重交通运输业的发展，不断增加相应资本的投入，有效地缓解了基础设施的压力，而且，基础设施建设本身也同时带动了其他连锁行业的发展，增加了就业机会，进一步吸纳了农村释放的剩余劳动力。

社会基础设施投资的重要性在德国工业化进程中一直都在持续，从普通道路与公路的年均投资额上可见一斑。以 1913 年不变价格计算，1817—1823 年，普通道路和公路的年均投资仅为 730 万马克，1831—1840 年增加到 1350 万马克，1851—1853 年已达 2440 万马克，较期初增加了 234%。同时运营量也从期初的 5000 公里上升到 1851—1853 年的 18000 公里。[①]

铁路建设的就业带动效应则更为显著，如图 2-11 所示。从 1935 年的第一条铁路开通到 1845 年的 10 年间，德国的铁路里程从 6 公里增加至 2300 公里，增加了 382 倍，1855 年达到 8290 公里，1865 年达到 14690 公里，1875 年达到 27960 公里。德国的铁路年净投资也由 1841 年的 2250 万

---

① Gador, R., *Die Entwicklung des Strassenbaues in Preussen 1815 – 1875 under besonderer Beruecksichtigung des Aktienstrassenbaues*, unpublished dissertation, Free University of Berlin, 1966, H. J. Habakkuk and M. M. Postan, *The Cambridge Economic History of Europe*, Vol. 7, London: Cambridge University Press, 1978, p. 87. 原文数据如此，笔者认为运营量的单位可能是万公里。

马克增加到 1875 年的 81670 万马克，铁路资本占全部资本的比重从 1850 年的 2.8% 上升到 1870 年的 10.4%。[①] 1840 年德国铁路企业的劳动力人数仅为 1648 人，1850 年猛增到 26084 人，增加了近 15 倍，1860 年为 85608 人，1870 年为 161014 人，十年间翻了一番。[②]

表 2 - 10　德国工业化期间铁路建设及其带动的连锁行业的发展以及吸纳劳动力的情况

年份	1830	1840	1850	1860	1870	1880	1890	1900	1935
铁路里程（公里）	6(1835 年)	2300(1845 年)	8290(1855 年) 14690(1865 年)	18876	33645	41818	49878	57043	—
生铁产量（千吨）	46	182	216	529	1390	2729	4659	8521	—
铁路企业就业人数（人）	—	1648	26084	85608	161014				
煤炭工业就业人数（千人）	4.5	8.9	12.7	83.2	125	179	262	414	—
铁路运输量（百万人）	—	—	—	—	—	215.2	434.1	871.1	1541.8

资料来源：Rainer Fremdling , *Eisenbahnen and deutsches Wirtschaft swachstum 1840 - 1879*, Murechun, 1975, p. 24, p. 30 - 31. 中国社会科学院经济研究所世界经济研究室编《主要资本主义国家经济统计集》，世界知识出版社 1962 年版，第 264、266、274 页，《苏联和主要资本主义国家经济历史统计集》，人民出版社 1989 年版，第 492、493、494 页。

　　铁路建设本身还带动了炼铁、煤炭、仓储、运输服务等一系列行业的发展，这些行业本身也更是成为了吸纳劳动力就业的原动力，如表 2 - 10 所示。铁路建设的加速推动了生铁产量的激增，由最初的 46000 吨上升到 1900 年的 8521000 吨，增加了 184 倍。铁路的建设也推动了对作为动力来源的煤炭的需求，1850 年德国煤炭工业就业人数为 1.27 万人，1900 年增加到

①　Schumpeter, J. , *Business Cycles: A Theoretical, Historical and Statistical Analysis of the Capital Progress*, Vol. 1, New York, 1939, p. 350 - 351.

②　Rainer Fremdling , *Eisenbahnen and deutsches Wirtschaft swachstum 1840 - 1879*, Muechun, 1975, p. 23 - 31.

41.4 万人,半个世纪的时间内增加了 40.13 万人,涨幅高达 3160%。[①]

港口建设的效应也不容低估,如港口城市汉堡的人口从 1875 年的 26.5 万人上升到 1900 年的 93.1 万人,增长了 251.3%。此外,第二、三产业的兴起,也较多地集中在新兴的港口城市,它们往往都在较短的时期内建立为数较多的大小工厂、原料集散以及产品销售中心,提供就业机会,吸纳流入的劳动人口。如德国的内河港口杜伊斯堡,在当时就成为工业原料和产品的集散中心,它担负着将原料和产品运往国内外的繁重任务,因此也吸引着大批来自农村的剩余劳动力。德国西部的城市比东部发展得快,新涌现的城市大多集中在莱茵河和易北河流域。劳动人口的流向是与城市的出现与发展一致的,莱茵河及其支流两岸的新兴城市如杜塞尔多夫、科隆、法兰克福等都成为人口流入地。

在法国,基础设施建设投资也经历了一个稳步上升的过程,如图 2 - 12 所示。从基础设施建设的管理来看,公共工程行业的基本建设工作由一个中心权力机构进行监管,即有关工程项目纳入整个国家范围内管理,如铁路与常规运输由桥梁道路工程局的工程师们负责设计。例如,建造运河和铁路的第一个方案——1822 年的贝克方案,1838 年的勒格朗方案都是如此。19 世纪初,这些公共工程项目在所有财产性投资中占 20% 左右,1840 年以后上升为 50%。其中大部分投资资金由公共权力机构负责并在实施过程中进行监管,以保证实物资本建构工作的顺利进行。从总体上看,共有 330 座桥梁和 2900 公里的运河由复辟的七月王朝政府主持建造,并于 1831 年和 1836 年通过相关法律,从而进一步保证了道路网的开发修建。

此后,政府还新建并翻修了 4.8 万公里的公路干线,开通了 6 万公里的地方公路,这些公路使得原来与世隔绝的村庄与国家其他地方建立了联系。从融资的角度看,19 世纪 20 年代,铁路项目主要由私人投资者在圣艾蒂安、阿莱、米卢斯等地创办兴建;1837 年,由于大型干道铁路项目需要融资,政府也创建了一个特别基金;在随后的 1839—1842 年,混合融资形式首次开展,从而有力地促进了铁路建设。基于法律和制度的不断完善,基础设施得以有条不紊地进行。19 世纪,法国常规交通方式的投资增长率每年约为 1.22%,铁路部门的投资增长率每年都在 5.25% 左右,

---

① Rainer Fremdling , *Eisenbahnen and deutsches Wirtschaft swachstum 1840 - 1879*, Muechun, 1975, p. 31.

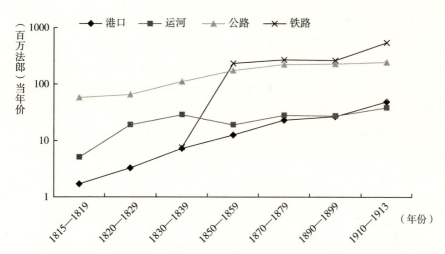

图 2 - 12　法国 1815—1913 年间每年基础设施建设与建筑业的年度总支出

资料来源：H. J. Habakkuk and M. M. Postan, *The Cambridge Economic History of Europe*, Vol. 7, New York：Cambridge University Press, 1978, p. 248。

公路网线的常规养护支出平均每年达到 1.7 亿法郎。[1]

　　交通运输的建设以及一系列连锁行业的发展本身成为了吸纳劳动力的一个重要渠道，不仅如此，交通运输设施的改善还为劳动力的流动提供了更加方便快捷的交通工具和有利条件。

二、教育发展及其对劳动力流动的作用

　　欧洲主要资本主义国家劳动力流动并重新组合的过程显示了教育的显著重要性。巴郎·迪潘以及安热维尔在考察了文化程度与经济增长的关系之后，曾经描绘了一幅具有明显分界线的法国经济地图：从蒙－圣－米歇尔到日内瓦湖一线以南法国南部，国民教育程度没有大的进展；而在此线以北的法国北部，在文化开发活动方面已经有较大的进展。这两大地域的文化教育程度的差别与其经济发展的差别相对应：在整个 19 世纪 30 年代，蒸汽动力机车在法国国土上的分布和初等教育的地理分布基本吻合。在北部、东北部、香槟地区、阿尔萨斯地区，文化教育有一定程度的进

---

[1]　H. J. Habakkuk and M. M. Postan, *The Cambridge Economic History of Europe*, Vol. 7, London：Cambridge University Press, 1978, p. 248.

展，同时它们也是经济活跃的地区；而在马西弗中部、阿基坦和布列塔尼等教育不够发达的南方地区，经济发展也相对停滞。从整个法国南部看，也有少数地区是这种一般性区别的例外，它们主要是包括罗讷省－卢瓦省的新月形地带和马赛周围的地区。① 这种划分法的有效性一直持续到 19 世纪 50 年代。而随着教育范围的扩大和教育水平的提高，这一分界线也最终在 19 世纪结束时完全消失。

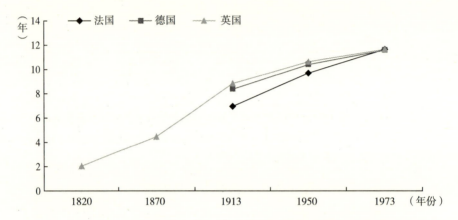

图 2 - 13   1820—1973 年间英、法、德 15—64 岁年龄组的人均受教育年限变化

资料来源：见麦迪逊《世界经济二百年回顾》，李德伟等译，改革出版社 1997 年版，第 15 页。

　　因此，对于劳动力流动乃至工业化本身，劳动力的文化程度都应该是最基本的考虑，它是所有其他劳动力素质得以形成的基础。随着在工业化的进程中教育作用的逐渐显现，各国对教育投资的力度也快速增强，如法国的维克托·迪利伊管理部初步建立了一个教育补贴金制度，1867 年通过相应的法律进一步保证了社区教育能够获得财政支持。1866 年，法国参加初等教育的孩子中仅有 41% 是免费的，而 1872 年，这个比例上升至 57%。随着各国教育支出的增加，人均受教育年数也相应提高了，如图 2 - 13 所示。

　　英国的数据相对更全，1820—1870 年的 50 年间，人均受教育年限从

---

① 伊夫·勒坎：《大革命以来法国经济中的劳动力状况》，《剑桥欧洲经济史》第七卷，中译本，经济科学出版社 2004 年版，第 391 页。

2 年上升到 4.44 年，增幅为 122%，年均增长率为 2.44%；1913 年人均受教育年限为 8.82 年，1870—1913 年增长了 98.6%，年均增长率为 2.29%；1973 年人均受教育年限为 11.66 年，1913—1973 年增长了 32.2%，年均增长率下降到 0.5%，因为这时教育已经相当普及，增长的空间非常有限。可见，增长最快的阶段是在 1820—1913 年，即工业化期间，类似的速度变化也出现在其他国家，说明文化教育对劳动力结构的转变以及对工业化本身所发挥的基础作用是相当强劲的。遗憾的是，目前没有找到欧洲主要资本主义国家在工业化期间的教育经费支出等方面较为全面的数据。

第六节　制度因素：政府治理的必要介入

　　无论是对于劳动力的流动还是工业化本身，制度和政策环境也许比技术条件更重要。欧洲主要资本主义国家工业化的经历已经证明了这一点。尽管企业（有时候甚至是个人）始终是技术创新和扩散的主角，技术成就主要是企业家们和社会人才自己所创造的业绩，然而政府的政策及其制度环境始终是关键的影响因素，从劳动力流动的角度上说，政府起了重要的支持促进作用，[①] 主要包括：有效的法律框架条件，有序的市场竞争规范，提升产业结构的政策措施、良好的教育培训系统，完善的基础设施建设、日益充实的社会保障制度，以及对技术创新的激励、必要的财政资金支持等，鉴于对政府作用的阐述已经散见在不少章节中，因此在这里仅论述其中的几个方面。

一、为自由流动提供法律保障

　　劳动力的流动必须以人身自由为前提，只有以法律的形式消除某些基本的障碍，农业劳动力向非农产业的流动才具有可能性。如德国，封建农奴制在 19 世纪以前占统治地位，农奴没有人身自由也不能自由迁徙。19

---

① 裴元伦：《二百年的发展观：欧洲的经历》，《科学与现代化》2006 年第 5 期。

世纪初，施泰因和哈登贝格先后发起废除农奴制度的改革，农民通过赎买土地和封建义务获得人身自由，没有能力赎买的农民则沦为无产者，他们或被容克贵族和富农雇用成为农业工人，或转移进城镇，成为非农产业劳动力。根据 1807 年 10 月 9 日普鲁士王国发布的《十月敕令》（即《关于土地占有的条件限制和自由使用地产以及农村居民的人身关系敕令》），所有国民均享有对各种不动产的所有权以及买卖权，贵族可以购买市民和农民的土地，市民和农民也可以购买贵族的土地。根据该敕令，市民和农民可以自由改变其所从事的职业。如敕令第 11 条规定，"自本令公布之日起，一切隶属关系取消。取消通过婚姻继承或其他契约确立的隶属关系；自 1810 年（11 月 10 日）起废除普鲁士农奴制，王室之下领土的农民亦获得自由。"① 该法令为普鲁士农民获得人身自由，进而在城市和农村间的自由流动提供了法律依据。1811 年 9 月公布的《关于调整地主和农民间关系的敕令》更是旨在让农民获得土地，解除农民对地主的依附关系，去除负担和劳役。1867 年 6 月普鲁士颁布了《职业自由法》，并于同年 11 月颁布《迁徙自由法》，从而以法律的形式为劳动力的流动创造了更好的条件。

英国在工业化以前，劳动力的流动受到《定居法》（1662 年）和《济贫法》（1601 年）的限制。根据当时的济贫制度和定居法，当一个贫民迁移到其他教区时，若该教区认为他会增加它的济贫税负担的话，就必须在 40 天内将其遣返原籍。这项法律允许居民在收获季节暂时流动，但限制了长期流动。② 政府颁布了一系列的法律以满足工业对劳动力的需求，逐渐放松了对居民迁移的限制。1795 年的《贫民迁移法》对《定居法》做了重大修改，进一步放宽了限制，使一些贫民不再被遣返原籍。1834 年议会对《定居法》又做了进一步修改，使居民在原定居地外获得居住权变得更容易了，当时成立了几个郊区组成的教区联盟，贫民可以在联盟这样一个较大的范围内流动和居住，救济贫民的费用可在教区间安排，有公共基金支付，而不一定要遣返贫民。1846 年的《贫民迁移法（修正案）》规定，在一个教区居住 5 年以上而未领取地方救济金的人不需再被遣返原籍。1865 年，议会通过了《联盟负担法》，扩大了救济贫民

① 朱庭光主编《外国历史大事集》，近代部分第一分册，重庆出版社 1985 年版，第 228 页。
② 王章辉：《英国工业化与农村劳动力的转移》，《笃学集》，兰州大学出版社 2003 年版，第 190 页。

的区域范围和贫民的居住地范围，使得居住地限制的可能性不复存在，给劳动力提供了自由流动的法律保证。

二、有选择地安排对外移民

在工业化进程中，欧洲主要资本主义国家都有不同程度的对外移民的政策安排。以英国为例，由于工业化进程中城市非农行业的吸纳能力滞后，因此，大多数失地农民并没有成为工人，相反却成了流浪汉。他们构成了游民的主体，在城市中的人数日益增多。在当时，伦敦的游民竟占全市总人口的 1/4。失地农民问题日趋严重，使城市不堪重负。在始于 1795 年的"斯宾汉姆制度"[1] 并不能解决问题的情况下，英国当时采取了大规模向海外移民的政策。新航路开辟后，英国就开始向新大陆和海外殖民地移民。但是此时的移民活动主要是由殖民公司来进行，英国政府并没有专门的移民政策。在移民中，虽然许多人是出于宗教目的或各种各样的其他目的，但是其中大多数是游民、失业者和贫民。[2] 到 1834 年，由于失地农民的压力，英国主管和执行济贫法的皇家委员会正式建议，将有劳动能力的贫民移民海外。1835—1837 年，皇家委员会安排了 6400 人移民海外。向海外移民最多的是肯特、塞克斯、威尔特、萨福克等郡。[3]

为了保护本国工业的发展，英国严格禁止熟练工人移民国外，因此向国外移民的基本上是农村剩余劳动力。英国还在 1718 年限制各种熟练工匠移民国外。前往北美的英国人大部分为失地农民。[4] 1850 年，在美国的英国移民中，有 50% 的人从事农业，他们当中大多数人是失地农民。而移民北美的英国城市人口，许多人本来就是从农村迁来的，而且他们向北美移民后，又给英国农村人口向城市移民留下了空间，从而形成英国农村

---

① 这种制度的特点，是根据食品价格决定工资标准。对工资达不到标准者，由政府给予补贴。但是救济只是一种暂时的办法，它不仅增加了国家的财政负担，而且造成了更多的社会问题。例如有许多有劳动能力的受救济者，宁愿拿数量极少的救济款，也不愿进工厂劳动。

② 李剑鸣：《美国通史·美国的奠基时代：1585—1775》，人民出版社 2002 年版，第 89 页。

③ Reford, A. , *Labour Migration in England*, *1800 – 1850*, Machester, 1964, p. 108. 参见王章辉、黄柯可等主编《欧美农村劳动力的转移与城市化》，社会科学文献出版社 1999 年版，第 18 页。

④ Greene, J. P. , ed. , *Settlement to Society*: *1584 – 1763*, New York, 1966, p. 252.

剩余劳动力流动的一种良性循环。向北美移民也就成为英国解决失地农民问题的一大对策。[①] 政府为鼓励移民,采取了减免运费、向移民赠送土地和农具或向安排移民的投机者赐予土地等多种方式。1846—1850 年,英国每年平均向殖民地移民 19.91 万人[②],到 1869 年,在英国政府各种移民计划下安排的移民约有 33.9 万人[③]。

此外,英国还利用殖民地缓解社会问题。针对工业化过程中的城市流民增加、贫困人数增多、犯罪率上升等问题,英国政府以向殖民地流放犯人的办法来缓解这一压力。从 18 世纪开始,英国开始向北美转移囚犯和负债的穷人。1717 年英国议会通过法案,允许将某些犯人运送到北美做劳工。议会下院于 1729—1730 年设立了一个委员会,对英国监狱进行调查。该委员会在经过调查后,提出将负债的穷人和从监狱中放出的犯人安置到北美。之后,这两种人被安置到北美,促成了佐治亚殖民地的建立。1718—1775 年,英国向美洲输出犯人约 30000 人。但是当北美独立后,美国拒绝接受英国罪犯,其他英国殖民地也开始拒绝接受英国罪犯。因此英国把澳大利亚作为流放地。1787 年英王乔治三世在议会开幕词中,宣布政府计划在澳大利亚新南威尔士的"植物湾"建立移民区,安置罪犯。1788 年,首批到达新南威尔士的罪犯有 725 人。

在法国,农业人口曾经达到了人满为患的程度。因此,法国政府也试图增加其在海外殖民地中的法国人口,尤其是在西印度群岛、圭亚那、路易斯安娜和加拿大,政府不直接干预,但把任务交给那些被授予特许或特权的私人公司。在加拿大的法国侨民,1763 年为 56000 人,18 世纪末增加到 10 万人。当然也有相当一部分是由于宗教与政治原因。另一方面,法国尽管是西欧人口密集之地,然而皇室却鼓励某些种类的外来移民,如雇佣兵和新工业的专业工人。1775 年约有 5 万名外国人在法国,同时,法国人也移居到大陆其他国家。1780 年约有 23 万人在国外居住。[④]

---

① Baines, D., *Migrationin a Mature Economy, Emigration and Internal Migration in England Wales, 1861 – 1900*, Cambridge University Press, 1985, p. 82 – 84.

② 戎殿新、司马军编《各国劳动力转移问题研究》,经济日报出版社 1989 年版,第 196 页。

③ Baines, D., *Migrationin a Mature Economy, Emigration and Internal Migration in England Wales, 1861 – 1900*, Cambridge University Press, 1985, p. 79.

④ 卡洛·奇波拉主编《欧洲经济史》第 3 卷,中译本,商务印书馆 1988 年版,第 49 页。

三、建立和完善社会保障制度

随着工业化的不断推进，欧洲主要资本主义国家都逐步建立并完善了社会保障制度，这为劳动力的流动创造了有利的制度环境。如德国从立法、财政倾斜等角度出发采取了一系列的措施。如《穷人权力法规》的颁布（该法于 1855 年生效），根据该法，每个地区依据居民人数，对贫困居民实行生活补贴，并鼓励居民开展照顾穷人的活动，新移入的居民只有从到该地区的同一年开始，参加义务帮助穷人的活动，才能得到由财政补贴的住房。这项法规在 1870 年被延伸到全国范围适用。德国于 1873 年成立社会政策协会，使得当时的自愿救助活动发展成全社会的公共福利事业。1881 年 11 月，德意志帝国首次以"皇帝诏敕"形式颁布《社会保障法》，开创了世界各国通过法律建立社会保障的先河。1883 年，国会通过了第一项社会改革议案，即《疾病保险法》，并成立了独立的管理机构，该法规定疾病保险费用由雇主负担 2/3，雇员负担 1/3。1884 年和 1889 年分别通过《意外灾难保险法》、《老年和残废保险法》，不断地增加工人的安全感。到 1913 年，全国已有 1450 万人参加了疾病保险。[①]

此后，社会福利制度又不断地得到补充和完善。如科隆于 1894 年第一个建立了失业保险制度，后来，其他城市也先后仿效，并对住房、救济穷人等方面的国家社会立法做了进一步补充，这些制度的发展和完善成为德国解决人口流动带来的社会问题的一大法宝。德国在工业化过程中已经逐步建立了包括医疗保险、养老保险、工伤保险、失业保险、护理保险等为主要内容的社会保险制度。同时，德国还建立了比较完善的包括劳动就业法、儿童补助法、住房补助法、母亲补助法、社会救济法等为主要内容的社会福利制度和免费教育制度，不断地扩大社会保障制度的覆盖面。

总之，欧洲不同国家农业劳动力流动的主导因素不尽相同，而且即便是同一个国家在不同阶段起主要作用的因素也不一样，但从整个工业化过程来看，不同国家在劳动力流动的驱动力方面显示出一定的共性，都涵盖了上述因素，工业化过程中的劳动力流动就是在这些相互作用的要素的影响下实现的，这些实际上都归结为农业部门的释放能力和非农部门的吸纳

---

① Hans – Ulrich, *Wehler, Deutsche Gesellschaftsge Schichte 1847 – 1914*, Muechun, 1995, p. 32.

能力，这两者之间的均衡或对称性决定了劳动力流动的程度和状况。最后，不可忽视的是，政府的作用则是这支"交响乐团"的总指挥，在整个工业化进程中，各国政府都采取许多措施，其中包括逐步完善相关的法律、加强基础设施建设、对国际之间移民进行管理、为失地农民创造就业机会、强化教育与职业培训等方面，最后它们都相继走上了福利国家之路，为弱势群体提供职业培训、提供就业计划和社会安全保障，从而提供了有利于劳动力流动的社会制度环境。

第三章　欧洲农业劳动力流动的共性与趋势

欧洲主要资本主义国家步入工业化的时间与初始条件并不一致，但不同国家在各自的经济增长过程中表现出共有的趋势和特征，农业劳动力的流动也是如此。而要研究农业劳动力的流动，不能不对农业人口本身的变化[①]做一个总体的概括，因此，本章首先从整体上分析了欧洲农业人口变化的阶段性和地区差异性，进而论述了工业化进程中农业劳动力流动在规模和速度、方向、阶层范围以及过渡区间等方面的共性。笔者认为，农业劳动力的流动主要与工业化进程相联系，对农业劳动力的吸纳最终要依赖于非农产业尤其是第三产业的发展，其中过渡经济对失业压力有着显著的缓冲效应。

第一节　工业化进程中农业人口的变化

欧洲工业化进程中农业人口本身的变化主要包括由于劳动生产率提高而引起的过剩以及农业人口的自然增长，同时，农业人口绝对数量的变化还受到外生力量如非农业部门吸收农业劳动力的能力大小以及国际移民出入等的影响。[②] 在以上因素的相互作用下，欧洲农业人口经历了阶段性的变化，在不同的地区表现出很大的差异性。

---

① 　农业人口的变化本身也是农业劳动力流动的内在推动力。

② 　H. J. Habakkuk and M. M. Postan, *The Cambridge Economic History of Europe*, New York: Cambridge University Press, 1965, Vol. 6, p. 577.

一、农业人口变化的阶段性[①]

欧洲农业人口的变动与工业化进程相联系，大致可分为三个阶段[②]（见图 3 - 1）。

第一阶段为工业化开始时期，农业人口绝对数量持续增长。这一阶段在西欧国家先后分别持续了大约 50 年：英国自 18 世纪中叶至 19 世纪初期，大陆主要国家德国、法国等则自 19 世纪初期至 19 世纪中叶。而在大部分东欧国家，特别是巴尔干地区国家，这一阶段一直持续到 20 世纪中期。在意大利，就整体而言，这一阶段在 1850 年以前已经结束。但在希腊，由于大量难民的流入，其农业绝对人口在 20 世纪 20 年代重新增长。在这一阶段，城市工业只雇用了一小部分劳动力，难以吸收所有增加人口的就业，而做到这一点则需要极高的工业增长率。

第二阶段为工业化进行中阶段，农业人口绝对数量比较稳定。在欧洲主要国家大约也分别持续了 50 年：英国自 19 世纪初期到 19 世纪中叶，西欧大陆国家则自 19 世纪中叶至 19 世纪末。西欧许多地区这一阶段一直持续到 20 世纪中期左右。在南欧，意大利的中部和北部，伊比利亚半岛国家的大部分地区以及法国南部早就具备这一特征。在此阶段，城市工商业的大规模发展吸收了较多的新增农业人口，但农业人口绝对规模依然很大，除了英国，欧洲大多数国家的农业人口直至 19 世纪、20 世纪之交依然多于非农业人口，但程度不同。19 世纪初期，农业人口绝对数量仍有增长，但到了 19 世纪中期以后，农业人口的增长就相对缓慢下来，多数西欧国家的农业人口持续几十年都相当稳定。在德意志帝国时期，其农业人口在 1871 年为 1870 万人，1895 年为 1850 万人，分别占当年总人口的 45% 和 35.5%，此后，农业人口的绝对数量才开始下降。第一个非农业人口在数量上占优势的国家是英国，它在 1800 年之前就开始了这一转变，英国农业人口的增长一直持续到 1850 年（其中部分是因为来自爱尔兰的

① Dovring, F., "The Share of Agriculture in a Growing Population", *Monthly bulletin of Agricultural Economics and Statiistics*, Rome: F. A. O., August/September, 1959.
② Dovring, F., "The Share of Agriculture in a Growing Population", *Monthly bulletin of Agricultural Economics and Statiistics*, Rome: F. A. O., August/September, 1959.

移民），随后慢慢下降。①

第三阶段为工业化接近完成或已经初步实现阶段，农业人口绝对减少。这一阶段在欧洲各国大约又先后花了 50 年时间：英国自 19 世纪中叶至 19 世纪末；西欧大陆国家则是从 19 世纪、20 世纪之交到 20 世纪 50 年代。这主要是工业进一步扩张和第三产业大规模发展的结果。② 这一阶段的特点是农业人口开始逐渐加速地绝对减少，直至农业劳动力在各国劳动力总数中不再占有较大的比重。19 世纪下半期，大不列颠的农业人口在绝对数量上没有明显减少，但其占总人口的比例在缓慢下降。爱尔兰由于向海外移民，其农业人口和总人口都急剧减少，在欧洲大陆，比利时是农业人口绝对数量下降最早的国家之一。20 世纪以后，西欧国家农业人口明显减少，这种趋势在 20 世纪 20 年代的法国表现得最为明显，随后这种趋势变缓。在德国、奥地利以及北欧国家，大批居住在农村的人口离开农村从事其他工作，其中有许多是新增加的农业人口，也有许多是以前积累下来的剩余劳动力。

在工业化期间，欧洲主要国家的人口总数都有了较大的增长：从欧洲整体上看，1700—1900 年，欧洲人口（包括俄国）总数增长迅速：1700 年为 1.2 亿人，1800 年增至 1.9 亿人，1900 年超过 4.7 亿人，第二次世界大战前夕高达 5.7 亿人。从单个国家看，英国人口从 1801 年的 889 万人增加到了 1911 年的 3601 万人，德国人口从 1816 年的 2238 万人增加到了 1938 年的 6946 万人，意大利人口从 1800 年的 1724 万人增加到了 1950 年的 4752 万人，法国相对缓慢，从 1801 年的 2735 万人增加到了 1911 年的 3919 万人。③ 在英国，工业化所需劳动力得到满足，主要来自人口增加本身，非农业部门就业的增加只有约 20% 来自农业部门劳动力的转移。1750—1850 年，英国农业劳动力有了很大增长，德国大约到 1907 年、法国到 1911 年，农业劳动力绝对人数一直在增加。④

农业人口下降的幅度和速度都与工业化和城市化的发展水平直接相

① H. J. Habakkuk and M. M. Postan, *The Cambridge Economic History of Europe*, New York：Cambridge University Press, 1965, Vol. 6, p. 577.

② 裴元伦：《二百年的发展观：欧洲的经历》，《科学与现代化》2006 年第 5 期。

③ B. R. 米切尔编《帕尔格雷夫世界历史统计欧洲卷 1750—1993》第四版，中译本，经济科学出版社 2002 年版，第 4、6、8 页。

④ 裴元伦：《二百年的发展观：欧洲的经历》，《科学与现代化》2006 年第 5 期。

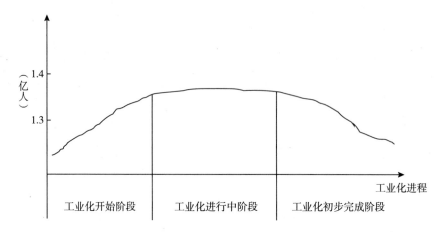

图 3 - 1　欧洲农业人口变动的阶段性

注：不包括俄国。

关，如其他产业发展的速度越快，城市基础设施越发达，则农业人口下降的速度也越快。18 世纪，欧洲大陆基本上仍然是农业社会。尽管城市发展迅速，但终因规模太小而只能吸收农业人口增长总数中的一小部分。19世纪初欧洲人口的变化趋势仍然以农村人口增长为特征。而从 19 世纪三四十年代开始，在这一时期有的国家进入工业化，有的国家工业化进程加速，在此过程中，非农产业迅速发展，铁路等基础设施建设日渐完善，与此同时，以农村农业人口为主到以城市工业人口为主的大部分决定性变化也随之开始了。英国完成得较早（大约在 1840—1850 年，这时英国产业革命已到后期接近基本完成阶段）。而在全欧洲，完成这一转变大约持续了整整一百年（从 1850 年开始计算）。

二、农业人口变化的地区差异

　　农业人口的变化在不同国家以及同一国家不同地区之间存在很大的差异，主要表现在时间、水平和趋势上。英国是最早完成这一转变的国家，早在 1851 年，农业劳动力（205 万人）已经远远少于工业（449 万人）并略低于服务业（237 万人）；到 19 世纪中叶为止，新增人口和农业劳动力的转移目标主要是工业，例如 1841—1851 年，工业劳动力从 307 万人增至 449 万人，净增了 140 多万人，而服务业劳动力只是从 230 万人增至

237万人，只增加了几万人。但在此后的半个世纪里，工业和服务业劳动力大约各增长了500万人，而农业劳动力开始绝对减少。至于第二次世界大战后，农业劳动力在英国劳动力总数中所占的比重逐步降至微不足道的份额（但这决不意味着农业本身已不重要）：1991年，农业劳动力57万人，工业743万人，服务业1861万人，其含义是毋庸赘述的。在德国，直至1895年农业劳动力（829万人）仍多于工业（806万人），1907年被工业超过（988万人对1098万人），农业劳动力的绝对减少大约也从此时开始。德国与英国的不同之处在于，直至第二次世界大战结束时甚至战后初期，工业依然是国民经济中最重要的产业，服务业的大发展在德国已是20世纪下半叶的事情。德国在这方面的发展节拍比英国大约落后50年。而法国则比德国还要落后约50年，它是变化缓慢的国家，也没有大量的海外移民，但到19世纪中叶，人口增长速度已慢慢下降，1850年前后，其农业人口只占全国人口的一半或以上，第一次世界大战以后，农业人口持续下降，但下降幅度不大，[1] 在整个19世纪，其他西欧国家的总人口增长速度都比法国快。直至1946年，法国农业劳动力人口（748万人）还多于工业（618万人），但从此农业劳动力也开始绝对减少，到1991年，农业劳动力人数（125万人）已经根本不能与工业（568万人）和服务业（1281万人）相比了，但法国农业的重要性依然突出。[2]

同一国家不同地区差别也很大，如意大利北部和中部地区的变化趋势较全国更快，而在南部和西西里、萨丁尼亚两地变化趋势较慢，似乎停留在了100年前的农村状态，法国也是如此，在南部和西北一些地区仍旧是农业占主导地位，这在很大程度上是由于不具备相应的政策调节措施，任凭经济和社会发展不平衡的不同地区的自由竞争，只会导致落后地区与发达地区的差距更大，实际上阻碍落后地区的工业增长。

由此可见，尽管欧洲各国农业人口的变化存在着很大的差异性，但其共同点是农业人口的自然增长、技术和资本的替代引致的相对剩余、非农产业的吸纳等多项因素共同作用的结果，农业人口的变化与工业化进程相一致。

---

① 见中国现代化战略研究课题组《中国现代化报告2006》，北京大学出版社2006年版，第26页。

② 引自B. R. 米切尔编《帕尔格雷夫世界历史统计欧洲卷1750—1993》第4版，中译本，经济科学出版社2002年版，第157、158、168页。

第二节　农业劳动力流动的共性与趋势

　　欧洲主要资本主义国家在工业化进程中，农业劳动力流动表现出某些共有的趋势和特征，主要反映在规模和速度、方向、阶层范围等方面：规模和速度变化与工业化进度的一致性以及与工业化速度的相关性；农业劳动力流动在方向上显示出对产业变化的跟踪性、与经济周期的一致性以及双向性和国际性；农业劳动力流动在阶层范围上表现为不同阶层之间的流动极其有限。此外，农业劳动力流动都不同程度地经历过一种过渡区间，其中的过渡经济和兼业现象的存在为应对失业问题创造了缓冲空间。

一、农业劳动力流动的规模和速度

1. 规模和速度变化的阶段性

　　各国农业劳动力的流动在速度和规模的变化上都呈现明显的阶段性，这主要是与农业部门和非农产业发展的阶段性相联系的。从英国来看，农业劳动力的流动分为三个阶段：①1760—1870 年，跨入工业化进程，这期间，英国的工业实力为世界之首，1870 年英国工业产量占世界工业产量的 32%，煤、铁产量以及棉花消费量都占世界总量的一半。这期间劳动力流动的速度和规模都比较大。工业革命以前的圈地运动使得大部分失去土地的农民成了无业游民，随着机器大工业的崛起，圈地运动的规模大大超过以往，在圈地运动中失去土地的农民得以进入工业部门。这一时期，农业人口加速减少：1751—1780 年平均每 10 年就有 25000 人离开土地，1781—1790 年的 10 年间这一数据上升到 78000 人，1801—1810 年进一步增加到 214000 人，1821—1830 年甚至高达 267000 人。②19 世纪 80 年代至第二次世界大战结束，这一时期工业发展减速，农业就业比重下降幅度小，1881 年，农业就业人口为 165.4 万人，1891 年仅下降了 6% 左右。③第二次世界大战以后，由于农业加强了机械化和集约化，提高了农业部门的劳动力释放能力，另外由于第三产业的迅速发展使得非农部门的劳动力吸纳能力增强，于是农业劳动力的流动速度再次上升，第三产业就业比重从 1961 年的 48% 上升到 1986 年的 71%，同期，农业就业比重则由 5% 下降至 2%。[①]

意大利从步入工业化到第二次世界大战结束这一时期由于工业化进程缓慢，农业劳动力的流动反应也相对迟缓，如 1861—1951 年的 90 年中，流出农业部门的劳动力总共仅 260 万人。从战后完成经济恢复之后，第二、三产业先后获得了较快的发展，劳动力从农业中流出的速度也加快了，尤其是战后的 30 年意大利工业高涨时期，工业企业吸收了大量的南方农业劳动力，工业部门的就业比重从 1951 年的 29.4% 上升到 1971 年的 42.1%。[②]

法国虽然工业化开始得较早，但由于在第二次世界大战之前农业生产技术的改进和效率的提高一直比较缓慢，因此，农业就业比重也只是低速下降，20 世纪初，农业就业比重仍高达 43% 左右。第二次世界大战后，法国农业机械化得以快速发展，农场规模明显扩大，资本的替代效应促进了农业剩余劳动力的产生，即释放能力增强，与此同时，工业和服务业也进入了一个高涨时期，1949—1979 年，农业部门的就业比重从 29.1% 下降到 8.8%。[③]下降速度比第二次世界大战之前大大提高了。

德国国内人口流动的阶段性主要表现在几个高峰期，如 19 世纪中期的纺织业开始兴盛的时期，以纺织业为主的城市最先建立起纺织工厂，如西里西亚的布勒劳斯成为当时的亚麻纺织中心，萨克森地区的开姆尼兹作为“棉纺业的摇篮”素有“德国的曼彻斯特”之称，这些棉纺织业中心发展极快，迅速吸收了大批来自农村的劳动力。此后到 19 世纪 50 年代中期的铁路兴建时期，70 年代城市建筑业的高峰时期，也是人口向城市流动的高峰期。19 世纪 70—80 年代城市趋向饱和，人口的流入也开始降温。此外，当城市的国内人口流入处于低谷时，外国移民流入就处于高峰，当国外移民减少时，国内人口向城市的流动又趋于活跃。19 世纪末期，国内流动指数达到很高的水平，在 1907 年的人口职业普查中，国内流动人员占总人口的 50%，这也是德国城市人口从 1850 年的

---

① 戎殿新、司马军编著《各国农业劳动力转移问题研究》，经济日报出版社 1989 年版，第 193 页。

② 戎殿新、司马军编著《各国农业劳动力转移问题研究》，经济日报出版社 1989 年版，第 203 页。

③ 根据中国社会科学院世界经济与政治研究所综合统计室编《苏联和主要资本主义国家经济历史统计集》，第 691—694 页的数据计算。

20%增长到 1910 年的 60%的一个主要原因，1907 年，在 42 个人口超过
10 万人的大城市中，至少有 2/3 的人是新进迁入者。①从空间上看，阶
段性还表现在人口流动的规模随着铁路交通建设的发展而扩大，流动
的地区结构随着工业化的阶段变化而变化，并随着新兴城市的出现而
不断转移。

2. 与工业化进度的一致性

不同国家的劳动力流动情况存在很大的差异，但都无一例外地表现出
与工业化进程的一致性，这可以从欧洲主要资本主义国家产业结构和劳动
力结构的变化上得以印证。

表 3-1　欧洲主要国家国民总收入的部门比重

单位：%

国家	年份	农业	工业	交通通信	商业（一般不包括金融和其他服务业）
法国	1788—1789	48	18	—	12
	1815	51	22	—	7
	1835—1839	42	38	3	14
	1870—1874	41	33	6	16
	1885—1889	36	36	6	19
	1910—1913	33	40	7	20
德国	1850—1854	45	21	1	7
	1870—1874	38	32	2	8
	1885—1889	36	34	3	9
	1890—1894	32	37	4	9
	1910—1913	23	44	6	9
英国	1788—1789	40	21	12	
	1820—1824	26	32	16	
	1870—1874	15	40	23	
	1905—1909	6	38	10	19

资料来源：B. R. 米切尔编《帕尔格雷夫世界历史统计欧洲卷 1750—1993》中译本，经济科学出
版社 2002 年版，第四版，第 982、984、986 页，转引自裴元伦《二百年的发展观：欧洲的经历》，
《科学与现代化》2006 年第 5 期。

---

① H. J. Habakkuk and M. M. Postan, *The Cambridge Economic History of Europe*, London：Cambridge
University Press, 1978, Vol. 7, p. 442.

欧洲主要资本主义国家第二产业在国内生产总值中所占比重超过第一产业大约花了四五十年至一百多年时间。如表3−1所示，英国实现这一转变较快，德国其次，然后为法国，即其顺序依次为：英国、德国、法国。在工业产值超过农业后，其工业产值在产业结构中所占的比重继续提高，持续上升时间为20—50年，直至达到高峰，在欧洲主要国家中，其峰值为40%—45%，即在英国和德国之间。[①]

表3−2　欧洲主要国家劳动力结构的变化

单位：万人

法国	1856 年	1896 年	1901 年	1911 年	1946 年	1954 年	1991 年
农　业	731	850	824	857	748	520	125
工　业	381	539	582	648	618	701	568
服务业	302	503	581	546	713	707	1281
德　国	1882 年		1895 年		1907 年	1925 年	1939 年
农　业	824		829		988	975	899
工　业	624		806		1098	1321	1455
服务业	614		440		595	900	—
英　国	1841 年		1851 年		1871 年	1911 年	1991 年
农　业	154		205		182	161	57
工　业	307		449		559	946	743
服务业	230		237		446	727	1861

　　资料来源：根据 B. R. 米切尔编《帕尔格雷夫世界历史统计欧洲卷 1750—1993》中译本，经济科学出版社 2002 年版，第四版，第 157、158、168 页中的相关数据计算。

　　与产业结构的变化相应，这些国家劳动力结构转变的速度与产业结构一致：如表3−2所示，英国在工业化初步实现之前的 19 世纪 40 年代工业劳动力数量已经为农业劳动力的两倍，工业劳动力人数超过农业，大约用了半个世纪（从 1770 年开始算），而在法国和德国的工业化进行过程中，农业劳动力绝对数量一直还在增加，直到第一次世界大战前夕，即使

---

① 裴元伦：《欧洲国家工业化过程中的技术创新与扩散》，《中国经贸导刊》2005 年第 23—24 期。

在它们实现了工业化之后，农业劳动力队伍依然庞大，德国直至第二次世界大战前夕，法国甚至在第二次世界大战后初期，但是它们的农业劳动力比重确实在逐渐下降，尤其在第二次世界大战后，农业劳动力的绝对数量和相对数量都急剧减少。即德国大约花了 80 年（从 1830 年开始算），法国则用了 150 多年（从 1800 年开始算）。德国在 1910 年左右，法国直至 1954 年工业劳动力绝对数量才超过农业，英、法、德等国劳动力结构变化速度的次序与工业产值变化的次序一致。英国大约在第一次世界大战前夕第三产业的发展在产值和劳动力两方面均超过了第二产业；德国在第二次世界大战前夕，第三产业所占劳动力比重比第二产业将近低 10 个百分点，1939 年第一、二、三产业所占劳动力的比重各为 27%、41% 和 32%。[①]

3. 与工业化速度的相关性

农业劳动力的流动对工业化进程的依赖性还表现在农业劳动力流动的规模和速度与工业化的速度直接相关方面，工业部门在不断发展和外延的同时，也带动了劳动力需求的增长，对劳动力的吸纳能力也随之提高。工业化进程缓慢，对农业劳动力的吸纳也相对缓慢，工业化进程加快时，农业劳动力的流动也随之加速。

以法国为例，从 19 世纪初开始的一个多世纪中，工业部门就业人数在全国就业人口中的比重由 1868 年的 29.6% 逐步上升到 1896 年的 30.7%，1906 年达 31.6%，1913 年达 33.8%。城市人口则从 1846 年的 865 万人升至 1901 年的 1596 万人，同期，农村人口则从 2675 万人减少到 2301 万人。[②] 此外，由于 19 世纪提供就业机会最多的就是工业城市，因此从工业城市人口的增长幅度上也可说明工业部门就业人数的增加速度，1811—1911 年，法国全国城市人口指数从 100 上升为 329，其中有 40 多个城市超过此水平，主要是纺织工业城市，吸收劳动力居首位，其次是冶金工业城市（如表 3 - 3 所示），这些城市人口的增长来源正是农村剩余劳动力。

---

① J. J. Lee：《德国工业化过程中的劳动力》，刊于《剑桥欧洲经济史》，第七卷，中译本，经济科学出版社 2004 年版，第 553 页。

② 中国社会科学院世界经济与政治研究所综合统计研究室编《苏联和主要资本主义国家经济历史统计集 1800—1982》，人民出版社 1989 年版，第 690 页。

表 3 - 3   1811—1911 年法国主要城市人口指数 （以 1811 年为基期 100）

纺织工业城市	1911 年指数	冶金工业城市	1911 年指数
鲁贝	2607	朗城	1333
图尔库安	1424	圣 – 艾蒂安	733
圣 – 康坦	521	蒙吕松	701
罗昂	503	维埃尔松	644
阿尔芒蒂埃尔	502	摩柏日	446
肖莱	389	布雷斯特	363
圣 – 迪埃	385	拉塞纳	330
马扎梅	361		

资料来源：见周以光《法国农业劳动力转移的原因和特点》，王章辉等主编《欧美农村劳动力的转移与城市化》，社会科学文献出版社 1999 年版，第 104 页。

可见，这是一个渐进的过程，非农行业尤其是工业部门在吸收农业劳动力方面也相对缓慢，原因在于法国的工业化也是一个缓慢的过程。以蒸汽机马力的拥有量为例，1850 年法国仅拥有 6.7 万马力，英国则拥有 50 万马力，1880 年，法国发展到 54.4 万马力，英国增长到 200 万马力，而当时的德国为 150 万马力。从棉纺织业的机械化程度上看，也体现出“缓慢性特征”：棉纺织业是最早实现机械化的，但这仅在阿尔萨斯地区，北方地区和诺曼底地区的机械化很晚，1875 年的棉纺织业中，动力织机有 8.5 万台，手动织机还有 8 万台，1880 年，里昂及里昂地区的纺织厂中仅有 1.8 万台自动织机，而手织机却有 10.5 万台，1903 年有自动织机 3.8 万台，但仍有手织机 5.4 万台。可见，法国的机械化程度提高极其缓慢，克拉潘指出，“法国是手工业的家乡，是工厂、小作坊的家乡，其中很多根本不使用动力”。1896 年的工业和职业调查显示，法国有 57.5 万“工业企业户”（包括铁匠铺、木匠铺、车匠铺等），平均每家雇用工人 5.5 万人，雇工在 1000人以上的工业企业仅 150 家，10 人以下的则达 53.45 万家。[1] 1866—1913年将近半个世纪的时间中，工业就业人口只增加了 4.2%，[2] 这是与工业化的进展速度缓慢相联系的。

---

[1]   J. H. 克拉潘：《1815—1914 年法国和德国的经济发展》，中译本，商务印书馆 1965 年版，第 293 页。

[2]   王章辉、黄柯可等主编《欧美农村劳动力的转移与城市化》，社会科学文献出版社 1999 年版，第 ~105 页。

反之，当工业化提速的时候，劳动力从农业中的流出速度也开始加快：法国工业化在第二次世界大战后的重建中出现过高速运转的时期（主要是 20 世纪 20 年代），在这个时期，冶金、机械、建筑、汽车工业尤其突出，1929 年时工业生产指数比 1913 年提高了 40 个百分点。就在此期间，法国每年平均有 8 万人从农村流入城市，同时，失业率大幅度下降，1921 年被救济的失业者为 50 万人，1929 年仅剩1000 人。[①] 另外，在法国工业增长速度最快的 1946—1973 年（这段时间工业持续高速发展），工业生产指数（以 1952 年为基期 100）从 1946 年的 57 上升到 1968 年的 161，与此同时，农村劳动力也以前所未有的速度在减少。1949—1967 年，法国农村劳动力共减少 45%，1946 年农业就业比重为 37%，1960 年降到 25.5%，1968 年为 15%，1973 年仅为 11.1%。[②] 如图 3 - 2 所示，（在一定范围内）随着工业生产指数的上升，农业就业人数呈明显的减少趋势，根据图 3 - 2 工作表中的数据计算，其相关度是 0.97，二者高度正相关。

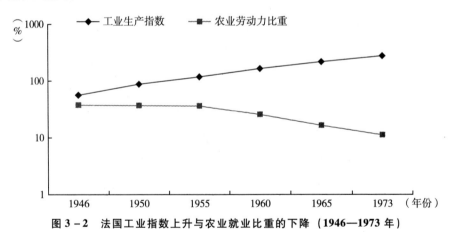

图 3 - 2 法国工业指数上升与农业就业比重的下降（1946—1973 年）

资料来源：根据《苏联和主要资本主义国家经济历史统计集》第 691—710 页的相关数据计算，其中工业指数包括建筑业，并且调整为全部以 1952 年为基期，农业就业人口不包括食品加工。

[①] 阿斯兰：《法国经济史》，第二卷，第 26 页，转引自王章辉、黄柯可等主编《欧美农村劳动力的转移与城市化》，社会科学文献出版社 1999 年版，第 110 页。

[②] 根据《苏联和主要资本主义国家经济历史统计集》第 691—710 页的数据计算，其中工业指数包括建筑业在内，并且调整为全部以 1952 年为基期。

在工业化加速引起农业就业比重下降的同时，大部分工业部门吸收的劳动力人数急剧增加，增幅均在70%以上，尤其是在技术构成提高不明显的部门，如建筑和石油工业，增幅更大，如表3－4所示①。

表3－4　1946—1968年法国工业部门就业人数

单位：千人，%

部门	1946年	1968年	增幅
冶金与金属加工业	1418	2431	71.4
玻璃工业	38	65	71.1
造纸和纸板工业	72	129	79.2
陶瓷和建筑材料工业	86	165	92
化学和橡胶工业	208	412	98
建筑和公共工程	985	2035	107
石油和燃料工业	16	50	213

相对于法国的缓慢渐进性，德国的工业化则进展迅速，相应的，德国农村劳动力流动的速度也快，流动的规模大，工业部门扩张的速度快，吸纳的能力也比较强。其中在1951—1966年的工业高速增长期间，工业部门增加就业400万—500万人，其中绝大部分是由于农业劳动力的流入。②根据表3－5中的数据计算，工业增加值占GDP的比重每增加一个单位，工业就业比重年均增加0.63个单位，农业就业年均下降1.28个单位。服务业增加值占GDP的比重每增加一个单位，服务业就业比重年均增加1.19个单位，农业就业比重年均下降1.60个单位。即工业、服务业比重的增加与劳动力从农业中的流出数量显著正相关，且服务业发展对劳动力的吸纳效应大于工业。

---

① 见莫里斯·帕洛迪《法国社会的经济，1945—1970》，法国阿其·科兰出版社1971年版，第87、96页，转引自王章辉、黄柯可等主编《欧美农村劳动力的转移与城市化》，社会科学文献出版社1999年版，第112页。

② 戎殿新、司马军编著《各国农业劳动力转移问题研究》，经济日报出版社1989年版，第172页。

表 3 – 5　德国产业结构与就业结构的变化（1840—1950 年）

单位：%

年份	1840	1870	1900	1913	1950	1960	1970
农业增加值占 GDP 比重	—	38	29	—	10	6	3
农业就业比重	61(1843 年数据)	50	37	34.6	22.2	14	8
工业增加值占 GDP 比重	—	32	40	—	48	53	49
工业就业比重	23.4(1843 年数据)	29	41	41.1	43	48	48
服务业增加值占 GDP 比重	—	30 *	31	—	42	41	48
服务业就业比重	13.7(1843 年数据)	22	22	24.3	35	38	44

＊笔者注：原文数据为 40，明显有误，综合其他数据资料，改为 30。

资料来源：就业比重数据引自麦迪森《世界经济二百年回顾》，改革出版社 1997 年版，第 17 页。产值比重数据引自中国现代化战略研究课题组、中国科学院中国现代化研究中心编《中国现代化报告 2005》，北京大学出版社 2005 年版，第 18—19 页。

二、农业劳动力流动的方向

工业化进程中，欧洲主要资本主义国家农业劳动力流动在方向上的共性主要表现为：对产业变化的跟踪性、与经济周期的一致性、双向性和国际性。

1. 对产业变化的跟踪性

劳动力的流动关键在于相关产业的吸纳能力，劳动力的流动与产业发展的方向一致，劳动力的流向呈现对产业兴起和扩张方向的跟踪性变化。

在英国工业化早期，由于纺织、采煤、冶铁、金属加工和机器制造等工业部门在国民经济中占有较高的比例，这些部门的产值增加和就业人口增长都很快。1783—1802 年，英国工业生产平均每年增长了 3.4%，1820 年，英国工业生产占世界工业生产总值的一半。1848—1949 年，世界上约有一半的铣铁是在大不列颠生产的，30 年后，铣铁产量又提高了 3 倍。1856—1885 年，动力织布机从 29.9 万台增加到 56.1 万台。1885 年，专门制造自行车的企业已有 170 多家，年产自行车 4 万辆。相应的，工业部门对劳动力的吸纳能力快速提高：1850 年，城市中钢铁工业就业人数只有 11 万人，1861 年为 15 万人，1871 年增加到 22 万人，1891 年为 25 万人，40 多年间增加了 127.3%。自行车制造部门的就业人数从 1881 年的 1072 人增加到 1885 年的 5000 人。由于农业劳动力的流入、就业增加，城市人口增加很快，如冶金中心城市伯明翰，1740 年有居民 25000 人，1760 年为 30000 人，1801 年增加到 73000 人，60 年间增加了 192%。同时，英国的农业就业人数从 1851 年的 205 万人，下降到 1871 年的 182 万人，1911 年降为 161 万人，半个多世纪中下降了 21.5%。[1]

在 18 世纪下半叶和 19 世纪的大部分时间内，上述产业大都集中在英格兰西北地区、约克郡西区、西米德兰、蒂斯河畔、泰恩河畔的纽卡斯尔地区、威尔士南部以及苏格兰南部，于是，这些地区成为吸引人口流入的主要地区。而从 19 世纪末开始，化工、电子、汽车、飞机等新兴工业及建筑业蓬勃发展。其中，汽车工业的发展势头迅猛，英格兰在 1896 年就建立了汽车制造公司，汽车年产量从 1920 年的 3.2 万辆上升到 1929 年的 18.2 万辆，1938 年生产了 34.2 万辆私用车和 10.5 万辆商用车，1955 年这两种车的年产量分别上升了 89.8 万辆和 34.1 万辆。[2] 汽车工业的发展也带动了相关行业如工作母机、橡胶、有色金属、皮革等相关产业的繁荣，这些新兴产业的兴起和发展刺激了劳动力流动方向的转移，即从老工业区转向新兴工业区，主要是分布在英格兰东南部、西南部和米德兰等地区。这些工业区往往是投资建筑业最多的地区，这是由劳动力的流入引起人口增加刺激住宅需求的上升所导致的。

随着北部老工业部门，如煤炭、棉纺、造船等产业的相对衰弱，新兴工业部门在南部发展较快，劳动力也随之向相对繁荣的南部流动，如 1951—1966 年，南部地区吸收移民 105.9 万人，而北部地区则流失 81.5 万人，苏格兰流失近 50 万人。1953—1966 年，不列颠制造业新增人口中的一半以上都在东南部和东盎格利亚，此间这两地区增长的人口相当于整个不列颠新增人口的 47%。[3] 和产业发展的方向一致，剩余农业劳动力的

---

① 戎殿新、司马军编著《各国农业劳动力转移问题研究》，经济日报出版社 1989 年版第 194 页。
② Hill, C. P., *British Economic and Social History*, *1700 - 1982*, London, 1982, p. 250.
③ Thomas, B., *Migration and Economic Growth*, *A Study of Great Britain and Atlantic Economy*, London: Cambridge University Press, p. 297 - 298.

流动方向也随之转向新兴产业区，这是由这些产业吸纳能力的提高所决定的。

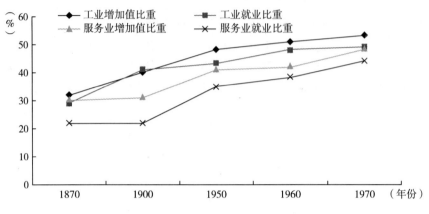

图 3-3　第二、三产业增加值比重与就业比重的变化

资料来源：就业比重数据引自麦迪森《世界经济二百年回顾》，改革出版社 1997 年，第 17 页。产值比重数据引自中国现代化战略研究课题组、中国科学院中国现代化研究中心编《中国现代化报告 2005》，北京大学出版社 2005 年版，第 18—19 页。

在德国，工业化期间的服务业就业增加与工业就业增加紧紧追随着相应部门产值的增加，几乎是同步增长的。如图 3-3 所示，就业增加的幅度在后期比相应的产值增加的幅度更大，服务业就业增加幅度比工业大，可见，就业的增加最终还是要以发展第三产业为主，这一趋势在工业化的后期更为明显。

2. 与经济周期的一致性①

从较长的时间看，农村劳动力流动指数的变化方向与经济周期大致吻合。当经济处于繁荣和扩张阶段时需要的劳动力大大增加，这时往往引致农村剩余劳动力的流入，而当经济紧缩时，许多工厂企业倒闭，大批工人失业，其中部分工人便返回农村。在经济萧条时期，人口流动指数小，相反，在经济繁荣期，人口流动指数也最高，这两者之间呈明显的正相关关系。农业劳动力流动的方向和规模除了受国内经济周期的影响外，还受国外经济周期的影响。

――――――――――

① 这一特征也是农业劳动力流动的双向性的原因之一。

以德国为例，1871—1873 年发生的国内经济繁荣则在西部刺激形成了国内迁徙，国内迁徙和外国移民的迁入使得 1874—1878 年的物价暴跌有所缓和。1879 年以后，东部农业陷入萧条，同时受美国经济复苏的牵引，原来的移民储备开始释放。1880—1885 年，迁出移民达到 100 万人，占当时移民总数的 4‰。而当 1886—1890 年德国经济快速复苏时，又使得净迁出移民比率降到 1.4‰，同时劳动力的国内流动迅速增长。迁出移民比率的再次增长发生在 1891—1893 年，当时德国经济萧条而美国经济繁荣，不久后，经济的波动使得德国在 1894 年之后重新成为移民的净输入国。此间，德国不仅在本国东部地区吸收了大量剩余劳动力，而且吸引了大量来自波兰和意大利的季节性短工和短期性的迁入者。到第一次世界大战结束时，约有 120 万外国工人在德国工作，至少占据了农业劳动力的 8%，非农业劳动力的 4%。[1] 德国在 19 世纪 80 年代初，人口流动指数为 250，在第一次世界大战前的经济高速发展时期，流动指数达到 350，上升了 40%。[2]

德国农村劳动力流动的特点还表现在人口流向及其速度与城市的发展周期基本一致。在新兴城市刚出现时，人口涌入的速度最快，当城市人口逐渐饱和时，速度减慢，随后甚至减少，由该城市转向另外的新兴城市。每一个新兴工业或港口城市的出现，都引起该地人口的快速增加，其中大部分都是外来移民而非本地出生的人口。在 1871—1910 年德国工业化的加速阶段，这些城市人口增长的速度远远超过了全国人口的增速。[3] 如，杜塞尔多夫从 1871 年的 80695 人增加到 1910 年的 358728 人，增长了 344.5%；基尔增幅更是达到 468.2%；鲁尔矿区的格尔森基尔欣则从一个"在 100 年以前，还是一个不出名的小农村"，[4] 转变为工业化初步完成之后的集采煤业、钢铁工业、化工等于一身的大工业城市。在工业化后期的 40 年间，它的人口增加了 10 倍之多，到 1910 年达到 169513 人。这

---

[1] Kuczynski, J, "Die Geschichte der Lage der Arbeiter under dem Kapitalismus", *East Berlin*, 1961, Vol. 4, p. 318.

[2] Dieter Langwirsche, "Wanderungsbewegungen in der Hochindustrialisierungsperode Regional, interstaditiche und innerstaditiche Mobilitat in Deutschland 1880 – 1910," *Viertejahrschrift fur Sozial – und Wirtschaftsgeschichte*, No. 64, 1977, p. 1 – 4.

[3] Kocka Jurgen und Ritter Gerhart, *Sozialgeschichtliches Arbeitsbuch*, Muechun, 1978, p. 25.

[4] Koellman Wolfgang, *Bevolkerung in der Industriellen Revolution*, Goettingen, 1974, p. 171.

些工业城市增加的人口中，很大部分来自农村，据 1907 年的统计，全德国有 6004 万人口，其中仅有 3140 万人留在出生地，而有 2900 万人移出，大部分是流入近邻城市或是更远的城市①。1871 年，全国人口约 4106 万人，其中农村人口占 63.9%，2000 人以上的城镇人口占 36.1%，经过这一期间的流动以及城市范围的扩大，农村人口比重逐步下降。1900 年，这一比例发生了根本的变化，当时，全国 5636.7 万人中，城镇人口比例上升到 54.4%，农村人口则降为 45.6%，到 1910 年时，城镇人口进一步上升到 60%②，城镇人口中的很大一部分是由于农村人口的流入（其中，农村人口也有流向境外的，而城镇人口的增加中也包括境外人口的流入以及人口的自然增长）。

以柏林为例，1907 年该城市有 200.51 万居民，其中 81.21 万人出生在柏林，占 40.5%；55.16 万人来自德国的东部，占 27.5%；36.14 万人来自柏林周围的勃兰登堡地区，占 18%；4.55 万人来自德国的西北部，占 2.3%；13.17 万人来自中部，占 6.6%；1.07 万人来自黑森地区，占 0.5%；2.64 万人来自德国的西部，占 1.3%；1.82 万人来自德国南部，占 0.9%；还有 4.73 万人来自国外，占 2.4%。即除了少数外国移民外，1907 年柏林 57.1% 的居民主要来自农村，如图 3-4 所示③。

3. 流动的双向性

"双向流动"是指反向流动与正向流动并存的现象，即农业劳动力向城市非农产业的转移，和从城市非农产业到农业的回流同时存在的现象。这种现象在欧洲主要国家的工业化进程中都或多或少地存在。正因为如此，本文题为"农业劳动力流动"而不是"农业劳动力转移"。这一回流的重要性可以从农业劳动力流动的季节性中得以证实。农村劳动力流动的高峰往往出现在 4 月左右和 10 月左右（或者说春季和秋季），如图 3-5 所示，横轴为月份，纵轴为流动指数（流动指数是每 1000 人中的流动人口的总和），流动的频率随着农业的季节性变化而波动，波峰都出现在十月和四月。因为，在年初农村的建筑工人在城市找到工作，这时形成农村劳动力流向城市的浪潮；秋天他们又离开城市返回农村收割农作物，出现

---

① Koellman Wolfgang, *Bevolkerung in der Industriellen Revolution*, Goettingen, 1974, p.37.

② 萧辉英：《德国农村人口的转移》，载王章辉、黄柯可等主编《欧美农村劳动力的转移与城市化》，社会科学文献出版社 1999 年版，第 220 页。

③ Koellman Wolfgang, *Bevolkerung in der industriellen Revolution*, Gottingen, 1974, p.111.

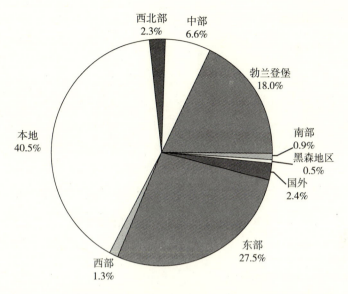

图 3-4 工业化时期柏林的人口结构

劳动力向农村回流的现象。从图 3-5 中还可以发现，10 月的波峰高于 4 月，这主要是由于年初往往是劳动力由农村到城市的单向流动居多，而秋季既有从城市向农村的劳动力回流，又有完成收割之后陆续返城的活动。农民在农业生产中不能够充分就业时，往往周期性地流向城镇，既是为了在一个临时的生存基地寻求收入，也是为了逃避饥荒，而在经济危机期间，流向城镇的这部分劳动力又重新回到了农村。正由于此，1806—1811 年和 1826—1831 年，巴黎流失了近 15 万居民。[①]

那些发生短期性经济危机的工业行业中，就业人数会出现减少现象，这在法国 19 世纪 30 年代的长时间萧条时期表现得尤其明显。工人数量的大幅度减少从另一侧面也反映了工业和农业之间的劳动力对流。在整个 19 世纪，农业对劳动力的需求保持着相对稳定的状态。在德卡泽维尔（Decazeville），晚至 1865 年，还因农业收获活动导致雇主们在劳动力需求上存在一定程度的竞争态势。在经济萧条时期，一定的劳动力返回到土地上是很平常的，如在里昂，丝织工们把农村村庄视为他们生存的最后保

---

① 伊夫·勒坎：《大革命以来法国经济中的劳动力状况》，载《剑桥欧洲经济史》第七卷，中译本，经济科学出版社 2004 年版，第 317 页。

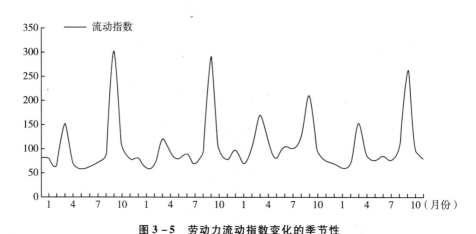

图 3 - 5   劳动力流动指数变化的季节性

资料来源：Stefan Friedrich, *Aus der Geschichte Lernen*, Kas - Schriftenreihe China, No. 48, 2004, p. 219。

横轴为月份，纵轴为流动指数。.

障，并和它保持着纤弱而长久的关系。19 世纪，在罗讷省中部的屋尔特和普赞地区，在当地农业没有任何剩余人口的情况下，当用于炼铁过程中的鼓风炉被迫停止使用时，却反过来导致农业吸收了 2000 名炼铁工人就业。[①]

在英国，18 世纪后半期（某些地区一直到 19 世纪）收割季节有规律的影响仍然使得劳动力市场中不断有人从非农部门流向农业部门。在 1826 年经济萧条时期，工匠们还返回农村寻找工作，迟至 19 世纪 30 年代，不少工人仍然放弃在城市的工作以便在收割季节获取一定的收入。因此，由于临时的季节性原因造成了双向的劳动力流动，人们加入并参与到这种流动过程中，以致形成某种长期性的、多方向的移民图景。

另一方面，移民不仅仅因为《济贫法》而受到强制遣返，在经济处于地方性或全国性的不景气时期，他们中有许多都返回了原先居住的地方。如 1841—1843 年的经济萧条中，有 15365 人从兰开夏郡、约克郡和柴郡等地的工业城镇被强制遣回他们的定居地（一般是农村）。[②] 在 1825—1826 年经济不景气时期，一位名叫萨默维尔的工人描述道，"劳工

---

① 伊夫·勒坎：《大革命以来法国经济中的劳动力状况》，载《剑桥欧洲经济史》第七卷，中译本，经济科学出版社 2004 年版，第 307 页。

② Redford, A., *Labor Migration in England*, *1800 - 1850*, 2nd edn, 1964, p. 124.

乃至熟练工匠都从爱丁堡返回农村，就在我变成农民的 15 个月之前，劳动力很缺乏，可现在，我又很难找到任何一份工作了"。[①]这同时也说明了，经济不景气不仅意味着大量的失业，而且很多工人将降低他们的工作等级。在 1837 年经济不景气时期，估计那些在经济繁荣时期移入城市的农业劳动力中至少有 1/3 重返家乡。在 1847 年不景气时，与大量爱尔兰（向城市）移民相伴随的是更大规模的由城市向农村的回流潮。[②]

农业劳动力季节性的双向流动还与国外移民的流入有关。农村由于劳动力的移出而在收获季节出现劳动力供给不足（移出的那部分劳动力并不能在收获季节全部回流），因此，国外移民的流入便填补了劳动力供给缺口，国外移民中相当一部分是从事农村的收割活动。如，德国从 19 世纪 80 年代开始，出现大量季节性的外国移民，当时，罗西尼亚人、波兰人、意大利人代替了移居海外的德国人。1911—1914 年，每年登记的外国季节工人平均增至 71 万人，1910 年，德意志帝国国内居住着 1236000 名来自欧洲各国的外国人。[③]当然，德国劳动力也向境外移出，如 1815 年以后，由于农业歉收和政治上的动荡，向外移民增加，从 1841—1845 年的 54000 人增至 1846—1850 年的 374000 人，此后有所下降，但在 1866 年后又再次上升，1881—1885 年达到顶点，超过了 857000 人。此后，随着德国工业和经济发展日益增长的需要，移民人数急剧下降：1896 年以后，在任何按 5 年计算的时期内，德国向外移民最多为 15 万人，1870—1910 年，总共有 280 万德国人离开国内移居海外。[④]

这些原因叠加在一起使得秋季的流动指数最高，也直观地证明了农村劳动力流动的双向性，即工业化进程蕴涵了劳动力由农村向城镇的流动以及由城镇向农村的反向流动。

4. 流动的国际性

欧洲主要资本主义国家在工业化进程中都存在不同程度的国际移民活动，包括对外移民和外来移民。

（1）欧洲向外移民

19 世纪和 20 世纪初，西欧各国通过向北美和澳大利亚大量移民缓和

① Somerville Alexander, the Autobiography of a Working Man, 1848, repr, 1967, p. 66.
② Redford, A., Labor Migration in England, 1800 – 1850, 2nd edn, 1964, p. 124.
③ 卡洛·齐波拉：《欧洲经济史》第三卷，吴良健译，商务印书馆 1989 年版，第 50 页。
④ 卡洛·齐波拉：《欧洲经济史》第三卷，吴良健译，商务印书馆 1989 年版，第 54 页。

了农村剩余劳动力对城市和工业就业的压力。直到1840年，每年有3万—4万以上的人离开欧洲，1801—1840年，总计达150万人，主要是农场工人或因工业化而在本国失去工作的人。19世纪40年代以后，由于1848年的经济危机以及加利福尼亚和澳大利亚金矿的发现，欧洲每年迁出的人口上升至20万—30万人。19世纪后半叶，随着交通运输业的发展，迁移变得更加安全和快捷，同时，周期性的经济萧条也迫使失业工人到国外谋生。此外，人口的增加，农业生产率的提高以及1873—1896年的农业萧条也造成了大批农业剩余劳动力，造成了迁居国外人数的增长。1841—1880年，约有1300万欧洲人从旧大陆迁往国外，其中大多数来自英国、爱尔兰和德国。1857—1875年，欧洲人移居国外的速度有所下降。一方面是由于工业化的加速发展使得劳动力吸纳能力增强，另一方面是美国南北战争。1875—1880年，每年平均有280000移民横渡大西洋，1880—1885年，这一人数增至685000人，1885—1890年达到780000人，1890年后略有降低，但年均移民人数也在73万人以上。1871—1914年，共有3400万欧洲人移往新大陆，其中的250万人成为当地的定居者。到19世纪，美国、加拿大、新西兰、巴西和阿根廷等大部分处女地都被来自欧洲的人口占据了，法国、英国、意大利、荷兰、比利时以及斯堪的纳维亚国家的占据区域在65万—79万平方公里，除此之外，在19世纪时欧洲人第一次进入并定居的海外领地不少于800万平方公里，即1800年，欧洲人在海外利用的领地已经远远超过整个西欧的面积，而1800—1900年，这一数字又扩大了8—9倍。[1] 向外移民不仅使欧洲工业化获得了大量的资源而且缓解了剩余劳动力的压力。

不同国家移民的性质与规律也不尽相同。有的国家对移居国外者提供补贴，如英国，爱德华·吉本·威克菲尔德发展了一种特殊的国家资助制度。[2] 该国1841—1845年移民人数为40万人，1846—1850年猛增至103万人，这一期间，英国移民就占当时欧洲全体移居者的80%，1850—1875年占50%。此后，任何按5年为一期计算的移民总数均降低到60万人以下，1881—1885年以及1886—1890年，总数均为120万人以上，

[1] H. J. Habakkuk and M. M. Postan, *The Cambridge Economic History of Europe*, London: Combridge University Press, 1978, Vol. 6, p. 138.

[2] 卡洛·齐波拉:《欧洲经济史》第三卷，吴良健译，商务印书馆1989年版，第52页。

1901—1915 年，以五年为一期计算分别为：117 万人、167 万人、178.9 万人。移民中的 50% 以上是去往美国，但是 20 世纪初，逐渐转向其他殖民地。

德国由于在 1815 年以后政治动荡和歉收，向外移民大量增加，由 1841—1845 年的 54000 人增至 1846—1850 年的 182000 人以上，1851—1855 年增至约 374000 人，之后有所下降，但在 1866 年后又再次上升，于 1881—1885 年达到峰值，超过了 857000 人。1871—1910 年是德国工业化的快速发展时期，对劳动力的需求大量增加，但由于存在着一定的时滞效应，直到 1886 年以后德国移民人数开始急剧下降：1896 年以后，在按五年计算的任何时期，向外移民总数最多为 15 万人，从 1871 年至 1910 年，总共有 280 万德国人移居国外。①

法国移民与其他国家不同，他们主要是工业家、经理、商人和自由职业者，而不是失业的农场工人和不熟练工人。1870—1910 年，法国向外移民在 80 万人以上，主要去往阿尔及利亚、北美和阿根廷。

意大利在 19 世纪前半叶移民很少，但从 1860 年王国统一之后，由于人口的增长以及普遍的贫困使得移民重要性上升。1876—1910 年，意大利向外移民的数量持续增长：1876—1880 年移民人数共为 133000 人，1886—1890 年为 655000 人，1896—1900 年达 810000 人，在 1906—1910 年有 197 万移民，此后略有下降。1876—1915 年共有 750 万人离开欧洲，另有 650 万人去欧洲其他国家，但其中的很多人又重新回到意大利。②

总体上看，欧洲国家的向外移民是历史上最大的人口转移，移民不仅缓和了欧洲人口的膨胀，而且同时也开拓了国际市场，并且使资金有了相当巨大的双向流动。向国外移民减少了国内的劳动力供给，从而使工资普遍得到提高，又由于人口下降而减少了对土地的压力，使土地价格降低。另外，由于绝大部分移民都是年轻人，从长期看提高了欧洲的平均年龄。

（2）外来移民

欧洲工业化时期的外来移民有不少属于具有专业技能的劳动力，他们的移入为接受国提供了一定的技术支持，而且移民中年轻者占多数，他们的流入有助于改善人口流入国的劳动力年龄结构，并节省了教育经费。

---

① 见卡洛·齐波拉《欧洲经济史》第三卷，吴良健译，商务印书馆 1989 年版，第 54 页。
② 卡洛·齐波拉：《欧洲经济史》第三卷，吴良健译，商务印书馆 1989 年版，第 55 页。

　　法国在大革命前，尽管外国移民的流入数量很少，但绝大部分都属于专业技能者，如荷兰的造船木匠、德国的采矿工人或金属工匠，还有的是诸如细丝纺织等奢侈品制造上有一技之长的意大利人，流入劳动力的这种属性一直保持到 19 世纪前半期。[1] 可以说，这期间，法国钢铁行业的技术进步很大程度上是在有技能的外国劳动力流入的情况下完成的。在有些部门，专业技能劳动力的流入一直持续到 19 世纪末：1880 年左右，有些出生于巴登和符腾堡地区的德国人，来到上卢瓦尔省的蓬 – 萨洛蒙工作；在日耶河流域则有来自意大利的吹玻璃工人；在里昂一带还有来自德国的啤酒酿造工人。[2]

　　从数量上看，法国从 1800 年开始，迁入人数开始超过迁出人数[3]，直到 1851 年，整个国家的移民迁入总数不到 380000 人，在总人口中的比例不超过 1%。但由于法国国内人口增长缓慢，劳动力缺乏，因此，移民现象一经出现便成了法国经济体系的一个永久性特征。到了 1872 年，外国移民数量无论是在绝对数意义上还是在对总人口的相对数意义上都翻了一番。到 1911 年，来自外国的移民总数达到 116 万人，半个多世纪的时间内增长了 205%，在总人口中的比例也达到 3.3%（包括被新授予法国国籍的移民）。其中，1851 年，毗邻法国的国家为法国提供了 78% 的外国移民，1911 年时达到 83%。1913 年，仅每天穿越边境的比利时人就高达 5 万—6 万人，在麦子和甜菜收获季节，总共有 10 万比利时人以这种方式流入法国参与收割活动。这些移民绝大多数都是适宜工作的劳动人口，他们的流入缓和了法国经济体系自身在劳动力增长不足方面的消极因素，同时也增进了国民福利。1851—1911 年，法国外国移民数量是原来的 3 倍，而整个国家的总人口却仅仅增加了 1/5，由于流入的移民一般是年轻的劳动力，移民中处在"年轻人"年龄组的人口比例比法国本身的人口在这个年龄组的比例更高。1911 年，法国适宜工作的人口占所有移民的 58%，其中，意大利移民为 61%，而法国的原住民适宜工作的人口比例仅为52%，如表 3 – 6 所示。

---

① 伊夫·勒坎：《大革命以来法国经济中的劳动力状况》，载《剑桥欧洲经济史》第七卷，中译本，经济科学出版社 2004 年版，第 366 页。

② 伊夫·勒坎：《大革命以来法国经济中的劳动力状况》，载《剑桥欧洲经济史》第七卷，中译本，经济科学出版社 2004 年版，第 366 页。

③ 卡洛·齐波拉：《欧洲经济史》第三卷，吴良健译，商务印书馆 1989 年版，第 50 页。

表 3 - 6　1911 年法国居民与移民适宜工作人口年龄分布

单位：%

年龄组别	外来移民	法国原住民
20 岁以下	14	13.9
20—39 岁	52	42
40—59 岁	27	31
60 岁及以上	6.4	11.9
年龄未知	0.2	0.5

数据来源：见伊夫·勒坎《大革命以来法国经济中的劳动力状况》，《剑桥欧洲经济史》第七卷，中译本，2004 年版，第 379 页。

可见，外国移民不仅增加了劳动力供给，而且在技术和人口结构上都注入了有利因素。1776—1911 年，法国适宜工作人口增长了 64.7%，而同期总人口的增长仅为 40.2%。其中，1776—1851 年，两者分别增长了 44% 和 40%，而 1851—1911 年，这两者分别是 14% 和 9.1%。原因主要是 1851 年后，外国移民数量增长为原来的 3 倍。[1]

劳动力的国际间流动与经济周期相关。从法国的移民流入来看，移民流入数量在时间上的变化是不规则的，但与经济的周期性变化吻合，如图 3 - 6 所示。在经济危机的 1921 年和普安卡雷内阁稳定货币的 1927 年，移民流入处于相对较低的水平（分别为 81820 人和 64327 人）。流入量的减少主要影响了进入工业部门的劳动力人数，如在 1921 年有 25998 人进入工业部门，1922 年只有 13013 人。[2] 经济周期的峰值与波谷和外国劳动力移入与流出差额之间的对应关系则非常清晰：劳动力的净流入量在 1927 年为 - 25657 人，而在 1923 年和 1924 年则达到了创纪录的正数值，这两年移民流入人数分别达到 271976 人和 263097 人。劳动力的流入与流出显示出适应经济运行的需求变化，劳动力国际市场的这种弹性机制使得经济复苏能够得到劳动力条件保证，并且劳动力的失业风险也相应地降低了。

---

① 伊夫·勒坎：《大革命以来法国经济中的劳动力状况》，《剑桥欧洲经济史》第七卷，中译本，经济科学出版社 2004 年版，第 379 页。
② 伊夫·勒坎：《大革命以来法国经济中的劳动力状况》，《剑桥欧洲经济史》第七卷，中译本，经济科学出版社 2004 年版，第 402 页。

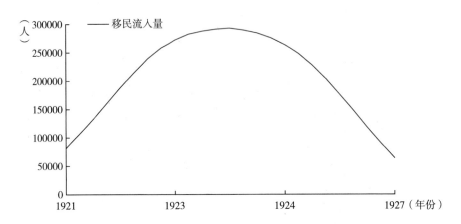

图 3 – 6　法国 1921—1927 年的国外移民流入量变化

资料来源：见伊夫·勒坎《大革命以来法国经济中的劳动力状况》，《剑桥欧洲经济史》
第七卷，中译本，经济科学出版社 2004 年版，第 366 页。

三、农业劳动力流动的阶层范围

　　农业劳动力流动的阶层范围是指农业劳动力在不同阶层之间流动的可能性大小，欧洲工业化的实践证明，农业劳动力流动很难在不同的阶层中实现，即劳动力的社会流动性很弱，如农业劳动力几乎不可能成为资本家或地主阶层。这可以从行业劳动力的来源上得以证实。如在法国，1834年，有 59% 的工人们是在工人社区中出生的。19 世纪中期，冶金业和采矿业以很快的速度扩张，它们雇用了大批劳动力，而到了 19 世纪六七十年代，那些由某些雇主雇用的工人的孩子们又在同样的工厂中出现。如1867 年，这些雇员的孩子们在一些企业，如昂赞、贝塞热、蒙昌康以及克勒索等的劳动力总数中占 10%，在科芒特里、奥班、阿莱和德卡泽维尔等企业中则占 7%。在卡尔莫，1892—1900 年雇用的 448 名年轻人中，有 404 名是矿工的儿子；1848—1914 年，矿工中有 73.6% 是在这个地区的三个工人社区中出生的。这种情况直到 19 世纪末才被来自农村的劳动力流入打破。这一事实在反映了阶层间流动性弱的同时也说明了劳动力流动所存在的地方垄断性。

从企业家的来源来看也是如此，英国18世纪的制造厂企业家们以及外包承销商们，无论他们以前是商人、手工艺人、官员，或是地主，绝大部分都来自城镇或农村的中、高阶层，而很少有人出身于较低的阶层。德国的工业企业家，如在莱茵河地区的那些企业家，他们都已经在18世纪积累了巨额财富并获得了较高的社会地位。经营金属加工的实业家们，如施图姆、赫施均来自已经在金属生产与加工活动中涉足很长时间的家族。[1]

此外，这种流动性一直受到来自各方面的阻力。克尔布勒发现，由中产阶级向上层阶级提升的机会比从工人阶级向中产阶级提升的机会要大得多。中产阶级以及作为最有可能成为中产阶级的白领阶层总是在努力扩大那种将他们与工人阶级分隔的鸿沟，白领阶层对他们社会地位的关心乃至警惕和防护表现得特别明显。在白领阶层扩张最为快速的20世纪早期，也只有约1/6的新补充者是出自工人阶级。在德国向福利国家转变的努力过程中，俾斯麦第一个尝试性的步骤就是促使柏林的技术人员组建自己的福利基金，其意图就是避免出现和工人一起参与同一项计划所导致的所谓"不体面"现象。而商务白领阶层则在1911年将自己的保险基金从整个社会的保险基金中单独分离出来，而他们的保险基金成员所享有的权利也只是对成员与所规定的白领职业种类不相适应时才给予保险偿付，而不是对所有社会职业种类的不适合情形都给予偿付。[2]

总之，在工业化进程中，类似于以前的时期，除非特例，几乎没有实业家是从熟练、非熟练工人、现代工厂工人、体力劳动者、仆从，或是谋生方式与此类似的身份起家的（当然，某些掌握特殊技能的手工艺人除外）。从农业环境中的中低层上升到工商企业家层次的例子很难找到。由于缺乏资本、关于商务机会的信息以及教育经历，使得这部分人中的绝大多数没有能够参与到工业企业家群体的形成过程之中。可见，工业化期间，社会阶层之间的相互渗透性非常有限。绝大多数企业家是经过工商贸易活动的锻炼才得以产生的。他们最初起家的活动领域大都以这样或那样

[1] Kellenbenz, H., "Unternehmertum in Suedwestdeutschland," H. J. Habakkuk and M. M. Postan, *The Cambridge Economic History of Europe*, Vol. 7, New York: Cambridge University Press, 1978, p. 653.

[2] Kaelble, H., "Sozialer Aufstieg in Deutschland, 1850 – 1914", *Vierteljahrschrift fuer Sozial – und Wirtsschaftsgeschichte*, vx, 1973.

的方式，与或者是手工艺经济、或者是商务贸易经济有关联。就关联方式而言，或者作为手工艺学徒，或者成为其师傅，或者是中间商人，或者是成为销售店主，或者是外包过程的承销商，或者是成为技师，或者就是某个作坊主的儿子……简而言之，企业家中绝大多数都具备资本、技术和商务方面的知识，这是中低层群体所不具备的。

四、就地城镇化雏形：农业劳动力流动的过渡区间

欧洲主要资本主义国家的工业化基本上都有一个就地城镇化的过程，涵盖了传统农业、过渡经济、城市非农产业等多元经济并存的过程，而其中作为就地城镇化雏形的过渡经济（或称过渡部门，包括农村工业、家庭工业和工场手工业），对于减轻农业剩余劳动力的就业压力，缓解城市过度集中引起的各种城市病，起了重要的缓冲作用。

1. 过渡经济

过渡经济是就地城镇化的一种普遍形式，包括农村工业、家庭工业和工场手工业等经济，马克思就曾将家庭工业称作"剩余劳动的最后避难所"。[①]由于农业部门释放能力与非农部门吸纳能力之间的非均衡性使得失业在所难免，而以多种形式存在的过渡经济则能以其生产的劳动密集型和技能普及性吸收其中的失业人员，包括农业剩余劳动力和由大工业排挤出来的工人。因此，过渡部门成了农业以外的第二个剩余劳动力的大蓄水池。这一特点在英国工业化的进程中特别突出。

根据英国童工调查委员会的分类，这种过渡部门包括草帽和女帽业、便帽业、裁缝业、妇女头饰业、胸衣业、手套业和制鞋业，以及其他许多较小的行业，如领带和硬领业等。1861 年，在英格兰和威尔士的这些部门中雇用的女工总计有 586298 人，其中 20 岁以下的至少有 115242 人，15 岁以下的有 16560 人。在联合王国，这类女工共有 750334 人。同一时期，英格兰和威尔士的制帽业、制鞋业、手套业及裁缝业，雇用的男工约有 43.7 万人，其中 15 岁以下的有 1.5 万人，15—20 岁的有 8.9 万人，20

---

① 马克思：《资本论》第 1 卷，人民出版社 1975 年版，第 509 页。

岁以上的有 33.3 万人。①

这种缓冲区间的存在，不仅吸纳了一部分剩余劳动力，而且使劳动力得到技能"锻炼"，增强了现代工业所必要的技能水平，为流向城市非农部门做了前期准备。此外，这种缓冲区间还能减弱经济周期的影响：由于现代工业部门的工资水平高于过渡部门的工资水平，在经济周期的波峰，现代部门对劳动力需求增加，劳动力从过渡部门流向工业部门，在经济周期的波谷，现代部门对劳动力需求减少，于是又有一部分劳动力向过渡部门回流。马克思说："我们现在才开始明白，机器生产出来的这样惊人的大量产品和'游离'出来的这样惊人的大量工人究竟到哪里去了。"② 由此可见，过渡部门凭借其技能普及性、高度劳动密集性、运作灵活性、强流动性等固有特征，在劳动力从农业部门到非农业现代部门的流动中发挥了独特的减压作用。

2. 兼业现象

农民的兼业现象是指农业人口的转变不是单纯地从农业到工业或服务业的转化，而是转为多种经营的形式，不再从事单一的农业工作。这种兼业现象属于工业化进程中的"多元经济"过渡区间，即农业、农村工业和城市工业的并存状态，它使得就地城镇化具有实践操作性。刘易斯等经济学家所认为的从二元经济到一元经济的飞跃在欧洲主要国家的工业化进程中无法找到，而以过渡部门的存在为特征的"多元经济"似乎是必经的阶段。在英国工业化初期，不少农业劳动力既是农民又是手工业者，他们农忙时务农，农闲时做工，手工业所需的原料就产在农村，所需动力是风力、畜力或者水力，当时英国工业中的约 30% 的毛纺织业也大都分散在农村，这种情况在 18 世纪前 70 年都无大的改变。③ 在 19 世纪后半期，大部分西欧国家的绝大多数人口已不再从事纯农业的工作，如用羊毛纺线织布，加工自养动物的皮革，在家里做衣服和鞋子，在自己或别人的家庭牛奶加工厂兼职，甚至还可以用在当地可以找到的或通过简单的贸易获得的原材料锤打和雕琢自用的生产工具。在闲暇季节，这些自给自足的农民经常到其他行业兼职，有的到邻近的食品加工厂、酒厂或者家庭磨坊做短

① 高德步：《工业化过程中的"中间部门"与"过渡性"就业——英国经济史实例考察》，《东南大学学报（哲学社会科学版）》2003 年第 6 期。

② 马克思：《资本论》第 1 卷，人民出版社 1975 年版，第 516 页。

③ 王章辉：《英国工业化与农村劳动力的转移》，《世界历史》1996 年第 6 期。

工。在南欧不少农民都会在农闲时间去橄榄榨油厂做一段时间的短工。这种现象使得以农业为主和以农业为副业的人口之间的界限很模糊，兼职现象已经成为当时的一大特征①，为减轻就业压力提供了缓冲空间。

综上所述，欧洲主要资本主义国家的工业化基本上都有一个多元经济的过渡过程，即传统农业、过渡部门（如农村工业、家庭工业和工场手工业等缓冲区间）、城市非农产业等"多元经济"并存的阶段，而不完全是刘易斯等经济学家所认为的简单的二元经济的转换过程，相应的，农业劳动力的流动也基本上因循这一主线展开，从而实现传统经济—多元经济—现代经济的转变。劳动力结构变化的时间和速度决定于工业化的进度，劳动力流动的方向与工业化中产业的兴起和发展相一致。工业化前阶段，农业劳动力更多地流向第二产业，在后期一般转向第三产业。这主要是由于以制造业为主的工业随着技术构成的不断提高，对劳动力的进入形成一个极限，而第三产业的劳动力密度比工业大，因此，农业劳动力的流动在工业化的后阶段必然从转向工业进而转向服务业，吸纳农村劳动力最终要依赖于第三产业的发展。在产业重心由农业向非农产业转化的过程中，过渡经济的就业创造作用显著。托达罗式的农村工业和就地城镇化是农业劳动力实现职业转变的重要支撑点，这对于农业人口基数较大且教育水平相对较低的国家来说意义更加深远。

---

① H. J. Habakkuk and M. M. Postan, *The Cambridge Economic History of Europe*, New York: Cambridge University Press, 1965, Vol. 6, p. 666。

第四章 劳动力流动与城市病：
症结及其缓解

当工业化不断创造新产业和新职业，并以前所未有的速度贪婪地吸纳劳动力，从而创造着空前流动性的同时，也不断地制造着社会经济的震荡与失衡：劳动力有效供给与需求之间的非均衡性、劳动力供给总量的上升趋势与资本技术替代效应的向下压力之间的对峙、人口增长速度与工资现金供给限度之间的冲突、城市容量和劳动力安置之间的矛盾、国民财富的聚敛与失业贫困的蔓延之间的落差……所有问题仿佛都明示了经济、社会、环境的一系列失衡状态：劳动力由农村向城市的流动正在导致一种集中化趋势，使得资源和环境压力上升而引起各种城市病；同时工业化收益更多地向着有利于资本的方向倾斜。从长期看，劳动力需求的不规则性及其变化的多向性决定了劳动力的短缺只能在短暂时期和局部存在，理论上认为，这种短缺应部分地依靠工资报酬的提高来解决，然而不断增长的劳动力供给总量势必引起劳动力的全面流动，这又会使这种有利于劳动者工资提高的作用比它应该发挥的作用弱得多。

对于集中化引起的城市病问题，欧洲的经验和教训证明"去中心化"（安排在第五章进行专门的论述）以及"农民兼业"和"过渡地带"为雏形的就地城镇化是缓解城市病的有效措施。对于劳动力技能与就业的非对称性问题，德国的职业技术教育系统则提供了很好的借鉴。对于劳动——资本之间的落差问题，有的认为这种趋势由于资本相对于劳动的短缺而成为必然；有的则把劳动者的弱势谈判地位归因于资本不成比例的增长以及资本技术构成的变化；有的把劳动者的弱势地位归因于强制力量对法律和社会道德的选择性利用。"殖民主义者"认为，资本和劳动都存在着相对剩余，解决之道是拓展地理空间，即把它们和海外的土地结合起来；马克思主义者则强调利用工会力量提高劳动者的谈判地位；有的主张从教育和职业培训入手，增强劳动者的适应能力……最后，不同国家的相关政策都逐步转向了建立福利国家制度的方向。在此，本章主要探讨农业劳动力流动引起的社会经济问题，如失业和贫困、资本与劳动之间及劳动者内部不同群体之间的收入差距和社会地位差距、劳动者住房困境等城市病，以及相应的应对之策。

第一节　失业问题：吸纳能力与释放能力的非对称性

吸纳能力与释放能力是指非农部门的就业吸纳与农业部门的剩余劳动力释放之间的非对称性，[1] 具体表现为劳动力有效供给与需求之间的非均衡性。根据刘易斯二元结构模型，在工业化过程中农村劳动力转移的机会成本为零，农村剩余劳动力对城市非农产业的供给价格低，且在二元结构下为外生的固定参数，即固定在仅够维持生存水平上的一种体制工资。非农产业的发展可持续地从农业获得无限的廉价劳动力供给，并在劳动供给价格与劳动边际生产率差额中获取巨额利润。此外在非农产业利润中储蓄倾向高，用于再投资的比重大，从而又能提高城市非农产业发展对农村剩余劳动力的吸纳能力，由此产生一种累积效应。在这种累积效应的持续作用下，劳动力转移持续进行。然而，刘易斯模型对转移出的农村劳动力在城市找到稳定工作的预期过高，而且低估了经济波动的影响，模型中隐含的一个假定是，农村劳动力在城市中就业不存在摩擦，城市中有充分的资本积累吸纳农村剩余劳动力。实际上，欧洲工业化期间的情况并没有完全满足以上条件，农村劳动力转移在边际生产率降为零之前就已经陆续进行，况且，由于经济波动和劳动力的技术断层等阻力的共同作用，农村转移出的劳动力与非农行业的就业机会不可能一一对应，农村剩余劳动力在城市往往要等很久才有可能获得稳定的就业，在这种条件下，失业便无法消除。这种释放能力与吸纳能力之间的非对称性主要表现在三个层面：数

---

[1]　其间也隐含了深层次原因，即资本主义制度下的生产资料私人占有与生产的社会化之间的矛盾，限于篇幅，在此不再展开讨论。

量的非对称性、技术的非对称性以及劳动力供求信息的非对称性，它们的
共同作用导致了劳动力供求关系的失衡。

一、数量的非对称性及其缓解

根据托达罗模型，城乡的预期收入差别通常会诱发农村劳动力人口过
度向城市转移，而实际情况是，城市工业发展难以吸纳过量人口就业，除
此之外，工业化通过把兼职工作转变为全职工作，并通过在特定工业领域
创造专业化工作以及通过把农业中的隐性失业转变为工业或农业中的充分
就业，从而增加了所有类型工人的参与率，形成了工业化时期宽松的劳动
力供给状态。在工人参与率提高的同时，更进一步增强了工业劳动力需求
与农业剩余劳动力供给在数量上的非对称性。事实证明，从长期来看，在
欧洲工业化期间劳动力一直处于饱和或过剩状态，失业和贫困成为工业化
过程中的伴生现象。

一项旨在反映 1839 年主要工资水平的研究认为，一年平均工作时间
达 9 个月的有熨布、粗纺、剪羊毛、羊毛填充、布料印染、为纸上色、锯
木、油漆等行业；达 10 个月的有羊毛分类、织布、木料加工、制造车轮、
管子工和泥瓦匠等行业[1]。建筑工人则一直面临冬季的淡季，其中不少是
移入城市的农业劳动力，他们不仅要面对失业，而且还失去了原有的小块
土地，因而已经没有农业经济作为退路和依靠了。当时有观察家指出，英
格兰人现在理所当然地认为，对所有转移到工业部门的英国农业劳动力来
说，最可怕的不是失业后领不到工资，而是谁也没有一平方码的土地来种
粮食[2]。不少观点认为，非全职工作反映的就业程度不足是劳动力供给过
度所导致，而实际上，尤其是对最贫穷和脆弱的工人群体来说，情况正好
相反，是由就业不足引起劳动力供给过度。正是因为在一种行业中有一部
分人是非全日制的，而且还有一部分人是完全失业状态，由此造成的贫困
促使他们把妻子和孩子送去工作，从而使得劳动力市场的供给增加。如英
国从 1820 年动力织布逐渐占优势之后，妇女和儿童不断地从男人手中争

① 　Pollard Sidney, The Labor Condition in Great Britain, H. J. Habakkuk and M. M. Postan, *The Cambridge Economic History of Europe*, London：Cambridge University Press, 1978, Vol. 7, p. 123.

② 　Henderson, W. O., *Industrial Britain under Regency：The Diaries of Escher*, *Bodmer*, May and de Gallois, 1968, p. 35.

夺织布的工作，到 1839 年，420000 名棉纺工厂工人中，有 193000 人在 18 岁以下，只有 97000 人是成年男性，其余是成年女性。1844 年，妇女占棉纺工厂劳动力的比例达 56%，占毛纺、丝纺和亚麻布工厂劳动力的 70%。[①] 这说明，工业化逐渐把妇女儿童从家庭和农场中的隐性失业或半失业状态中分离出来，由原来的作为附加因素进入劳动力市场转变为对男性的就业造成冲击。据梅休的估计，在 19 世纪中期的伦敦，125000 个家庭的收入受制于天气，450000 个家庭受制于季节性波动，150000 个家庭依赖贸易的繁荣，这总共有 725000 个家庭或 300 万人。而且在任何一个行业里，只有 1/3 的工人能充分就业，而 1/3 的人只能是半就业，另外 1/3 的人则处于失业状态。[②] 对于诸如制铁、生产资料或棉花这些依赖出口的行业来说，情况更糟糕，失业率常常达到 2/3。[③]

在德国，从单个行业看，如机械工程行业，1847—1848 年，柏林该行业中工人数量减少了 75%，1891 年，马格德堡的工人有 13% 被解雇。从全国来看，如 1876—1877 年，失业率达到 15%，其中非熟练工人更易受到失业的威胁。[④] 19 世纪末，英国的城市失业率为 6%—7%，德国为 4%—5%，法国为 5%—6%。[⑤] 直到 19 世纪末期，非熟练劳动力一直处于过剩状态，为了将生产经营中的风险转移到工人身上，许多企业往往用短期的大规模解雇来应对强烈而频繁的市场波动，这也是失业加剧的一个重要原因。

伴随着失业半失业状态的是劳动者的贫困境遇。1811 年，在斯比脱菲尔兹的大约 10000 名织工中，有 2852 名完全失业，另有同样多的人半失业。1812 年，斯托克波特有相当多的人失业，其他的人则"仅仅部分就业……过去从来没有见过劳动者看起来这么不健康，或者看上去如此衣衫褴褛，许多人非常可怜，有些人处于饥饿中"。在波尔顿的 17000 人之中，尽管已经排除了大量出去找工作的人，仍然有 3000 人是贫民。在曼

① Pinchbeck Ivy, Women Workers and the Industrial Revolution, (1750–1850), 1930, p. 221.
② Mayhew, H., London Labor and the London Poor, Vol. 2, 1861, p. 300.
③ Kuczynski, J., "Die Geschichte der Lage der Arbeiter unter dem Kapitalismus", East Berlin, Vol. 23, 1963, p. 106–108, 转引自拉卡洛·齐波拉主编《欧洲经济史》第三卷，中译本，商务印书馆 1989 年版，第 103 页。
④ Kuczynski, J., "Die Geschichte der Lage der Arbeiter unter dem Kapitalismus", East Berlin, Vol. 23, 1963, p. 106–108.
⑤ 蔡昉：《中国的二元经济与劳动力转移——理论分析与政策建议》，中国人民大学出版 1990 年版，第 10 页。

斯菲尔德，"大部分人都经历过重大不幸，许多人根本不能获得一般生活必需品，许多曾经一点都不贫穷的人现在却一贫如洗"。在大、小工业城镇以及小到斯托克波特附近的迪斯利这样的小定居点也有这样的情况发生："许多家庭靠煮荨麻和野菜为生，且没有食盐。"①

在失业与贫困的另一面却是工厂周期性的普遍开工不足，1831—1832年，英国利兹的2047台织布机中，只有434台完全开工，有1025台部分开工，587台完全闲置；在麦克斯菲尔德，1824年，有10229人从事搓丝工作，但到了1832年只剩下3762人，且每周仅工作四天，利兹也是如此，在总数估计为71602人的搓丝工人中，有25496人接受救济。② 总体上看，在1834—1841年这段时间，在工厂地区，尽管名义工作时间是每天12个小时，但考虑到经济不景气所导致的工时缩短，估计平均工作时间只有每天10小时。③

1841—1842年的危机则使情况更加恶化：在像利兹这样的城镇中，20000人靠每人每周11.25便士的平均收入维生；在佩斯利，有14657人，或者说男性失业者占总人口的近1/3；在斯托克波特，一项对2965个家庭的调查显示，在8218个寻找工作的人中，只有1204人能充分就业，2866人部分就业，4148人完全失业。在博尔顿的8124个棉纺厂工人中，有5061人打短工或者失业，在2110个铸铁工中，有785人失业，其余人都在打短工。④

1847年，又出现了类似的情况，如在曼彻斯特周围的棉纺织城镇，382个棉纺厂中只有126个完全开工，212个部分开工，44个完全停工。相应的，在这些棉纺厂经常雇用的71215名工人中，有10141人完全无事可做，有26510人上半班。

以上数据至少反映了当时劳动力市场存在的主要问题：一是自发性的

---

① Pollard, S., The Labor Condition in Great Britain, H. J. Habakkuk and M. M. Postan, *The Cambridge Economic History of Europe*, London：Cambridge University Press, 1978, Vol. 7, p. 125.

② Pollard, S., The Labor Condition in Great Britain, H. J. Habakkuk and M. M. Postan, *The Cambridge Economic History of Europe*, London：Cambridge University Press, 1978, Vol. 7, p. 125.

③ Word, J. T., The Factory Movement, 1830 – 1855, 1962, p. 234, from H. J. Habakkuk and M. M. Postan, *The Cambridge Economic History of Europe*, London：Cambridge University Press, 1978, Vol. 7, p. 131.

④ Faucher, Manchester in 1844：Its Present Condition and Future Prospect, 2nd edn, 1856, London：Macmillan, p. 143 – 144.

工业化具有的不可避免的一定程度上的无序性和盲目性；由此决定了劳动力的流动也是缺乏计划和预测的，这也折射了政府调控的缺位；二是工人的就业越来越受到经济周期的影响，工业中心的就业在经济萧条的波谷时约只能达到劳动量的1/2，在最严重时只能达到1/3[1]；三是工业发展不够限制了其对劳动力的吸纳能力，农业劳动力的流入并保持就业状态的一个必要条件是非农产业的稳定发展。此外，上述资料显示的失业与开工不足的现象表明，工业化带来的技术的加速变化导致了结构性失业的增长，这意味着失业者在进入不熟悉行业中的某些非熟练工行列之前，将会花很长时间寻找新的工作（见下一节的讨论）。

缓解这一问题主要从两方面着手：一是就地城镇化，拓宽就业渠道，发展非农产业，尤其是第三产业以创造就业空间，以发展农村产业来代替劳动力流动[2]；二是建立和完善社会保障体系，以缓解失业和贫困问题。从欧洲工业化过程中可见，主要资本主义国家都做了许多尝试。

英国当时以安排多种就业的方式拓宽就业渠道，例如提供原材料，让穷人在家中生产；为失业劳工创建新的行业，如在呢绒业之外，为安置失业工人创立了"新呢绒业"，即生产粗呢和斜纹哔叽呢；为失业者建立集体劳动工场，这种工场具有半工场半收容所的性质。随着劳动工场及周围设施和服务体系的进一步完善，中小城镇也开始逐步发展。

1886年由英国地方政府事务部大臣约瑟夫·张伯伦提出的"市政公共工程计划"，要求在对贫困者和失业者进行救济时，通过市政工程计划的扩大给失业者再就业提供机会。这种以公共工程计划为形式的劳动救济措施成为《济贫法》之外解决失业问题的又一官方措施，但是由于参加公共工程计划的失业者大多数是非熟练工，他们没有什么技术。而大多数熟练工人在失业后，并不愿意参加公共工程计划。加上公共工程的实施需要巨额资金，给地方政府带来了巨大的压力，而失业者创造的价值远远赶不上办公共工程所需的资金。因此该计划成效不大。

英国还采取了大规模向海外移民的政策以应对大量的剩余农业劳动力问题。北美、南非、新西兰和澳大利亚等英国殖民地都是英国缓解国内流

[1] 1/3充分就业，1/3半就业，1/3完全失业，半就业按照0.5个充分就业的人口计算。
[2] 其中托达罗式的"农村工业"、"就地城镇化"也不失为一种选择。这在欧洲具体表现为一种以多元经济存在的过渡区间，作为欧洲主要资本主义国家工业化过程中的共性，这在论文第三章有较详细的讨论，在此不再赘述。

动人口压力的移民去处。移民中大部分出身农民，即失地农民。从 1846 年到 1869 年，在英国政府各种移民计划下安排的移民占英国的加拿大和澳大利亚移民总人数的 23%。[1]

此外，英国政府还进行了"建立劳动移居地"来转移失业人口的尝试，这种移居地分为两类：一类是由社会团体为解决失业问题而建立的移居地；另一类是由政府济贫部门为缓解失业者的贫困状况而建立的劳动移居地。前一类靠各类自愿性捐款建立，后一类主要由地方政府拨款建立。[2] 但由于这些劳动移居地从事农业性质的劳动，对城市失业者吸引力不大。同时这些劳动移居地也受到当地农民的强烈反对[3]，因为这将增加当地劳动力市场的供给，对他们造成冲击，因此劳动移居地的尝试也未取得成功。于是，英国政府逐步认识到，解决失业问题仅靠济贫院、劳动移居地以及公共工程等是不够的，解决农业劳动力流动问题的对策开始向福利政策发展，其核心就是就业政策。英国福利国家的设计师威廉·贝弗里奇指出失业必须由国家进行调节，建立福利制度，以利于就业问题的妥善解决。这一观点为建立福利国家制度解决失业问题提供了理论基础。[4]

二、技能的非对称性及其解决途径

技能的非对称性是指随着工业化进程的深入，其对劳动力知识技能水平的要求在逐步提高，而农村劳动力在向第二、三产业的职业转换过程中原有的知识技能已不适用，但又尚未掌握新的劳动技能的一种技术断层现象。技能是一个动态的概念，也包含多方面的内容，不仅仅只涉及一种变化，有的技能随着工业化的进展会很快被淘汰，并变得毫无价值；有的技能在这个时期是最新获得的但也很快被淘汰，而熟练工人拥有的社会地位和执行的工作任务也经历了同样的变化。

---

① Baines, D. , *Migration in a Mature Economy, Emigration and Internal Migration in England Wales, 1861 - 1900*, London: Cambridge University Press, 1985, p. 79.

② 如，由政府建立的劳动移居地主要有 1904 年在伦敦波普勒区建立的莱恩敦劳动移居地，1905 年由伦敦失业委员会建立的豪尔斯里湾劳动移居地。

③ 李世安：《英国农村剩余劳动力转移问题的历史考察》，《世界历史》2005 年第 2 期。

④ Court, *British Economic History 1870 - 1914, Commentaries and Documents*, London: Cambridge University Press, 1965, p. 402 - 405.

　　劳动力的职业转换困境非常直观地体现在劳动力的流动频率上。如在20世纪早期，德国制造工业的年均劳动力流动总量占劳工流动总量的50%左右，它很少能下降到低于25%的水平，即使在很封闭的企业中情况也是如此。非熟练工人的流动性比熟练工人高，蓝领工人比白领工人流动性高，女性工人比男性流动性高，新建企业的工人流动性比老企业的工人流动性高。可见，流动性较高的往往是相对不占优势的一方，如非熟练工人，他们往往在适应工业化的需求方面存在着更大的技术难度。当然，流动性中也不排除一些"试图使自己状况变得更好"的因素在内。①

　　农业劳动力在职业转换中的难度比普通工人更大。一般统计资料显示的只是工业化过程中工业部门劳动力的增加与农业就业的减少，这往往给人一种假象，即工业化导致了大量农民直接进入现代工厂。因此，人们很容易接受这种乐观的说法。然而农业劳动力的职业转换并非是突然性的快速变化，而是经常像候鸟似的游离在不同的工作之间。其中一大原因来自技能的断层。施特劳斯在《19世纪上半叶开姆尼茨地区劳动力的基本状况与发展变化》中指出，"从农村到工厂"并不是农业劳动力流动的典型模式，而"从耕田犁到挖煤锄"则更确切地描述了第一代农业劳动力职业变换的内涵。② 由于技能的缺失，农业劳动力很难在工业社会中找到适合自己的长期稳固的定位。采矿、建筑、餐饮以及交通活动能够吸收相当一部分农业劳动力，但从另一方面看，这些部门的进入越来越受到经济波动的冲击，会不可避免地发生一些中断或是工作流量上的季节性变化，因此，他们不得不在那些需要付出紧张、艰苦劳动而在时间上又具有间歇性的职业领域之间变换。实际上，直接招募到工厂的农村工人在工人总数中的比例甚至比农村地区的工人所占的比例还小，进入工厂的农村流入者中有相当大的比例是来自分布在农村地区的制造业领域，他们的原有职业背景并非单一的农业背景。工业企业的雇主们需要的是"熟练的双手"，因此，他们只会把很少的机会给一般的农村移民。

　　在这种情况下，势必出现作为非熟练劳动力的农村移民以及城市工人的失业半失业状态与具有熟练技能劳动力短缺并存的现象。如在德国，直

---

① Bernhard, E., "Auslese und Anpassung der Abeiterschaft", *Schmollers Jahrbuch*, Vol. 35, 1911, p. 380.

② Strauss, H., "Die Lage und die Bewegung der Chemnitzer Arbeiter in der ersten Haelfte der 19 Jahrhunderts," *East Berlin*, 1960, p. 21–22.

到 19 世纪末，非熟练劳动力一直处于过剩状态，而同时，工业化却不断地遭遇熟练劳动力短缺的瓶颈。如表 4－1 所示，1914 年德国机械行业的熟练技术工人仅占该行业的 50.9%，1920 年，这一比例下降为 44.3%，其中一方面是由于工人的技能没有同步跟上不断提高的技术要求，另一方面也是因为随着工业的扩张，非熟练和熟练工人同时进入，使得熟练工的比例下跌。在德国曾经进行过一项主题为 "Auslese und Anpassang"（选择及适应）的劳动力调查，其中有许多调查者对那些比较特殊的例证进行分析，得出的结论是，从技术上看，20 世纪初熟练工人即将大面积过时，[①] 虽然观点有些偏颇，但还是反映了劳动力与不断提高的技能要求不相适应的困境。其实，从整个经济体看，工人的技术水平还受到行业间技术水平结构变化的影响，如当一个行业的重要性上升时（尤其是新兴行业的出现），该行业工人的技术水平也相对占优势地位，而当一个行业即将被淘汰时，该行业的技术也随之不再适用，因此，即便是该行业的熟练技术工人也面临技术的缺失。

表 4－1　1914—1933 年德国机械工业工人的技能结构

单位：%

年份	熟练技术工人	半熟练技术工人	非技术工人	学徒及其他
1914	50.9	20.2	14.7	14.2
1920	44.3	18.7	16.5	20.5
1925	49.4	19.1	12.7	18.8
1933	64	21	15	—

资料来源：Kuczynski, J., "Die Geschichte der Lage der Arbeiter unter dem Kapitalismus", *East Berlin*, Vol. 5, 1963, p. 173。

　　针对劳动力的职业转换，19 世纪末 20 世纪初，在德国经济中出现了三种基本的职业教育形式：现场工作岗位培训、手工业学徒培训、在企业实习车间和学校中进行封闭式培训。[②] 其中，一些企业建立了专门的徒工

---

① Lande, D., "Arbeits und Lohnverhaeltnisse in der Berliner Maschinenindustrie zu Beginn des 20 Jahrhunderts", *Schriften des Vereins fuer Sozialpolitik*, Vol. 134, p. 323.

② Hans Pohl, *Berufliche Aus - und Weiterbildung in der deutschen Wirtschaft seit dem 19 Jahrhundert*, Wiesbaden, 1979, p. 15.

实习车间，作为职业教育和培训的重要机构。如 1860 年，斯图加特的 G. 库恩机器和锅炉厂开始建立造型工的徒工实习车间，1872 年又建立了旋工徒工实习车间。到 1911 年，德国已经有 28 家公司拥有徒工实习车间，其中大部分在克虏伯、波尔锡希等大型冶金和机器制造企业中。[①] 当时还出现了另一种职业培训机构——厂校，学徒除了在徒工实习车间接受实践性培训外，还要在厂校等机构接受理论培训。德国的第一所"厂校"是 1844 年由阿尔萨斯机器制造公司建立的。此外，诸如克虏伯等大型企业还在马格德堡、埃森等地建立起了自己的工厂职业学校。[②] 1900 年，德国工人在 9 年初级学校教育中每周花费 32 小时，而英国工人则是在 7 年的初级学校中每周花费 20 小时。到 1914 年时，德国不仅建立了世界上前所未有的一流综合大学，而且也建成了最好的技术和商务教育体系。当时，行会也推动了进入城市的农村劳动力积极参与相关的职业培训，学习与自己职业相关的必要技术，以适应职业转换并提高在城市中的社会地位。1910 年，约有 135.6 万人接受职业培训，其中工业劳动力占 39%，商业劳动力占 6.4%，农业劳动力占 6%，借此，农村劳动力的文化技术水平得以提高。[③] 在造就和提供熟练技术工人方面，行会组织也发挥了积极效应：行会组织塑造了诚实的商业态度和商业氛围；行业活动促进了行会成员尽快适应工业化对其提出的前所未有的高要求；行会活动鼓励其成员接受更高级别的教育。

德国职业教育模式成功的核心因素在于：一是教学目标明确，即"为未来的工作而学习"，教学内容与就业岗位的要求以及技术进步紧密联系，学生的职业能力培养与工厂、企业的需求以及工种的内在需求一致，在激发学员积极性的同时，又实现了教育内容与工作任务的成功链接，大大增强了实用性。二是以学生为中心的校企合作培养模式，即企业积极参与学生职业能力培养的过程，通过校企合作办学，为学生提供技能训练场所，进行多种多样的实践教学，并提供工作岗位使学生真正参与职业活动，有助于养成严格的规范化的操作习惯，不断提升学生的实践技能。

---

① Hans Pohl, *Berufliche Aus – und Weiterbildung in der deutschen Wirtschaft seit dem 19 Jahrhundert*, Wiesbaden, 1979, p. 26.

② Samuelson, James, *The German Working Man*, London, 1869, p. 10, p. 105 – 107.

③ 参考萧辉英《农村人口的转移与德国社会经济的发展》，王章辉、黄柯可等主编《欧美农村劳动力的转移与城市化》，社会科学文献出版社 1999 年版，第 223 页。

德国在职业教育和基础教育方面无疑是当时的楷模，该模式产出的高素质、高水平劳动力，为德国的产品品牌和国际竞争力提供了坚实的基础。然而在职业教育方面，欧洲国家中也有不少不尽如人意的案例，下文就法国普通劳工的职业教育与培训情况做一具体分析。

法国案例

　　从整体上看，法国的基础教育与经济实践有着较大的偏离，重视高等教育而相对忽视职业教育，政府未能发挥应有的作用。在工业化过程中，法国高等院校体系得到扩张，如，1826 年在南希创建了水产与林业学院，1854 年在里尔创建了工业技术学院，1857 年创建了里昂内兹中心学院，并在 1876 年重建国家农艺学院，这些院校的建立使得整个高等院校体系更为充实，法国在 19 世纪 60 年代已经拥有欧洲最好的高等科学技术教育体系。

　　然而，在产业大军的官员得以锻造形成的同时，针对普通劳动者的职业教育却被忽视了，而在当时的法国，急需的正是后者。随着工厂的生产过程越来越集中，要求工人们原来在小作坊中获得的操作技巧已不再适用，因而技能培训显得非常必要。当时的学徒制是普通工人得到技术提升的一种方式，但这种制度成本太高：对于师傅而言，它必须付出时间和才能；对于学徒而言，师傅越来越倾向于把学徒当做自己的一个雇工对待，师傅可以向学徒分配各种卑贱的活计；对于学徒的家长需要向师傅支付一笔金额不小的学费。而政府在职业教育方面的认识不足、行动迟缓，社会团体或组织的力量单薄以及内部局限性都导致学徒制陷入危机，针对广大劳工的职业教育远远跟不上工业化对劳动力的技能要求。伊夫·勒坎在《大革命以来法国经济中的劳动力状况》中提到：

　　　　政府以及各种组织都作了一些挽救学徒制的尝试。如童年朋友协会、学徒制保护社团试图寻找推行学徒制的雇主，并提供补贴，但这种私人慈善活动并不能真正改善学徒制。在第二帝国期间，有一些工人阶级作家，如约瑟夫·伯努瓦、科尔邦等也在试图促成一种既富于人道又具有职业性的教育方式。但是，政府采取的行动一直犹犹豫豫并且没有奏效，当时通过的一系列法律规定了具有强制约束性的合同关系，要求雇主—雇员双方在道德和教育方面做出保证，并固定工作日的范围，但是没有实际措施。根据 1848 年针对劳动力状况的调查显示，在巴黎学徒制已经被淘汰。由于没有有效的工厂内部机制，到

1860 年，工人中在开始工作时没有接受起码的职业训练的占 83% 以上。在钢铁行业中尚陆续存在着一些学徒制合同关系。在某些大型工厂，学徒制已经从车间生产中分离出来，转而由企业自身的一个学校来统一组织，如施纳德家族企业的学校就是较成功的一个。1860 年左右，在阿扬日、阿莱、特来努瓦、蓬 – 萨洛蒙等地的钢铁行业中，这种组织活动成了一种职业活动开展的一般模式。在这种模式下，由学校提供初等教育，还有适应他们工厂不同业务需要的职业训练，而如果想得到这些教育与培训，"学徒"的父母们则必须在自己的工资中减去一部分作为费用。1873 年，相关企业也建立了免费的教育场所。在这种体系中，受教育者得以进入各种质量水平不同的职业中。施纳德家族企业的学校就是在这种架构之下培训了适合它们企业工作的体力劳动者、工人、不同职位的文职人员、经理人员，甚至是他们自己的工程师。这种方式无疑在一些地区取得了一些成功，但它并不是以任何国家规划作为指导来展开教育培训活动的，同时也只有一小部分人受到了影响，一般的，这些人以后都要进入分工范围狭窄的职业领域，并被约束在较为专一的工作设施上。当学徒制在工场内部日渐衰弱的同时，在外部也没有相关的有效措施。

从上文可得出大致结论：法国在职业教育方面，政府的支持力度远远不够，而单靠私人慈善性质的活动是不能从根本上解决问题的。企业也是如此，虽然有家族企业职业教育的成功例子，但仅依赖企业来提供教育这一类公共产品是行不通的，由于这种职业教育的受益范围存在很大的局限性，决定了它们只能起到辅助性的作用。鉴于职业教育和基础教育是一种相对非盈利性的公共产品，它必须由政府来保证供给，而在政府这一层面，法国显得裹足不前。

除了在工场内部的职业学校外，私人和官方的职业教育创建活动则显得稀少而零散，而且，从 1819 年开始，在国家工艺技术学院教授的应用科学水平对广大劳工来说则显得太高深。……为成人所办的夜校也是如此，当然其中有一部分原因是由于工人在一天的劳累之后，课程不太容易吸引他们的注意力……1827 年在巴黎向社会敞开门户的圣尼古拉职业学校以及在拿破仑三世时由商业或市政议院成立的类似团会，也没能提供任何实质性的解决方案，如位于里昂的马尔蒂尼埃尔学校是当时最重要的学校之一，拥有 600 名全日制男性学生，但它仍然是收费的。1859 年作家柯尔邦写道，"相比那些注定要获得优裕职业的青年，劳工阶级的孩子们中缺乏职业教育的人所占比例则要大得多"。十年以后他的判断依然非常中肯。①

可见，法国在职业教育的相关内容与实际需要之间没有进行很好的连接，双方存在着很大的距离，相对于劳动者的技能需要而言，教育内容显得过于高深。而且教育培训的覆盖面太窄，在整个 19 世纪，中等学校一直保持着它们精英场所的特色，并局限于少数特权阶层，它们的费用很高，而能获得奖学金者在学生中仅占 8%，而那些来自农村的人们，思想本来就比较保守，部分劳工阶层也并不太情愿把他们的辛苦钱用于孩子上学。从这引申出的一个含义就是，职业教育的实现程度还要取决于收入水平，因为收入低下的原因使得"劳工阶级的孩子们中缺乏职业教育的人所占比例则要大得多"。因此，这一问题的解决还需政府在投资方向上的矫正，对劳工阶级做出相应的倾斜，使他们具备接受职业教育的经济能力。

以上问题表明，法国的职业教育与培训对经济发展需求进行的回应之间存在着非常大的时滞，教育内容与劳动技能的实际需要严重脱节，偏离工业化的经济实践，政府作用发挥不够，以上多方面因素的相互作用导致了劳动力的知识技能断层。劳动力市场同时存在的大面积失业和有技能的劳动力的缺乏充分表明了职业教育与培训的滞后性。失业与劳动力缺乏并存的这种似乎自相矛盾的用工态势，其原因无非是大多数失业者技能缺乏，阻碍了劳动力在不同部门之间的自由移动。面向法国劳动大军和平民的全面培训活动的开展裹足不前，导致了劳动力总体素质水平的全面下降，广大工人几乎无一例外都是在未经培训的情况下就开始他们的工作生涯。也正是由于存在着对广大普通劳工的职业培训不足，法国在 20 世纪 20 年代再次引发了移民劳工的大批迁入，这些移入的劳工中大部分是技术专家，包括从欧洲中部来的成千上万的金属加工

---

① 伊夫·勒坎：《大革命以来法国经济中的劳动力状况》，《剑桥欧洲经济史》第七卷，中译本，经济科学出版社 2004 年版，第 394—397 页。

工人①，这种现象也反映了国内劳动力技术断层问题的存在，而政府在对待此问题上"舍近求远"，倚重于移民引进而忽视本地居民的职业培训。

当然，技能提高是漫长的过程，如图4-1所示，横轴T表示技术，纵轴L表示劳动力供给，曲线S_1、S_2表示能达到技术要求的劳动力的供给变化，则整个方框面积代表总劳动力供给，曲线与纵轴、横轴所围的左下方面积是能达到技术要求的劳动力数量，右上方则是跟不上技术要求的那部分劳动力，他们往往处于失业和半失业状态。经过技能培训或者劳动力自身的经验积累，S_1曲线向右上方移动，达到技术要求的劳动力数量增加。从S_1到S_2需要多种因素的共同作用（如教育和职业培训等），从作用到效果则是一个漫长的过程。

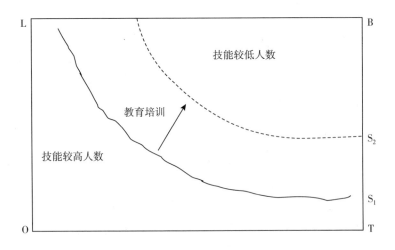

图4-1　技能提高变化趋向

三、信息的非对称性及其对策

信息的非对称性是指雇佣方的需求信息与劳动力的供给信息之间不能畅通传递的现象，这也是导致失业的一个主要因素。19世纪末以前，整个社会都没有什么地方能够提供关于雇主雇佣需要的较完备的信息，这反

———————

① 伊夫·勒坎：《大革命以来法国经济中的劳动力状况》，《剑桥欧洲经济史》第七卷，中译本，经济科学出版社2004年版，第411页。

映出当时雇主们对通常情况下劳动力持续的供给弹性充满信心，而由工人所留下的回忆录也透露出了当时当事人双方都没有能形成相对完整的正式雇佣观念①。

随着劳动力市场中农业劳动力的不断进入，由家族关系以及广延化的亲属关系联系起来的网络体系在充当信息交流渠道的重要性方面不断得以强化。虽然报纸和商贸期刊在某种程度上成了信息工具并被用到了招募白领和技术劳工上面，但是，那时候这些媒体的流通还太过于地方化，信息流通的群体存在局限性，因为农业劳动力和穷困群体几乎不接触报刊和杂志。当时甚至是排字工人这一部分在熟练体力工人之中最有文化和最富有社会经历的劳工群体，他们在获取雇佣信息上，还都是依赖于非正式的渠道，与广告相比，从亲戚朋友那里能获得相对更加真实的，而不是模糊不清的工作信息。工厂与建筑物等场地、商店的橱窗与市政办公室等场所的广告牌都公布了若干职位空缺，就是酒吧中的闲聊也能为潜在的工作寻求者提供关于职业机会的信息。工头、分包商、老板们进行的招募活动也培养出了一种带有欧洲地方色彩的裙带风气，并促使来自同一地区的移民——他们都处于同一信息链上——更加集中在统一范围的工作场所与职位种类中。

但以上这些信息渠道的接收面很窄，而且只能是不规则地断断续续地传递，在这种信息不完备的市场条件下，往往造成劳动力需求方的职位空缺与劳动力闲置并存的状态。如 1869—1873 年的德国就是一个明显的例子。当时德国西部劳动力严重短缺，而东部却存在大量的闲置劳动力，但两者之间不存在充分的信息流通，在这种情况下，东部闲置劳动力大批流出德国，易北河人大量流入美国的哈得逊河流域而不是德国的莱茵河流域。这就是信息的非对称性所致，由于劳工供求信息在德国西部和东部之间脱节，德国东部的用工信息网络传递来自美国劳动力市场的新消息比来自德国西部劳动力市场的新消息传递的速度要快得多。

针对劳动力市场的信息非对称状况，各国都相继采取了相应措施。英国于 1909 年成立劳动交易所，为失业劳工寻找工作提供了场所。在德国，第一个城市劳工管理局于 1860 年在莱比锡地区成立，但当时劳工职位需

---

① H. J. Habakkuk and M. M. Postan, *The Cambridge Economic History of Europe*, London: Cambridge University Press, 1978, Vol. 7, p. 451.

求的正式信息体系还是零星的，到 19 世纪 90 年代，由公共机构与私人机构分别主持的劳动力交易市场基本上组成了一个交易信息架构，这使零星分散的状况开始有所改变。最终，一种连贯的持久的劳动力需求信息流也随之在这个市场架构中生成。1891—1893 年，经济陡然下滑，严重的失业现象促使各邦政府鼓励各市政当局直接建立了劳动力交易所，或者对这种建立活动予以资助。随后，佛莱堡在 1892 年，柏林市在 1893 年，科隆在 1894 年，慕尼黑、斯图加特、法兰克福和斯特拉斯堡等城市在 1895 年，纽伦堡市在 1896 年都相继建立或资助建立了劳动力交易市场。在 1894 年后的经济复苏期间，劳动力显得更加缺乏，工会力量也变得强大，促使雇主们建立由自己主办的劳动力交易场所，到 1907 年时，有超过 700 个地方性的劳工市场管理办公室向当时的帝国统计公署定期提供常规统计报告。[①]

1914 年，德国大量求职人员通过在私人、公共机构主办的各种中介机构中进行登记，由此得以填补职位空缺，其人数规模大大超过 100 万人，这两类加在一起约占此间新就业总人数的 30%。1918 年以后，由雇主私人主办的劳动力交易市场由于名誉扫地而基本消失，但是到 1925 年时，只通过公共机构主办的劳动力交易市场这一中介机构就能为 40% 的职位空缺补充上新人手。德国在 1935 年引入一个关于培训和职业历史的工作档案，用它记录和保存 2200 万工人的职业和素质信息，规模可谓前所未有。[②] 劳动力市场通过降低失业者找工作的时间而减少人力资源浪费，因为这种交易市场一般能帮助那些仍在工作的人，以不存在消极等待的时间风险为条件，再找到一份替代性的工作。因此，劳动力交易市场一方面是市场功能的发挥，另一方面则是政府公共管理在促使市场功能更加平稳地发挥作用方面所做的一个主要贡献。

法国引进外国移民的政策在减少劳动力市场的信息缺失方面做了有效的尝试。在第一次世界大战前不久，法国有关机构形成了有组织的政策以处理外国移民问题。农业雇员协会引入了 20000 名外国人，给予他们在洛林、香槟和勃艮第等地的工作许可。1900 年以后，铁器制造商们更是在

①　Dawson, W. H. , *The German Workman*, London, 1906, p. 1 – 8.

②　Dawson, W. H. , *The German Workman*, London, 1906, p. 1 – 8.

边境设立了招募所，1911 年，他们为处理外国雇工问题专门成立了一个委员会，这个委员会在谈判以后与意大利达成协议，创设一个综合招募机构，并让 7000 名意大利人在东部定居（主要是在布里和隆维的盆地地带）。① 在第一次世界大战期间，法国引进了大量的外国劳动力，1915 年以后，农业劳动力办公室与国防部一道引入了总数超过 225000 人的外国工人，其中，150000 人定居在农村地区，75000 人则转向了工业部门就业。他们中的 100000 人为西班牙人，15000 人为葡萄牙人，16000 人为希腊人。

在第一次世界大战后，农业劳动力办公室和劳工部外国劳工办公室继续进行着移民开发工作。1920 年法国政府还继续在移民部际委员会的基础上成立了一个劳工工作委员会，它在欧洲劳动力市场上进行劳工求雇活动，尤其是与欧洲中、南部那些法国产品的客户所在国并且在 20 世纪 20 年代签署了一系列协议。同时，政府的各个部门也支持雇主们以非官方的角色进行诸如此类的活动，如东部锻造与采矿委员会和煤矿委员会就曾对波兰和威斯特伐利亚的劳动力市场进行过开发活动，并在那里建立了名副其实的招募网络。这些政策取得了相当大的成功：1921—1930 年，共有总数为 1915600 余人的"受控制的"移民人口发生，其中 1147500 余人进入了工业，768000 人进入了农业。1921 年，在法国的外国工人和他们的家庭成员达到了 1532000 人，在 1926 年上升到 2500000 人，1931 年进一步上升到 2715000 人。在他们当中，常住人口的比例经过一个 10 年期，几乎翻了一番，从 1921 年的 3.9% 上升到 1931 年的 7.5%。移民加速进入主要发生在 1921—1926 年，此时总数为 1050000 人的进入者使得移民总数增加了 66%，差不多是每 1000 个本国居民中就有 5.12 个移民人口。②

综上所述，吸纳能力与释放能力之间存在的上述非对称性，在欧洲主要资本主义国家工业化进程中都不同程度地存在，各国都陆续采取了一系列应对措施并取得了不同效果。

---

① 伊夫·勒坎：《大革命以来法国经济中的劳动力状况》，《剑桥欧洲经济史》第七卷，中译本，经济科学出版社 2004 年版，第 379 页。

② 伊夫·勒坎：《大革命以来法国经济中的劳动力状况》，《剑桥欧洲经济史》第七卷，中译本，经济科学出版社 2004 年版，第 403 页。

第二节 社会失衡问题

社会失衡问题在这里主要指收入分配与社会地位的失衡，欧洲的实践显示，工业化带来的收入增加效应对不同的群体有不同的影响，总的趋势是向高收入者聚敛，表现在不同部门中劳动与资本收益的非均衡性上，经济与社会利益趋于向资本倾斜，形成了人们之间的经济收入和社会地位失衡，并且在工业化过程中进一步加剧。[①] 这种失衡主要表现在资本与劳动之间、劳动者内部不同群体之间。

一、劳资双方的失衡及调整

在工业化过程中，劳资双方日益扩大的差距不仅仅表现在收入上，而且还表现在社会地位上，这是由于法律强制力、政治控制力、社会压力以及与此相联系的雇主的权力惯性等一系列经常且持久地损害劳动者利益的因素共同作用的结果。19 世纪后半期以来，随着工会力量的增强，双方之间出现了略有利于劳动者的调整，但这并未使低收入者的状况发生根本性的转变。

1. 劳资双方失衡的七个方面

工业化使得劳动力进入一个不断流动、重组的过程，在这一过程中，财富结构的平衡发生倾斜，经济与社会利益也一直向资本倾斜，劳动相对处于劣势，工业化的收益也相应地由劳动向资本倾斜。其中，经济收入的不平衡是最明显的特征，这种状况在各个国家内部都不同程度地出现过。

（1）从制度上看，工业化时期是处于两端不同水平的均衡之间的一种不均衡状态，在这种不均衡状态下，工业化以低工资和富余劳动力为特征，廉价且有弹性的劳动力供给本身在工业化进程中起着促进作用。[②] 总

[①] 但从欧洲工业化后期开始（自 19 世纪 80 年代以后），分配公平与社会正义问题日益受到重视并逐渐见到成效。

[②] 悉尼·波拉德：《大不列颠的劳动力状况》，《剑桥欧洲经济史》第七卷，中译本，经济科学出版社 2004 年版，第 114—115、122 页。

的来看对劳动者不利，工资趋近于保持在或接近于贫困生存线的水平。①
巴顿认为，工资增长是不利于工资自身的，因为工资增长会降低利润，从
而使资本减少，而未来工资是要从资本中支付的，它把工业化看成是这样
一种机制，在这种机制下，货币贬值，价格增长速度高于工资增长速度，
因而实际工资下降使利润增加并可提供更多的就业机会。这些制造业中的
较高利润便会吸引资本和劳动力离开土地进入工业，由此，农业雇主会得
到更高的利润，但工人并不会得到更高的工资，而他们所需购买的物品价
格则会上升。② 在大多数工业都是劳动密集型的竞争社会里，获得尽可能
低成本的劳动力供应是雇主追求高利润的主要手段，因此，劳动力仅仅被
当做一种生产要素，而不是成为产品的消费者。在这种情况下，工业化期
间的市场环境对劳动者一方不利，使得工资趋于保持在或接近于贫困生存
线的水平。李嘉图接受了巴顿的大部分理论，但他认为，从长远看，土地
报酬的减少会增加租金的份额。因为工资不能降到维持生存水平之下，所
以承担者中缩减的应该是利润率，因而当劳动供给增加时，这种缩减是资
本积累减少并使劳动需求减少。从某种意义上看，李嘉图的理论是一种资
本短缺理论：在既定的技术条件下，没有足够的储蓄与所存在的潜在劳动
力匹配，所以失业和隐性失业在所难免，劳动力在讨价还价中处于不利地
位，工资下降便成为必然。③

　　实际上，工业化在一定程度上引起了要素短缺的一系列连锁反应，同
时它也是一个技术构成不断提高的过程。从长期观察看，劳动从初始的供
不应求到很快进入并一直处于过剩状态（部分是由于市场自然形成的，
而部分属于资本方的蓄意制造），使得劳动相对于资本越来越丧失其话语
权，经济与社会利益一直向资本倾斜，劳动处于劣势，工业化的收益也相
应地向资本聚敛。

　　（2）从供求关系的角度看，劳动力的长期趋势是趋于饱和或过剩。
欧洲人口往往比经济资源增加得更快，如联合王国的劳动力从 18 世纪末
的 580 万人增加到 1910 年的 1835 万人以上，同时期，法国的劳动力从

---

①　裘元伦：《欧美经济制度模式比较——以就业失业与收入分配两个具体问题为例》，《科学社会主义》2001 年第 2 期。

②　John Barton, *Observations on the Condition of Labouring Classes of Society*, 1817, (1934, repr.) p. 16 – 19.

③　Ricardo, D., *The Works and Correspondence*, eds. P. Sraffa and M. H. Doss, (11vols, 1951 – 1973), Vol. 1, p. 26 – 27.

1300 万人增加至 2070 万人，在意大利，从 870 万人增加到 1640 万人，在比利时，从 145 万人增加到 323 万人。从劳动力供给的角度上看，总人口和就业人口的巨大增长使得劳动力供给充裕。英国人口 1750 年为 740 万人，到 1850 年为 2090 万人，英国工业化所需的追加劳动力，主要是通过人口的自然增长和爱尔兰人的大量移入来满足的，而直接来自从农业中转移出来的劳动力大约只占 1/5（绝对数约为 110 万人），被排挤出来的农业劳动力主要是向海外北美等地移民，这一特点似乎是其他国家所没有的①；妇女和儿童同成年男子争夺工作，例如，到 1839 年，在英国棉纺工厂的 42 万名工人中，有 19 万人是 18 岁以下的未成年人，13 万人是妇女，另有不到 10 万人是成年男性②；在 1816—1819 年、1826—1827 年、1831—1832 年以及 1839—1843 年的这些时期，越来越频繁和普遍的周期性经济危机，大大地削弱了工人的谈判地位，主要生活在城市中的临时工、下等工以及无根基工人的数量和比例都上升了。而且，名义工资常常因为雇主的一些手段而减少。③ 英国人均国民总收入在 1750—1850 年大大提高了，假定 1850 年 40% 的国民收入用于支付工资，并且这一比率本来也应该成为以前几十年的收入分配比率，那么有 6%—14% 的国民收入在 1790—1850 年从劳动转移到了资本中，在这个时期，很少有什么指数变化能像人均食品消费指数那样静止不动而家仆数量上升那样令人惊讶④。

（3）从经济、社会和政治地位上看，产品形式的财产和经济主动权都掌握在所有权的群体手中，并且根据定义，经济变化或创新几乎都是由他们发起，而且只有在对他们有利的情况下才被贯彻执行。而来自过剩的——或者至少是在这过程中逐渐丢失其技能优势的——劳动力的反抗，对决策几乎没有影响力，他们为经济摩擦和政府权威所挫败。掌握经济决策权的群体为了自己的利益对社会偏见和社会道德进行有选择的采纳和使

① 裴元伦：《二百年的发展观：欧洲的经历》，《科学与现代化》，中国科学院中国现代化研究中心，2006 年第 5 期。
② 裴元伦：《二百年的发展观：欧洲的经历》，《科学与现代化》，中国科学院中国现代化研究中心，2006 年第 5 期。
③ Pollard Sidney, The Labor Condition in Great Britain, H. J. Habakkuk and M. M. Postan, *The Cambridge Economic History of Europe*, London: Cambridge University Press, 1978, Vol. 7, p. 161.
④ Perkin, Harold, *The Origins of Modern English Society, 1780 – 1880*, 1969, p. 418 – 419.

用，这是他们削弱劳动者谈判地位的重要方法。如在节约劳动力的机器的发明使用上，对劳动者"捣毁机器"的反抗行为，则被资本方冠以"反对社会进步"。而且在工业化的进程中，政治权力也渐渐落入有产者和企业家手中。只要有必要，只要经济和政治力量不能够确保劳动力存在一个总的富余，政府强制工具就会被派上用场，从这个意义上说，市场是被人为塑造成不利于劳动者的。①

在农业部门，资本与劳动的经济及社会地位差距更大。纯粹农业地区的农业劳动力无论在经济收入增加还是在社会地位的提高上都受到了抑制。在战争年代，由于军事征兵减少了劳动力供给，而同时开凿运河、采煤、开垦荒地的活动增多以及农业产量的提高都推动了对劳动力需求的上升。以前3周时间就能完成的收割活动现在6周也收割不完。可是农业地区的实际工资并未提高，反而下降了②，农业当权者以各种办法，利用政治压迫，包括禁止任何形式的联合来阻碍农业劳动力社会地位的提高。

农业萧条则是农业劳动力最困难的时期，也是农村以苦难和反抗为特征的时期。③ 在这一时期，工资和就业下降（尤其是在冬季），以农业的副业形式从事工业劳动的情况也进一步减少，成批成组的妇女儿童被用于取代男工，除了在收割季节，劳动力仍然有剩余，无论其他行业吸收了多少劳动力，都被高人口增长率抵消，农业的失业率达到60%。农业部门内部也发展为二元经济：一部分是以最低生活水平工资维持的稳定就业，即使市场受劳动力剩余的影响，这部分人的工资也不会降低；另一部分是剩余劳动力本身，他们时断时续地被雇用，工资很低，靠济贫补助维生，在1830—1834年的农业状况恶化期间，后者数量增加，前者数量减少，只是到了19世纪40年代，大规模的铁路建设吸纳了大量劳动力，劳动力剩余状况开始有所改观，但也是局部的、断断续续的、临时性的。④

（4）从立法的角度看，法律制度往往不利于挣工资者，有相当一部分法律倾向于削弱劳动者的谈判力量，如英国在1799年和1800年通过的

---

① H. J. Habakkuk and M. M. Postan, *The Cambridge Economic History of Europe*, London: Cambridge University Press, 1978, Vol. 7, p. 149.

② Barton, John, *An Inquiry into the Causes of the Progressive Depreciation of Agricultural Labour in Modern Times*, 1820, p. 111 –112, 125.

③ Adams, L. P., *Agricultural Depression and Farm Relief in England* (1813 –1852), 1932, repr. 1965.

④ Burnett, J., *Useful Toil: Autobiographies of Working People from the 1820's to 1920's*, 1974, p. 55 –64.

《结社法》（*Combination Acts*），1813 年立法取消司法部门决定工资的权力，1814 年法令废除学徒条款，以及 1834 年《济贫法修正案》（*Poor Law Amendment Act*）的通过。法律对工会组织抱有敌意，往往惩罚主要的工会主义者，同时鼓励其他人盗用工会经费。① 当时的标准（Standard）以及《先驱晨报》（*Morning Herald*）中的评论则是恰如其分地解释了新法律所代表的利益主体、立法者的意图以及新法律的主要社会影响：

> 《新济贫法》实际上赋予富有者一种对劳动群众绝对的专制力量……这个法律剥夺了穷人的反抗权，而正是凭借这种反抗权劳动者才有可能同雇主谈判，因此，这一法律对受雇者来说无疑是强加了一种约束……《新济贫法》赋予了一种对工人来说不可能接受的力量。总而言之，雇主有权对工人说，"你必须接受我所提供的工资，因为不管这些工资对你的劳动力价值来说是多么不相称，但如果你敢拒绝，《新济贫法》将保证你会挨饿"。②

（5）从司法的角度上看，也同样不利于劳动者。尽管法律本身已经侵害了劳动者的利益，但司法机关仍然有余地进一步滥用法律以剥夺劳动者在法律面前名义上的平等地位。如在矿区出现违反合同、工资纠纷时，当地的行政长官总是简单地运用警察暴力强制推行他们的利己主义偏见，维护资本方的利益，而不顾劳动者以及法律的公正要求。③

（6）权力的惯性作用也是不可忽视的。在雇主与劳工之间，劳工一般都是处于不利的环境之下，而在劳动力供过于求时，这一因素会自我强化从而进一步削弱劳动力的地位，使资本方具有一种权力的惯性作用。在这种作用下，即使市场条件暂时变得对劳动力有利，它也会弱化劳动者的谈判力量。就一项劳动合同或工资谈判而言，如果雇主在一开

---

① Pollard Sidney, The Labor Condition in Great Britain, H. J. Habakkuk and M. M. Postan, *The Cambridge Economic History of Europe*, London: Cambridge University Press, 1978, Vol. 7, p. 153.

② Pollard Sidney, The Labor Condition in Great Britain, H. J. Habakkuk and M. M. Postan, *The Cambridge Economic History of Europe*, London: Cambridge University Press, 1978, Vol. 7, p. 150.

③ Challinor, Raymond, and Brian Ripley, *The Miner's Association: A Trade Union in the Age of the Chartists*, 1968, p. 105 – 107.

始就处于较强的地位，就很容易导致雇主权力的继续增加，甚至是迅猛增加。这是一方决定条件和发出命令，而另一方只有拒绝或接受，却没有改变条款的自由。雇主权力还利用雇用妇女和儿童的办法以降低成年男性工人的工资。因而来自其妻子和孩子的竞争使得成年男性工资下降，并使他进一步依赖家庭中的劳动力。雇主权力最明显的例子就是工作速度和工作强度的提高。更高的工作强度经常包括更长的工作时间或是更少的休息日。同雇用女工和童工一样，雇主通过增加劳动力的供给，而其他条件保持不变，以减弱劳动者的谈判地位进而降低未来的工资成本，此外，这还可以使雇主在下一次雇用劳工时能更容易增加劳动强度。因而，与法律强制力、政治控制力、社会压力以及与此相联系的雇主的权力惯性等这些经常且持久地损害劳动者利益的活动相比，工会的力量则显得苍白无力。况且，工会在相当长的时间内都是工人贵族的集合，而往往把普通工人排斥在外。

　　（7）技术创新带来的效用也是为资本所享有，技术的创新和应用大大提高了劳动者的边际产出，但工资并未得到相应的提高。以纺织行业为例，随着机器织布速度的加快，在英国，1823 年一个织工一周生产 7 匹布，1833 年两个织工一周生产 20 匹布，1845 年时两个织工一周生产 22 匹布。纺纱业也是如此，1815 年，每台走锭精纺机每天纺 8 英里长纱，1832 年增加到 20 英里，1844 年最多能达到 32 英里。在边际产出增加的同时，劳动者的境况却在下降，工作强度大大提高，几乎达到极限的工作强度往往能摧毁劳动者的健康。查里斯·温在《工厂制度的罪恶》中有一段关于技术应用引起了劳动者状况恶化的描写，"自从 1825 年约翰·霍布豪斯发明新的纺纱技术以来，棉纺机器的速度以其最大的提升限度普遍提高了 1/4，或者换句话说，相当于每个劳动力每天增加 3 小时的工作量"。[①] 在提高劳动者的劳动强度方面，英国比其欧洲大陆的几个国家则是更胜一等：

　　　　我们国家的工人的活力，手的迅捷，工作时对从事的工作的全身心的投入（或者说是，为完成一定时间内工作量所付出的那种几乎

[①] Wing, Charles, Evils of the Factory System, Demonstrated by Parliamentary Evidence, 1837, repr, 1967, p. 402 – 404.

不近人情般的勤奋），大大超过了资本主义工厂主每天所支付的工资对他们工作的补偿……

比较一下英国与外国的棉纺工人的工作，人与纱锭的平均比例是：法国，每人 14 个纱锭，俄罗斯 28 个，普鲁士 37 个，大不列颠达到 74 个。[①]

当时有人对此评论道，如此高强度下操作机器即使是最强壮的人的体格也将在 6 年内被彻底毁坏。[②] 因此，很明显，技术创新的结果是雇主利润的大幅度上升；而在另一端，原本应该是节省劳力的机器使用并未带来劳动者工作劳累程度的降低，相反，劳动强度得以大幅度的提高，对工人健康状况带来毁灭性的摧残，而实际工资并未提高。

其他部门也是一样，在康沃尔郡的采煤业中，雇主通过缩短工人的假期、减少工作间休息和运动时间，以及减少工人轮班之间的时间浪费，甚至通过取消"圣日星期一"或其他传统上用于对特别繁重的工作进行补偿的休息日，使得工作强度逐步增加。英格兰银行在 1761 年尚有近 47 个假日，1830 年却已减少到 18 个，1834 年则只剩下 4 个。这种做法的国际传导作用绝不亚于技术的扩散。

计件工作制度给了工人更加努力工作的兴趣，并使他们竭尽全力在最短时间里完成最大的工作量。而且，纪检工作的盛行甚至大大影响了其他国家的日工；他们为避免不怀好意的对比，也在付出更多的但不为人所知的努力。由此看来，一定数量的大不列颠工人比其他任何地方相同数量的工人完成的工作量要大得多。[③]

当计件工资使得工人能得到稍微公平点的报酬的同时，（受到这种诱导的工人们）将会过度工作，几年中将会毁了他们的健康和体质。伦敦的搬运工、运煤工和许多普通劳动者都是如此。一个木匠精力最旺盛的时期估计不超过 8 年。在收割季节对农村劳动力支付的双份工资，经常

① Brassey, Tomas, "Work and Wages", 1894 edn., p. 15, from H. J. Habakkuk and M. M. Postan, *The Cambridge Economic History of Europe*, London: Cambridge University Press, 1978, Vol. 7, p. 155.

② Dodd, William, *The Laboring Classes of England*, 1847, p. 123 – 124.

③ McCulloch, J. R., *A Descriptive and Statistical Account of the British Empire*, 3rd edn, 1847, p. 649.

会诱导他们过度地努力工作，从而对他们的健康造成永久性的伤害。①

可见，雇主提高利润的手段也在不断地推陈出新，而与此同时劳动者所承受的体能和精神压力却越来越大。计件工资、转包合同、"监工"制度以及专业化——专业的细分以及对工作乐趣的扼杀——都是从各方面提高工作速度或加强工作强度的不同方法，而劳动者的工资水平却未能得到相应的增加。在工业革命迅猛发展的19世纪上半叶，欧洲主要国家工人的实际工资都呈下降的趋势。在1799—1849年的50年间，从英国与机器生产相联系的工人工资下降中，人们可以清楚地看到这一趋势。法国工人的实际工资在19世纪30年代以后的20年中下降了15%—20%。德国的资本家和容克地主阶级，为增强他们的产品在世界市场上的竞争力，把工人的工资压得特别低，1865年德国工人平均工资比英国低38%，比法国低20%。19世纪中叶的伦敦，总就业率为50%左右。即使从19世纪中期开始，工人日益组织起来加入工会及其不断加强斗争，在1810—1900年的近100年间，英国棉纺工人和建筑工人工资增长也不到一倍。②

表4－2　1799—1849年英国私人企业工资指数（以1850年为基期100）

年份	棉纺织工业	建筑业、贸易	机械和造船	农业
1799—1808	182	—	—	111
1809—1818	137	—	97	120
1819—1820	101	—	96	97
1820—1826	100	—	96	95
1827—1832	90	91	91	91
1833—1842	93	95	—	91
1843—1849	100	99	102	96

资料来源：宋则行、樊亢主编《世界经济史（修订版）》上卷，经济科学出版社1998年版，第129页。

---

① Wade, John, "History of the Middle and Working Class", 1833, p. 243, from H. J. Habakkuk and M. M. Postan, *The Cambridge Economic History of Europe*, London: Cambridge University Press, 1978, Vol. 7, p. 121.

② Pollard Sidney, The Labor Condition in Great Britain, H. J. Habakkuk and M. M. Postan, *The Cambridge Economic History of Europe*, London: Cambridge University Press, 1978, Vol. 7, p. 125, 134.

总之，雇主、有产者、企业家、农场主等掌握资本的一方权力日益加强，他们不仅掌握着广泛的社会和经济权力，而且政治权力也渐渐落入他们之手，加上政府强制，市场被人为地塑造成不利于劳动者的状态。工业部门对劳动力的需求，随经济周期而剧烈波动，"劳工"是经济危机痛苦后果的主要承受者，也是企业家进行经济风险转移的最安全的屏障。

英国 18 世纪晚期和 19 世纪早期，对风险进行转移的机会总是大量存在，其中最突出的表现就是对劳工的无情处置。在那个时候，企业家可以随心所欲地雇用和解雇劳工，特别是当固定成本较低时，或是在企业面对的是小市场，而且产品价格与产品种类、数量都相对固定的经营条件下，产品与要素市场一旦有任何风吹草动，劳工们就有可能被随意处置。[①]

可见，在经济风险来临时，作为可变资本的劳工们就成为可以随意处置的转嫁经济风险的调节剂，这也是与当时工会力量的有限相联系的。由于当时工会力量薄弱，工人一盘散沙，一直到 19 世纪 40 年代，工会还"不过是熟练工人贵族反对非熟练工人大众的一种体制"，[②] 是造成工人队伍内部争斗的工具。加之社会其他阶层对工人的看法，更使工人处于孤立无援的状态。恩格斯在《法德农民问题》一文中写道：

西欧的资产者，特别是在农民小块土地所有制占优势的地区，不用很费气力就能激起农民对社会主义工人的怀疑和憎恨，在农民的想象面前把社会主义工人描绘成"均产分子"，描绘成侵犯农民财产的一群懒惰而贪婪的市民。1848 年二月革命的朦胧的社会主义激情，很快就被法国农民的反动投票一扫而光……[③]

恩格斯在《反杜林论》中有一段极其精彩的描述：

[①] Wilson Charles, "The Entrepreneur in the Industrial Revolution in Britain", *Explorations in Entrepreneurial History*, vii., February1955, p. 129 – 145.

[②] 裴元伦：《二百年的发展观：欧洲的经历》，载《科学与现代化》2006 年第 5 期。

[③] 恩格斯：《法德农民问题》，《马克思恩格斯选集》第四卷，人民出版社 1972 年第 1 版，第 295—296 页。

当一种生产方式处在自身发展的上升阶段的时候，甚至在和这种
生产方式相适应的分配方式里吃了亏的那些人也会热烈欢迎这种生产
方式。大工业兴起时期的英国工人就是如此。不仅如此，当这种生产
方式对于社会还是正常的时候，满意于这种分配的情绪，总的来说，
也会占支配的地位；那时即使发出了抗议，也只是从统治阶级自身中
发出来（圣西门、傅立叶、欧文），而在被剥削的群众中恰恰得不到
任何响应。只有当这种生产方式已经走完自身的没落阶段的颇大一段
行程时，当它有一半已经腐朽了的时候，当它的存在条件大部分已经
消失而它的后继者已经在敲门的时候——只有在这个时候，这种愈来
愈不平等的分配，才被认为是非正义的，只有在这个时候，人们才开
始从已经过时的事实出发诉诸所谓永恒正义。①

　　可见，每一种社会经济制度的发展过程都需要时间，并经历不同的发
展阶段；而人们对它的认识，也会随着他们经历处境的改变而改变；社会
经济矛盾的逐渐暴露、激化，导致阶级矛盾和阶级斗争的日益广泛和深
入，而缓解这些日益激化了的矛盾也需要时间。到 19 世纪末，欧洲社会
问题日益受到关注，资本与劳动关系慢慢开始调整。②

　　2. 劳资关系的调整

　　19 世纪末 20 世纪初以来，在欧洲主要国家，相对的分配公平与社会
正义开始日益受到普遍关注，这是由于经过一百多年工业化发展使社会经
济条件发生了一系列巨大变化的结果。"欧洲现代经济"是以资本为基础
的社会，在工业化过程中资本得到了大规模的扩张。它使人类跨进了一个
新时代：它把劳动力变成商品，把货币变成资本，把获取剩余劳动的方式
和条件变得比奴隶制和农奴制"先进"，使之更有利于生产力的发展，有
利于社会关系的发展，还有利于为未来更高级的新的社会形态创造要素。

　　然而，欧洲主要国家工业化时期资本与劳动之间的强大落差毕竟是不
可能长久为人们所容忍的。到工业化后期，调整这种关系已势在必行，且
也具备了一些条件，其中最重要的是逐渐改变了此前无组织的劳工对有组

① 恩格斯：《反杜林论》，《马克思恩格斯选集》第三卷，人民出版社 1972 年第 1 版，第 188—189
　　页。
② 裴元伦：《二百年的发展观：欧洲的经历》，《科学与现代化》2006 年第 5 期。

织的雇主的状态，形成了有组织的劳工对有组织的雇主的新局面，这使两者的对立统一关系走上了更高的层次，使雇员和雇主的社会地位、力量对比发生了比过去较有利于雇员的改变。在这方面，德国的例子最具代表性。自北德联邦于 1869 年颁布《工业法典》承认工会合法开始，一系列国家级工会组织迅速得以组建成立。到 1895 年时，这些组织的成员只有 33.2 万人，占非农业劳动力总人数的 3% 还不到；但此后，工会组织得到了跳跃式的发展，1900 年工会成员已超过 100 万人，1914 年达到 300 万人，占非农业劳动力总人数的 15%，1922 年达到顶峰 920 万人，占到非农业劳动力总数的近 50%。此间，工会会员人数虽有起伏波动，但工会组织的重要地位显然已经确立。例如，1914 年，由工会与雇主协会通过谈判而达成的集体协议所覆盖的工业劳动力人数为 140 万人，约占工业劳动力总人数的 15%；而到了 1931 年，相应数字为 1200 万人和 75%。工会组织的作用不仅表现在工资问题上，更重要的是它们为雇员争得了改善工作与生活条件的权益；并且通过谈判，使劳动力市场管理也得到了改进，各行各业的雇员工资在地区之间、工种之间、技能差别之间的差距有所缩小。此外，还有助于维护社会公正。另一方面，工会组织也不只是为雇员谋取更多更大的权利，它们也十分重视对工人的教育培训，提高知识技能、帮助工人们把自己融入工业社会当中。工会组织的这些工作，对维护当年和后来德国社会的相对平衡起了重要作用——尽管不时地被危机、革命和战争暂时中断。①

在 19 世纪中期，从英国开始，经济由一种态势转向另一种制度，即由实际工资绝对数的稳定态势转变为实际工资在国民收入中的比例相对稳定的制度。也即由原来的实际工资停留在维持基本生存水平不变的状态转变为一种实际工资与国民收入同步增长的态势②，从而使得它在不断增加的国民收入中比例得以维持不变的经济制度。工资占国民收入比例的变化其实就是技术进步或其他因素引起的利润增加（成本降低）在企业主（雇主）、批发商和工人之间的分配安排的变化。如图 4－2 所示，A 点表示工人工资水平提高，B 点表示厂商利润增加，C 点表示批发价格降低。则利润的流向有三种极端的可能：

---

① J. J. Lee：《德国工业化进程中的劳动力》，载《剑桥欧洲经济史》第七卷，中译本，经济科学出版社 2004 年版，第 593—595 页，597 页。
② 这种工资增长是对工资收入者整体而言的，是一个均值概念，因而不能反映劳动者内部的差异。

（1）厂商给经销商的批发价格不变，厂商的报酬不变，而增加的所有利润都以工资提高的形式支付给工人；

（2）厂商给经销商的批发价格不变，工人工资保持不变，增加的利润全部由厂商自己保留；

（3）工人工资保持不变，厂商的报酬不变，增加的利润以减少批发价格的形式转移给经销商。

第一种情况，是最不可能发生的，厂商不可能冒着市场风险进行技术革新以及使用更多的资本，而把利润全部转移给工人。更何况，在技术和资本的替代效应下，劳动力经常处于过剩状态，在职的工人力求维持现有工资水平和工作机会，更不用说提高工资了。第二种情况在垄断的条件下具有很强的适用性，比如说，专利权的拥有就会使得利润的分配流向 B 点。第三种情况在充分竞争的市场条件下是很有吸引力的。由于竞争的存在，产品价格会迅速下降。

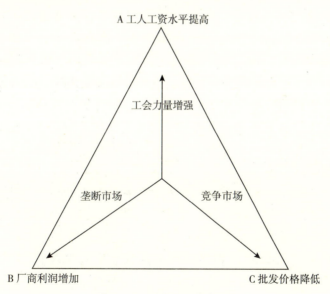

图 4 - 2　利润分配的变化

显然，这三种极端的情况都是不可能存在的，实际的利润流向与分布应该在三角形的内部某一点上。位置的确定在于在某一时点上是哪一种因素处于主导地位，如果在完全垄断的情况下，则 B 点最具有吸引利润流向的力量；在竞争的条件下，就有强大的力量将利润推向 C 点，而在工会力量强大的条件下，利润的分配才会向 A 点移动。因此，强大的工会应该是工资提高的推动力。①

二、劳动者内部的失衡及缓解

随着工业化的推进，分工日趋细化，并且不断衍生出新的产业部门，从劳动者整体不断地裂变、组成新的群体，他们之间由于从事的行业、掌握的技能、所处的位置等的差别而加大了彼此经济社会地位的差距。在劳资关系调整的过程中，劳动者的收入从整体上得到了改善。如布朗与布朗讷对英国几个部门的受雇者的工资与这几个部门的总收入作了比较，即工资 - 收入比率法，数据表明，19 世纪后半期至第二次世界大战前，工资与总收入的比率在长时间内相当稳定，如图 4 - 3 所示。这一结果掩盖了极端贫困者的存在，造成"19 世纪后半期以来，劳动者收入状况发生了逆转"的假象，实际上是劳动者内部的不平衡加剧了。布朗与布朗讷以及洛夫特斯均认为，19 世纪中期以来的一个世纪中，劳动者收益几乎与国民生产总值成比例地增加了。在这期间，无论是绝对国民生产总值还是人均国民生产总值，都增长了好几倍，在这种增长过程中，工业结构和经济结构都发生了剧烈变动。然而，工资并没有像以前那个世纪那样徘徊在贫困生存线或其他固定水平上，而是像水蛭那样紧紧依附着上升的国民生产总值曲线。②

实际上，由于布朗与布朗讷以及洛夫特斯等人的论点是建立在所考察行业的加总平均数的基础上的，这些数据的取值都是平均数，因而掩盖了这些行业之间以及行业内部不同群体之间的相对变化。实际上，19 世纪后半期，工人"贵族"在许多主要工业行业中的地位得到了很大加强，他们与非熟练工人和帮手的差别也加大了。布思、朗特里、鲍利和他们的合作者发现，1890 年、1900 年、1912—1913 年，在伦敦、约克郡等几个差别较大的城市贫困人口中，分别都存在着一个比例极其相似（大约占

---

① 在此暂不讨论劳工的教育水平等其他因素的影响。
② Pollard Sidney, The Labor Condition in Great Britain, H. J. Habakkuk and M. M. Postan, *The Cambridge Economic History of Europe*, London: Cambridge University Press, 1978, Vol. 7, p. 170.

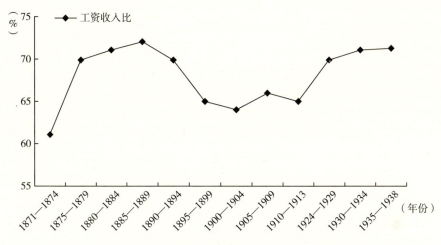

图 4 - 3 英国 1871—1938 年工资收入比的变化

资料来源：Pollard Sidney, The Labor Condition in Great Britain, H. J. Habakkuk and M. M. Postan, *The Cambridge Economic History of Europe*, London：Cambridge University Press, 1978, Vol. 7, p. 169。

到工人阶级总数的 30% —40%）的特困群体，这一特困群体的困境显示：处境下降的那部分人与领取较高固定工资的人之间的鸿沟在不断加大。[1]

从理论上看，在一个易变的、波动的市场体系中，经济处于繁荣的峰值和经济萧条的波谷时的暂时变化对工资造成的边际单位上的影响因劳动力所具体从事的职业、工会身份以及个人状况的不同而不同。如，在实际工资的增长方面，往往只有那些有影响力的熟练工人组成的工会中的会员，他们的货币工资提高的速度才可能赶上实际价格水平的变化速度，而对其他工人而言，是不太可能使真实货币工资与实际价格水平变化相适应的。因为，在经济繁荣期间，由于劳动力被大量吸收，那时，情况较好和有特权的那部分劳动力的优势被淡化，他们一般也阻止不了工厂对其他劳动力的吸收，而贫困地区既不能从经济繁荣中得到好处，也不能从劳动力的减少中获益；在萧条时期，所有劳动力的地位同时被削弱，他们都不能阻止工资的锐减以及失业。这种过程直到工业化将近完成之后才有所改变，主

---

[1] Booth Charles, *Life and Labor of the People in London*, *1903*, Bowley, A. L. and Burnett – Hurst, *Livelihood and Poverty*, 1915, p. 115.

要是由于更加广泛的工会组织和社会对铁路等基础设施建设的巨大需求拉动（英国的改变较早，约在 19 世纪中期打破了这种极度失衡的局面）。如 1834—1836 年的经济大繁荣吸引了许多劳动力进入棉纺工厂和织布车间，而建筑业却在劳动力的供给方面遭遇了瓶颈。当经济冷却之后，在棉纺织业的这部分新增劳动力便陷入困境，而这又进一步削弱了地位已经遭到削弱的劳动者的谈判力量。[①] 这些都加剧了劳动者内部不同群体之间的差距。

1. 劳动者内部失衡的五个方面

在整个工业化时期，劳动者不同群体之间的经历非常不同：从农业流向制造业或运输业的劳动力的地位有所提高，发展较好地区的农业人口地位也有较小程度的提高，流动到工厂中的家庭工人提高了收入，但与工厂竞争的家庭工人的收入在下降，具有新技能的工匠以及社会需求增加的手工工匠的工资水平提高了，而被机器取代的手工业工人、非熟练工、季节工和半失业状态的工人收入却在下降。然而，在这个时期的期末，相对于期初来说，那些工资提高者的工作量和强度相应提高了很多，甚至与工资的提高不成比例（工作的量和强度提高得更多更快）。

因此，尽管劳动者作为整体的力量和经济地位的确是提高了（这可以从劳动力的需求状态的变化以及工会的力量变化中寻找一部分答案），但是，处于两端的低收入者与高收入者之间的差距更加明显了。珀金指出，1830 年，15.7% 的国民收入到了 1.4% 的高工资者手中，1867 年 16.2% 的国民收入到了 0.07% 的高工资者手中，而同样，在这期间，处于高收入顶端的 2% 的人的收入占国民收入的比重从 20% 上升到 40%。[②] 数据证明劳动者内部的失衡在扩大，这种失衡表现在不同地域之间、熟练工与非熟练工之间、本地人与外地人（进城的农业劳动力）之间、收入高端与收入低端之间以及外国人与本国人之间等。

（1）不同地域之间。

从地域上看，国民收入的分配存在着明显的不平等，这种地域上的差距包括地区之间、城乡之间以及同一城市的不同地方。

第一，工业化期间两种最常见的工资——农业劳动者工资和普通劳工工资——在不同的地区差别很大，并且向着不同的方向运动。如，18 世

---

① Habakkuk, H. J., *American and British Technology in the 19th Century*, 1962, p. 186 – 187.

② Perkin, Harold, *The Origins of Modern English Society*, *1780 – 1880*, 1969, p. 418 – 419.

纪 90 年代，苏格兰最高工资和最低工资之间的比例高达 3∶1。① 18 世纪，英国北部地区的工资超过了南部农村和西部地区的工资，并且在 19 世纪上半期，这个差距仍在加大。阿瑟·扬认为，英国 1770 年北部地区的农业工资还只是比南部地区的农业工资高 10%，但到了 1850 年，这个差距能够达到 37%。② 在北部许多地区，货币工资在 1770—1850 年增加了一倍，而在南部某些地区，工资根本没有变化，1850 年时，南部"除了农业收割之外，几乎所有其他行业的雇主都感到所雇用的劳动力是一种负担而没有带来什么好处"，当年，南部贫困人口的数量总体上比北部高两倍，在极端情况下甚至高达数倍。③

第二，工业化给城市和工业区带来的富裕大于给农村带来的富裕。如在英格兰南部，工业化之前的 17 世纪末，从塞文河至沃什一线以南地区曾是英国最富庶的地区，但是工业化彻底改变了这种格局。在 17 世纪的后两个世纪中，工业化使得英格兰北部和威尔士的南部都得到了很快的发展，人均收入高于英格兰南部不发达的农村地区。欧洲其他国家也是如此，工业化同样使得鲁尔、萨尔以及里尔和列日地区变得富裕。城市工人的工资水平往往要比农村高，如在英国，18 世纪末，农村雇工冬天每周工资只有 7—8 先令，夏天为 8—10 先令，而曼彻斯特、博尔顿、贝里和卡莱尔等纺织工业城市的工人周工资约有 16 先令，技工更高一些，印染工为 25 先令，伯明翰、沃尔弗汉普敦和设菲尔德等城市的冶金工人的周工资为 15—20 先令。可见，城市工人的工资大约是农村雇工的两倍，甚至更高，有统计数据显示，农村工人的工资只有城市工业工人工资的 46%。④

直到 19 世纪中期，英国南部农村仍然表现出许多与落后经济相关的特征，如低工资、低生产率、劳动力过剩以及存在于雇主阶层的"低工资哲学"。季节性和短途的劳动力流动率相当高，年轻人和较活跃的人不断地从农场被吸纳到城镇和城镇的铁路建设中。但是拥有土地的阶层力量强大，在 1850 年以前劳动力供给方对需求状况进行的任何基本调整都受

---

① Morgan, Valirie, "Agricultural Wage Rates in Late 18th Century Scotland", *Economic History Review*, 2nd ser., xxiv, 1971.

② Clapham, J. H., *Economic History of Modern Britain*, Vol. 1, 1929, repr. 1964, p. 466.

③ Bowley, A. L., "The Statistics Wages in the United Kingdom during the Last Hundred Years", *Journal of the Loyal Statistical Society*, 1898, Vol. 61.

④ 保尔·芒图：《18 世纪产业革命》，商务印书馆 1983 年版，第 342—343 页。

到了压制，即土地阶层出于收割季节和工资谈判的考虑，极力维持一种劳动力的剩余状态。[①] 而在英格兰南部的农村，既没有工会，也不存在直接的反抗来让农业工人有可能充分利用这种少得可怜的市场机会。

第三，差距不仅在不同地区之间，而且在同一地区内部，不仅在城乡之间，而且一个城市与另一个非常相似的城市之间，工资水平也同样存在着巨大差异，并且自我强化。即使在同一个大都市里，由于教区位置以及来自城郊收割者的劳动力供给情况的不同，郊区内垃圾清理工的工资也从每周 14 先令到 20 先令不等。在 1831 年的阿什顿，同期城区中同样纺织工种的工作，每千绞的收入从 3 先令到 5 先令不等。在诺丁汉，机器绣花边工人每周的收入从 15 先令到 30 先令不等，1819 年木匠的工资，伦敦为 31 先令 6 便士，曼彻斯特为 25 先令，格拉斯哥为 14 先令；泥瓦匠的工资在这几个城市分别为 31 先令 6 便士、22 先令和 15 先令。[②]

（2）收入高端与收入低端之间。

收入高端与收入低端之间的落差更为悬殊。在工业化之前的若干世纪中，物质条件方面的社会差距可能在缩小，但是进入工业化阶段后，收入上的不平等明显增长。

表 4-3　25 岁及以上人口中国民财富的分配（英格兰和威尔士，1911—1913 年）

资产占有量（万英镑）	资产占有量对应的人口数（万人）	占人口的比例（%）	资产总额（百万英镑）	占国民财富的比例（%）	平均占有量（万英镑）
2.5	3.2	0.17	2685	41.3	8.4
1—2.5	5.7	0.3	930	14.3	1.63
0.5—1	8.15	0.4	635	9.8	0.78
0.1—0.5	42.6	2.3	1030	15.8	0.24
0.01—0.1	176.6	9.4	670	10.3	0.038
≤0.01	1638.25	87.4	550	8.5	0.0034
总　计	1874.5	100	6500	100	—

资料来源：见马克·艾伯拉姆斯《1911—1913 年不列颠人民的状况》，1946 年版，第 110 页，转引自卡洛·齐波拉主编《欧洲经济史》第三卷，中译本，商务印书馆 1989 年版，第 82 页；Simon Kuznets, *Modern Economic Growth*: *Rate*, *Structure and Spread*, New Haven: Yale U. P., 1966, pp. 208-209。

[①] Hunt, E. H., "Labor Productivity in English Agriculture (1850-1914)", *Economic History Review*, 2nd ser., xxiii, 1970.

[②] Porter, G. R., *Progress of the Nation*, 3rd edn, 1851, p. 210, 443.

　　1688—1812 年，不列颠的上等阶级使自己的收入高于全国平均水平，而小农、非熟练工人、穷人的生活水平的提高则普遍低于平均水平。当消费受到抑制时，并非每个阶层都受到一样的影响，商人和工业家相对是受益的，而工人贵族、熟练工则要比同一部门的非熟练工人或农民能够更好地维持自己的生活水平。穷人的境况始终是最糟糕的，不管是在爱尔兰、意大利南部、俄国还是巴尔干国家，富人无疑变得更富有了，收入分配始终极不平衡。如表 4-3 所示，第一次世界大战前夕，有关英格兰和威尔士的数据表明，占全国人口 1% 以下的 25 岁及以上的高收入群体占有的国民财富超过 65%，（表 4-3 前三栏之和）而占总人口 87% 的人仅占有财富的 8.5%，这无非是一些生活必需品而已。

　　资产占有量的分组则能更清楚地显示贫富差距和财富的集中程度，在图 4-4 最左侧为资产占有量最多的群体，而这一群体为 3.2 万人，占人口的比重仅仅为 0.17%；在图 4-4 的最右侧是资产占有量最少的群体，相反，他们所占的人口比重是最高的，达 87.4%，共 1638.25 万人，由此可见，国民财富的绝大部分集中在极少数人手中。

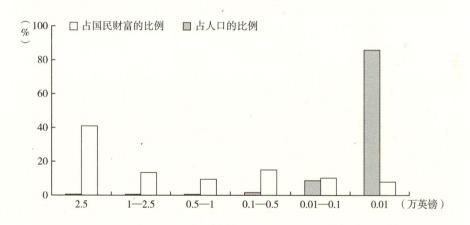

图 4-4　资产占有量的分组

　　两者之间的差距还直观地反映在消费支出上，欧洲社会中较富裕的一部分人士能够把自己收入中较大的一部分用于个人服务、奢侈品、教育、娱乐、旅游等形式的阔绰消费。而穷人则仅仅维持在基本生存水平上。据英国一调查者大卫·戴维斯的有关资料，英国在 18 世纪 90 年代，农业工人用于食物支出约占收入的70%，衣服约占10%，房租燃料约占8%，剩下12%左右用于医疗和其他需要。① 可见，农业工人收入主要是花费在基本生活需要方面，支出受到很大的限制。

在食品消费上的差距也非常明显，英国1815年以前，除了供过于求的情况外，鱼往往只是富裕人家餐桌上的佳肴，在农村也是如此，淡水鱼只是出现在地主的餐桌上。② 在德国，柏林的富人享用着莱茵河流域产的白葡萄酒和荷兰乳酪，午餐按照法国的方式吃得很丰盛，夜宵要吃冻肉饼和奶油果子面包，而贫穷的柏林人午餐通常吃的是粥、黑面包和马铃薯，可能有少许猪油、猪肉和稀淡的啤酒。同样，法国富裕人家高级烹调的食物与诺曼底农业工人吃的面包和苹果酒，或者同码头工人吃的炖鱼和酸葡萄酒有着天壤之别。19世纪中期的意大利，工人的衣着也是褴褛不堪，而相形之下，富人们却是衣饰豪华。③

从住房上也能反映出巨大的差别：君主和贵族的宫殿、城堡、乡间别墅和赤贫者的陋屋茅舍形成天壤之别。1851年的伦敦人口调查统计数据显示，当时有18249人登记为无家可归者，其中有9972人栖身于牲口棚内，8277人风餐露宿。在农村，赤贫者的住所往往是就地取材盖的，在爱尔兰，修造小屋的原料是草泥，在英国因地而异，分别是砖、树木和干泥，这些不坚固的小屋很有可能被风吹垮，屋子毫无例外都只有一些没有安装玻璃的小孔当做窗子，许多屋子没有烟囱，烟雾熏人，不够暖和，拥挤不堪，极不舒适。而大地主们豪华的乡间别墅却坐落在风景如画的花园中。④ 中等阶级和上等阶级家庭的住所里堆满了许多豪华贵重的家具，家中的摆设如他们的装束一样入时。

从储蓄上看也很明显：在德国，曾有人做了一项分析，把853个工人和职员的家庭预算同整个国家的平均支出加以比较，该结果显示，与全国平均储蓄率（17%）相比，比较穷苦的群众只能把自己收入的4.6%储蓄

① George G. Stigler, "The Early History of Empirical Studies of Consumer Behavior," *Journal of Political Economy*, LXII (1954), p. 97.

② Ronald Max Hartwell, *The Industrial Revolution and Economic Growth*, London: Methuen Press, 1971, p. 335.

③ Franklin L. Ford, *Europe, 1780 - 1830*, Longman Press, 1970, p. 378.

④ 卡洛·齐波拉主编《欧洲经济史》第三卷，中译本，商务印书馆1989年版，第120页。

起来。① 这部分人的储蓄率仅相当于全国平均水平的 27%，而他们还不是最穷苦的那部分人。据英国一调查者大卫·戴维斯的有关资料，英国在 18 世纪 90 年代，农业工人用于食物的支出约占收入的 70%，衣服约占 10%，房租燃料约占 8%，剩下 12% 左右用于医疗和其他需要。② 可见，农业工人收入主要是花费在基本生活需要方面，支出受到很大的限制。此外从一份关于 7 个英国家庭安排自己收入的预算上可以看出，欧洲社会中较富裕的一部分人是能够把收入中的较大一部分用于个人服务、奢侈品、教育、娱乐、旅游和其他形式的阔绰消费的。这份预算资料显示，英国的工人贵族家庭年收入能达到 1 万英镑，而低收入家庭则每年仅为 78 英镑③，远远不到前者的 1%。

这种不平衡也反映在税收上，如间接税相对来说更多的是由穷人负担而不是由富人负担，所以它也势必限制了广大劳动者的消费能力，何况在欧洲的许多地区地主和教会的横征暴敛加上政府的税收，使农民处于或接近于仅能维持生存的水平，甚至到了 1913 年，英国工人为国家所作的贡献仍然远远大于他们从国家的社会经费中得到的好处。④

（3）不同行业之间。

劳动者内部的落差还体现在不同的行业之间。查里斯·温在《工厂制度的罪恶》中提到工厂手艺学徒，木匠、石匠、泥瓦匠等这些小规模的不易受技术进步冲击的手工艺者，以及家庭工人、针织工、手工织布工、梳毛工、镶花边工等之间的差别：

> 他们（工厂手艺学徒们）抱怨说，这些手工艺者（木匠、石匠、泥瓦匠等）每天只从早上 6 点工作到下午 6 点，而正是从这个方面来说，工厂手艺学徒认为这个阶层与作为实际操作者的自己拉开了差距；至于他们自己，则完全用手工劳动，并且只是在学徒期服务结束时才

① 卡洛·齐波拉主编《欧洲经济史》第三卷，中译本，商务印书馆 1989 年版，第 97 页。
② George G. Stigler, "The Early History of Empirical Studies of Consumer Behavior", *Journal of Political Economy*, LXII（1954），p. 97.
③ 埃德加·罗伊斯顿·派克：《福斯特时期的人类文献》，艾伦和昂温出版社 1969 年版，第 157—175 页，转引自卡洛·齐波拉主编《欧洲经济史》第三卷，中译本，商务印书馆 1989 年版，第 97 页。
④ 卡洛·齐波拉主编《欧洲经济史》第三卷，中译本，商务印书馆 1989 年版，第 82 页。

能获得某种报酬。然而他们就不想想，他们怎么看待众多的家庭工人、针织工、手工织布工、梳毛工、镶花边工以及其他一些工人阶层的人呢？这些人工作更加辛苦，每天工作 12—15 个小时，仅仅能维持基本生存，这些人往往年纪很轻，并且处于真正有害于健康的封闭状态中。[①]

可见，在同样没有或不易受机械化冲击的行业之间存在着很大的差距：家庭工人、针织工、手工织布工、梳毛工、镶花边工等劳动者的工作条件比工厂学徒，木匠、石匠、泥瓦匠等要艰苦，工作时间更长，工作环境更差，处于有害健康的封闭状态。

类似的差距还体现在其他行业之间，一个行业越是接近农业，它的普遍的工作条件水准就越是低劣与原始。这可以从 1891 年德国萨克森邦的面粉工人工会所提的要求中得以反映。当时，工会提的要求既不是增加工资，也不是 10 小时工作制，而是"12 小时工作制、保证星期日的休息、废除实物工资制、对加工厂实施政府检查、废止学徒工的夜间工作、对学徒工的数量进行政府控制"等[②]，可见，在工业水平先进的萨克森邦，农产品加工部门的既有工作条件还是处于令人吃惊的状况。最长的劳动者工作时数存在于农业部门，在 1919 年的立法活动之前，农业劳动力一直都未能在法律上实现 10 小时的工作日[③]，而德国在 1918—1919 年已经通过立法活动，将 8 小时工作日作为统一制度在大多数行业中实施，其实白领工人则是从 19 世纪中期开始就已经实行了 8 小时工作制。[④]

（4）熟练工和非熟练工之间。

熟练工与非熟练工是相对于他们拥有的技能而言的，工业化的进程本身就包含着这种机制，既相对增加对某种技能的需求，而将另一种技能冷落到废弃不用的境地，并由此使得社会需要程度不同的各种技能拥有者之

---

① Wing, Charles, *Evils of the Factory System*, *Demonstrated by Parliamentary Evidence*, 1837, repr. 1967, p. 370.

② Kuczynski, J., "Die Geschichte der Lage der Arbeiter under dem Kapitalismus", *East Berlin*, Vol. 18, 1963, p. 76.

③ Puppke, L., *Sozialpolitik und Soziale Anschauungen Fruehindustrieller Unternehmer in Rheinland und Westfalen*, Cologne, 1966, p. 48.

④ Strauss, H., *Die Lage und die Bewegung der Chemnitzer Arbeiter in der ersten Haelfte der 19 Jahrhunderts*, East Berlin, 1960, p. 33, 66, 转引自卡洛·齐波拉主编《欧洲经济史》第三卷，中译本，商务印书馆 1989 年版。

间产生了明显的工资差异。随着工业的扩展和外延，劳动力的流动性增强，技能种类和工人类别大量增加，从而打乱了工业化之前的那种相对简单的社会收入结构。即使在同一个行业内，普通工人与工人贵族也有着很深的鸿沟。这两者之间的差距主要是由于个人所掌握的技能情况不同所致。技能优势受几个相互联系但又相互独立的因素的影响，如，天赋，能应付困难、持久性工作的体质，多年的培训和经验，有时强大的工会力量也有助于维持较高的工资差异①，多种因素使得熟练工与非熟练工之间无论在经济地位上还是在社会地位上都有着明显的落差。

当时那些试图对工业社会阶层进行划分的人士根据英国熟练工匠和学徒工匠各自所能获得的正当稳定收入，在他们之间画出了一条明显的区分线，后者经常处于过度劳累、饥寒交迫的境地，并且经受每一次工业风暴的打击。② 而技术熟练工人通常工资较高，如在建筑行业，建筑活动由技术熟练的手工工匠和技术不熟练的辅助人员完成，但辅助人员的工资只有工匠工资的 60%—70%。③ 从德国克虏伯公司的工资差别变化中可明显地看出这一特征，随着公司的扩展，该公司的劳工队伍也从 1825 年的 10 名雇员扩充为 1845 年的 115 名雇员，同时不同工资率的种类从 3 类增加为 17 类，而由技能状况所引发的工资差别幅度（最大比最小）也从 2∶1 上升为 5∶1。④ 此外，1903—1904 年，西门子公司所制定的半熟练技能工资率要比非熟练技能工资率高 27%，相应的，熟练技能工作的工资率要比半熟练技能工作的工资率高 38%。1903 年，平均每个白领工人所赚取的薪酬相当于体力劳动者的 2.26 倍，1866—1914 年，西门子公司技术领班和熟练工人之间的工资差别在 10%—40% 的范围内波动。⑤

---

① 同时，从另一个角度上说，工业化也倾向于毁灭技能而把劳动力都转化为无差别的、同质的操作机器的另一种机器。在这种情况下，手工艺人也走向衰落，从而向挣工资者转变。一个流离失所的熟练工人寻找一个不需要技能的粗活是工业化时代的常见现象。因此，工业化过程中不仅有一大批非熟练工的存在，而且随着工业化的演进，原来的熟练工也可能被淘汰为非熟练工。

② Dodd, William, *The Laboring Classes of England*, 1847, p. 9–11.

③ Bowley, A. L., *Wages in the United Kingdom in the 19th Century*, 1900, p. 82–83.

④ Strauss, H., *Die Lage und die Bewegung der Chemnitzer Arbeiter in der ersten Haelfte der 19 Jahrhunderts*, *East Berlin*, 1960, p. 24, from H. J. Habakkuk and M. M. Postan, *The Cambridge Economic History of Europe*, London: Cambridge University Press, 1978, Vol. 7, p. 134.

⑤ H. J. Habakkuk and M. M. Postan, *The Cambridge Economic History of Europe*, London: Cambridge University Press, 1978, Vol. 7, p. 480.

熟练工与非熟练工不仅在工资待遇上存在较大的差距，而且他们的社会地位也相差悬殊。工人萨默维尔曾经形象地描述这一差异，他提到，泥瓦匠的下手劳工在酒吧是不允许与泥瓦匠进入同一个房间的，如果只有一间房子，则下手劳工只能到外面去喝酒。如果泥瓦匠认为他的下手劳工有不敬之处，就会下令让别的学徒动手打他。在他们看来，"如果劳工与泥瓦匠有同样的权利，那么建筑活动就不能继续进行下去"。[1] 社会等级的差别随处可见：

> 在穿着长尾燕尾服的手工艺人和穿短尾燕尾服的劳工之间，在作为自由人的机车制造者和没有做过机车制造学徒的锻工之间……也有社会等级的差别。不管这个锻工的能力有多高，也不管他的机械工主人多么想提升他，多么想利用他的优秀才能，他也只能注定是个锻工，逾越不了这个严格阻止他超越锻工阶层的界限。[2]

19 世纪上半期的人都非常清楚当时在工人贵族与其他工人之间的沟壑，1838 年的工人联合体被认为是"熟练工人贵族反对非熟练工人大众的一种体制"。在这种环境下，熟练工人不帮助较不熟练的工人，"每周赚 30 先令的工人贵族看不起每周赚 7 先令的人"。[3] 从收入与闲暇的替代选择关系上也能反映出这两者的差距，收入与闲暇理论上的替代关系在工业化中的事实面前居然站不住脚：因为处于强势地位的劳动者往往能两者兼得，而其他的绝大多数工人却是两者都得不到。对于依附于城市生活而又失去农村的土地作为退路的那部分劳动者——搬运工、园丁、临时工、劳工——来说，冬季季节性的失业灾难挥之不去，英国《济贫法》委员会在一份报告中指出：

> 不知道那些操劳者、失业者家庭的生活水平会下降到什么程度，不知道他们会怎么维系生命，也不知道他们临时和不稳定的就业能力如何能够继续保持。好一点的衣服可能被当掉，家具和被褥可能被卖

---

① Somerville, Alexander, *The Autobiography of a Working Man*, 1848, repr. 1967, p. 97 – 99.

② Somerville, Alexander, *The Autobiography of a Working Man*, 1848, repr. 1967, p. 120.

③ Hill, R. L., *Toryism and the People*, (1836 – 1842), 1929, p. 111.

掉……两个或两个以上的家庭可能会挤住进一个屋子里，由此设法去付房租……他们在深夜和清晨的街上捡煤渣，他们乞讨……本用于一周的每日三餐将用于维持数周的生存……①

工人贵族与其他工人之间的差距还表现在特定职业的额外薪酬上。如，在餐饮和交通运输行业工作的工人们希望在他们的基本工资之外获得变动范围为基本工资 5%—15% 的小费。1914 年，以圣诞礼金形式支付的这种小费，给体力工人的大约为一周的工资，而给白领雇员的却是相当于一个月的工资，比前者多了 3 倍。②

（5）外地人与本地人之间。

作为外地人，农业劳动力要真正融入城市社会是很困难的，存在着多方面的非兼容性。如作家马丁·莱纳特在他 1925 年的《德国大城市社会史》中的一段描述："大城市中无产者的文化水准在逐步提高，但来自农村的一无所有的移民相对于城市原有的定居居民而言似乎是两个不同的民族。"许多进入城镇的农业劳动力并不能很容易或者很快地定居下来，其中还包括一些四处漂流的工人。根据曼彻斯特统计协会的数据，1836 年，在曼彻斯特和索尔福德的 169000 个定居者中，有 12500 人居住在临时公寓内。这些屋子都是单间，一些有希望在城里发展自己事业的农村青年大都栖身于此，也有一些移民和失业漂泊的流浪者暂住在这儿。1840 年伦敦统计协会委员会对伦敦一些主要郊区的一项调查数据发现，1831 年这个地区的总人口有大约 48000 人，但统计所包括的工人阶级人数只有 16176 人，他们由 5294 个家庭组成，其中有 3852 个家庭居住在只有一间屋子的房子里，有 181 个家庭居住在临时公寓里，只有 1053 个家庭有两间房子，208 个家庭有三间或以上的屋子。在 5031 个养家糊口的男性中，有 1718 人是劳工，431 人在建筑行业谋生。在 4982 个妇女中，有 929 人被雇用做家务，420 人做针线活，264 人是沿街叫卖的小贩，其余的则长期处于失业状态，这些人中 73% 以上是外来人口，要么失业半失业，即

① Pollard Sidney, "The Labor Condition in Great Britain," H. J. Habakkuk and M. M. Postan, *The Cambridge Economic History of Europe*, London: Cambridge University Press, 1978, Vol. 7, p. 124.

② Mombert, P., "Die Arbeits – Lohnverhaeltnisse der Angestellten der Dueseldorfer Strassenbahnen", *Schriften des Vereins fuer Sozialpolitik*, Vol. 99, 1902.

使找到工作也是比较苦、累的一类。[①] 利昂·福谢在《1844 年的曼彻斯特：目前状况及未来展望》中提到：

> 到曼彻斯特的移民一般是全家移民，为了寻找工作，他们从这个城镇到那个城镇，从这家工厂到那家工厂，在不同的地方和不同的工作之间流动，而且居无定所。这些可怜的工人住在带有家具的屋子里，经常是几个家庭挤在一个卧室里，每张床的费用是 3 便士。[②]

可见，农业劳动力找到工作往往要比其他人付出更多的艰辛。其实，即便是处于就业状态，移出农村的劳动力在职业种类、工作条件或收入方面都往往达不到他们的预期。在德国国内流动程度较高的几个时期，那些迁离农村的劳动力所能受募进入的职业种类范围仍然局限于"肮脏"、仆务、繁难以及户外工作上，或者做学徒工和帮工，工厂劳动条件很差，工时很长，条件恶劣。而在工作种类和待遇相对较好的职业种类中，绝大部分都不是从农村流入的劳动力。如在德国，金银匠、金属针、金属线制造、精密仪器制造、照相等工种，农村流入的劳动力则不到总数的 20%，在所有技工人员中更是不到 10%。1907 年，在人口超过 10 万人的城市中，来自农村的工人占从业于制砖、啤酒酿造以及钢铁煅制等劳动力总数的 60% 以上，在机工、建筑、采矿、黏土、玻璃制造以及邮政电信、铁路、电车、搬运等行业的从业人员中，有 50%—60% 来自农村。城市中泥瓦匠和木匠中的 50% 来自农村，而漆绘工、管装工、玻璃安装工中只能占到 25%。而且对于这些工种来说，农村人所能获得的培训机会显然被局限在农村住宅上。他们工作条件恶劣，严重危及健康乃至生命安全。如在火柴厂中工作的妇女由于长期暴露在磷的挥发范围内导致脸骨发生可怕的病变，采煤行业的死亡事故率从 1852—1860 年的 2.04‰ 上升到 1876—1886 年的 3.04‰。[③] 由农村迁入的劳动力原来一般都从事农业，转移到非农行业后，绝大部分被当做非熟练工人对

---

① Committee of Statistical Society of London, "State of the Working Classes in the Parishes of St Margaret and St John, Westminster", *Journal of the Royal Statistical Society*, (1840 – 1841), Vol. 3, p. 17 – 19.

② Faucher, Manchester in 1844: Its Present Condition and Future Prospect, 2nd edn, 1856, p. 63.

③ Kuczynski, J., "Die Geschichte der Lage der Arbeiter unter dem Kapitalismus", *East Berlin*, Vol. 3, 1961, p. 368.

待，工资低廉，他们一般居住在贫民区，生活条件恶劣，往往处于失业、半失业和贫困状态。

除了来自农村的劳工之外，外国移民也处于不利的地位。首先，在相同条件下，外籍工人更容易受到失业的侵袭。如在大萧条之前，法国一直在输入外籍工人，尤其在国内工人不愿意干的煤矿工业，1931年，外籍人占全部工资收入者的10%，而1931—1936年，外籍工人的总数减少了40万人①，而这6年间的平均每年失业人数为32.9万人（其中失业人数最多的为1936年，47万人）②，也就是说，失业几乎全部由外籍工人承担了。其次，在劳工市场上，外国移民大都捡拾着本国人不愿从事的工作。1911年，这部分劳工的人数占到总工作人口的6.4%，但是在所有体力劳动者、装卸工、采石工、挖土工和泥瓦匠中，有一半是外国移民。③据法国1927年的一项调查显示，移民在建筑工人中占1/3，在玻璃工人中占22%，在钢铁工人中占33%，在一些靠近边境的大型工厂中则达到42%。在产铁的布里埃盆地和隆维，外国移民提供着79%—81%的劳动力，而工作在煤炭矿井中的采矿工人之中，每5个就有2个来自外国，每4个就有1个是波兰人。④因此，外国移民实际上有助于本国劳动力社会地位的提高，法国人由此能够更容易地直接转向第三产业，因为在他们看来，第三产业比工业部门的工作地位显得更为高级。

2. 劳动者内部失衡的主要因素及缓解措施

劳动者内部不同群体之间的失衡，尤其是收入水平的差距是由相互影响的多种因素共同作用所致。

（1）自身条件的局限。

不同群体之间社会经济地位上的差距，尤其是农业劳动力的弱势地位还由于自身条件的局限性所致。除了上文分析的技能方面的不适应性之

---

① 卡洛·齐波拉主编《欧洲经济史》第五卷上册，商务印书馆1988年版，第125页。

② B. R. 米切尔编《帕尔格雷夫世界历史统计》（欧洲卷）第四版，贺力平译，经济科学出版社2002年版，第174页。

③ 伊夫·勒坎：《大革命以来法国经济中的劳动力状况》，《剑桥欧洲经济史》第七卷，中译本，经济科学出版社2004年版，第379页。

④ 伊夫·勒坎：《大革命以来法国经济中的劳动力状况》，《剑桥欧洲经济史》第七卷，中译本，经济科学出版社2004年版，第408页。

外，还有文化教育方面的相对不足。从表 4 - 4 中可以发现，文化教育对收入的效应相当显著。①

表 4 - 4　英国 1820—1950 年的人均 GDP、就业者人均受教育年数以及工资 - 收入比

年份	1820	1870	1890	1913	1929	1938	1950
人均 GDP（1990 年美元）（百美元）	17.03	31.64	39.74	48.78	52.55	59.83	68.47
就业者人均教育年数（年）	2	4.44	6.11	8.82	9.55	9.99	11.96
工资收入比（%）	—	61	70	65	70	64	78

以英国 1820—1950 年的人均 GDP、就业者人均教育年数以及工资 - 收入比的数据为样本，以工资 - 收入比为被解释变量，分别以人均 GDP 增长和就业者人均教育年数为解释变量进行单变量回归分析，结果如下：

$$工资收入比 = 47.88 + 0.42 \times 人均 GDP$$
$$(12.34)\quad(5.55)\tag{1}$$

$$R^2 = 0.88\quad F = 30.86\quad P = 0.005$$

$$工资收入比 = 52.45 + 1.93 \times 就业者教育年数$$
$$(12.37)\quad(4.03)$$
$$R^2 = 0.80\quad F = 16.24\quad P = 0.015\tag{2}$$

通过（1）式和（2）式可以看出，人均 GDP 和就业者人均教育年数对于工资收入比有着较强的解释作用，两模型的决定系数 R^2 均大于 0.80，各自在模型中的系数也均达到了 5% 的显著性水平。两模型说明，在不考虑其他因素影响的情况下，人均 GDP 和就业者教育年数每增加一个单位，工资 - 收入比分别增加 0.42 个和 1.93 个单位。从图 4 - 5 中也可清晰地看出就业者的人均受教育年限对工资 - 收入比的影响。

然而，工业化过程中处于劣势地位的群体，尤其是农业劳动力所具备的技能知识和文化教育水平相对较低。这一方面是由于对其重要性的认识不到位，另一方面是农业劳动力接受文化教育和技能培训的机会更少，可以说，教育体系是在发展潜力的层面上维系着并且强化了社会已有的等级体系。

---

① 技能知识的重要性在论文第二章中已有相关讨论，在此不再赘述。

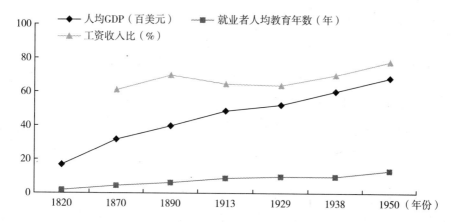

图 4－5 英国 1820—1950 年的人均 GDP、就业者人均教育年数以及工资－收入比

　　如在法国，尽管初等教育是免费的，为全民众所开办，但真正拿到初等教育毕业证书的人数比例却是随社会出身的不同而变化，19 世纪末工人和农民的子女中获得毕业证书的比例为 38%—40%，出身中产阶级的子女获得该证书的比例则要高得多。而中学则完全是特权阶级的学校，为贵族和资产阶级服务，费用较高，因此，资金缺陷成为阻止普通劳动者接受中等教育的一大障碍。况且中等教育学习年限长达 7 年，远非一般的劳动者家庭所能承担。中等教育的内容倾向于培养行政和工业界的高级干部。[①]

　　农村地区的教育情况则更悲观，对农民子女以及行将离开农村的农民进行职业培训的效果很不理想，农民从速成职业培训中得到好处的人为数甚少，其结果是，工业企业找不到所需的熟练劳动力，新参加工作的农民又不得不安于低收入的职业。[②] 虽然有不少小学教师们提供了一些教材与教习，但是，从乔治·迪珀所描述的情况来看，这种教育根本无助于农民们知识技能水平的提高：

　　　　这种教育，如果我们姑且称之为教育的话，是与劳动力的发展趋势反向而行的。这种活动所教授的所谓知识来源于当地农民的一些迷

---

① 端木美等著《法国现代化进程中的社会问题》，中国社会科学出版社 2001 年版，第 306 页。
② 约瑟夫·克拉兹曼：《法国农业政策——错误的思想观点和幻想》，李玉平译，农业出版社 1982 年版，第 76 页。

信说法，他们只是给农民们对经济现实的无知、给他们在这种无知空白基础上另行补加的内容添加上强调的下画线标识而已。[①]

可见，农民少得可怜的教育机会却被证明原来只是增加了负面效应，这种在教育方面可获得性的不足将影响他们的收入水平，而收入水平的低下反过来又进一步约束了其对教育的支付能力，从而使得劳动者尤其是农民的处境陷入了一个恶性循环。

（2）同质劳动力[②]市场的弱流动性。

如上文所述，工业化推动了产业的扩张和外延，使得劳动者内部裂变出不同质的劳动群体，引起了劳动者内部在收入等方面的差距，劳动力的流动无疑促进了不同群体的产生，加剧了这一过程；但对于同质的劳动力来说，流动性有助于待遇的趋同。然而，事实上，各国工业化进程中也都不同程度地存在着同质劳动力的弱流动性，而相同条件下同质的劳动力工资水平不一致，其主要原因则是没有形成统一的劳动力市场，流动性不够。

当时，劳动力市场存在诸多抑制流动的因素。

首先，从劳动力本身来看，劳动力的流动比产品的流动困难得多，劳工不喜欢在工厂就业，并设法回避远距离迁徙。[③] 劳动力虽然在流动，但季节性很强，他们不能确定经济的长期趋势。根据刘易斯模型，南方地区的农民会向正在进行工业化的北方地区移民，流入的农业劳动力数量应该足够多，然而实际情况是：这种理想中的移民现象并未发生。有向伦敦的人口流动，也有从农村向城市或向工业性的、矿区性的乡村的流动，但都是近距离移民。[④] 巴顿在《捍卫谷物法》中有一段对于农业劳动力流动困难的描述：

> 从任何角度上说，制造业工人的收入波动都几乎没有对其邻近地

---

① 伊夫·勒坎：《大革命以来法国经济中的劳动力状况》，《剑桥欧洲经济史》第七卷，中译本，经济科学出版社 2004 年版，第 392 页。

② 同质的劳动力在这是指同一行业的具有相同技能条件的劳动力。

③ M' Douall, P. M., "Statistics of the Parish of Ramsbottom, nr Bury, Lancshire", *Journal of the Royal Statistical Society*, Vol. 1, 1838 – 1839, p. 537.

④ Reford, A., *Labour Migration in England, 1800 – 1850*, Manchester, 1964, p. 53.

区农业劳动者的工资率产生太大的影响。可以认为，在联合王国较偏远的地方，人们感受到这种影响的程度更小。人们普遍会认为兰开夏郡职工收入的提高会吸引萨塞克斯郡的农民为提高收入而移民到北部……但是，事实证明这个观点过于荒谬……除非进行一场大屠杀，否则这个地区的人口负担过重的问题不会有任何缓解。在这个有1000多居民的农业地区，没有一个人移民到开展制造业的郡中去，也许他们的100多个孙子或重孙子中也无人迁移，亚当·斯密曾说过"在所有的东西中，最难流动的是人"，我在这里要补充的是：在所有的人中，最难流动的是农业劳动力。[①]

农民对在新工业领域的就业尚存在着无知与恐惧，缺少面对新环境以及职业转换的信心。按照托达罗的模型，预期的城乡收入差距将导致农业人口向城市非农业部门的流入，然而实际情况是，吸引农业劳动力的往往是找到工作的可能性而非报酬差异，较高的预期报酬并不会对远距离的移民产生有效的推动作用。即使报酬较高，也很可能没有保障。希斯金曾形象地描述英国南部农业劳动者的真实想法，"即使那儿的工作有保障并且稳定，劳动所得也不够温饱，而在这儿（南部农业地区），我们会在一个季度中将我们口袋装着的钱弄辙了，而到了下一季度，我们还会剩下1/4便士"。[②] 工业地区的较高工资可能很快被较高的物价抵消，一般来说，当时的城市过分拥挤、卫生设施较差，这也是农民犹豫的原因。

其次，从当时的技术条件上看，没有便捷的交通也是造成劳动力流动不顺畅的原因。在英国北部地区，那些与成长中的工业区没有便捷交通的郊区，如吉斯本、塞德伯、帕特里·布里基以及约克郡西区的凯特尔韦尔"存在着实实在在的劳动力剩余，并且就业人口维持生计的手段与南部地区的人口相似"，而与之形成鲜明对照的是，19世纪30—40年代的格拉摩根郡却存在着很大程度的劳动力短缺。这是因为，即使对于潜在的近距离移民来说，要达到这个工业山谷县也比较困难。[③] 于是，一些地区存在着劳动力的剩余，另一些地区却是面临着劳动力的短缺。可见，交通技术

---

① Barton, John, "In Defence of the Corn Laws", 1833, p. 29, from H. J. Habakkuk and M. M. Postan, *The Cambridge Economic History of Europe*, London: Cambridge University Press, 1978, Vol. 7, p. 113.

② Gaskell, The North and South, 1970, p. 382.

③ John A. H., The Industrial Development of South Wales, 1750-1850, 1950, p. 68.

条件无疑是重要的影响因素。

最后，还存在着制度性的障碍。如英国的《济贫法》、《定居法》在一定程度上也阻碍了劳动力的自由流动。威廉·配第指出，"这个国家的《济贫法》……给劳动力流动套上了一个枷锁，《定居法》则是工人不能进入能使他们尽量勤奋工作的市场中，是资本家不能雇用到合格的工人从而获得投资的最大回报"。[①] 与之相反，爱尔兰人、苏格兰人由于不受《定居法》的限制，劳动力在那儿的流动增加了。[②]

1832—1834 年的《济贫法》委员会对《定居法》实际上没有给予关注，当时在拥有大量经济专家和掌握重要信息的情况下，委员会根本没有把农村的隐蔽性失业和公开失业问题与工业对劳动力的需求联系起来考虑，它们似乎并未意识到解决南部农业地区的失业和人力浪费的一个办法是，把南部的农业劳动力转移到北部的制造厂和矿山中，以便使劳动者找到工作。相反的，根据当时的《定居法》，贫民被束缚在自己出生的教区，他们的流动受到法律限制。这其中的原因无非是出于地主和农场主的利益考虑，即为了能在收获季节保持土地上的劳动力储备，也就是约翰·巴顿所说的"《济贫法》是为雇主提供一种对劳动力使用的垄断，或者说是劳动力的优先占有权"。[③]

《济贫法》对于劳动力流动的负面作用越来越受到农业学家、工业学家和管理者的批评，《1833 年工厂委员会的第一份报告书》非常直接地抨击了《济贫法》：

> 《济贫法》是劳动力流动的障碍……制造业发达城市中的儿童和年轻人的普通工资两倍于农业地区的儿童和年轻人的工资，而农业地区的济贫院却挤满了失业者，这一事实给整个制度的运作提供了某种启示……现行《济贫法》的管理制度以及某种程度上这一法律本身，操作起来往往弊处丛生，因为它不允许工人根据就业需要流入新的地区；也因为当原来工作完全丧失时，它又削弱了寻找新工作的动

① Pollard Sidney, "The Labor Condition in Great Britain," H. J. Habakkuk and M. M. Postan, *The Cambridge Economic History of Europe*, London: Cambridge University Press, 1978, Vol. 7, p. 108.

② Pollard Sidney, "The Labor Condition in Great Britain," H. J. Habakkuk and M. M. Postan, *The Cambridge Economic History of Europe*, London: Cambridge University Press, 1978, Vol. 7, p. 108.

③ John Barton, *Observations on the Condition of Labouring Classes of Society*, 1817, 1934, repr. p. 64.

力……议会应不允许现行的济贫法律制度继续成为劳动力有益流动的羁绊。①

强调促使劳动力流入就业需要地区的制度变革在这种情况下应运而生，《济贫法》和《定居法》的松动和最终停止执行，扫除了劳动力流动的法律限制，为 19 世纪英国进入工业快速增长时期创造了条件。成效最明显的，如兰开夏郡这种劳动力极度缺乏的工业区。法律等制度性的改革是增强流动性、缩小劳动者之间工资收入差距的必要工具。

（3）劳动力市场的局部饱和及工会力量的有限性。

在信息不对称条件下的劳动力流动往往导致劳动力市场的局部饱和。19 世纪 40 年代，在伦敦、格拉斯哥、约克郡西区和兰开夏郡，流入的爱尔兰劳工中约有 50 万人分布在这几个地区。这些劳工的流入不仅仅使得这些地区的经济增长得以持续，并且也使得劳动力供给增加，从而劳动力价格有向下的压力，特别是在经济转热时，劳动的边际报酬向着减少的方向变化。《国民改革家》中专门提到由于爱尔兰劳工流入引起的本地劳工工资水平的下降：

> 爱尔兰穷人向英格兰移民的数量巨大并且仍在继续，这对英格兰穷困阶层的生活造成很大影响。爱尔兰乞丐正在耗尽地方税款与救济饭汤，而这些税款与饭汤又一直被英格兰穷人看做自己的既有利益，通过廉价劳动与高价劳动之间的不公平竞争，爱尔兰劳工最终降低了英格兰各地类似阶层的工资水平。②

爱尔兰劳动力实际上成为英国工业化的一个内在组成部分，它的流入使得英国的工业部门和农业部门之间嵌入了一个（爱尔兰）农业部门。由于尚未形成统一的劳动力市场，就很容易陷入地区性的超饱和状态。爱尔兰的移民流入（定居的或者仅是季节性的），一方面使得英格兰原先作为收获季节劳动力储备的非全职农业工人向全职工业工人的转变，另一方

---

① Wing, Charles, *Evils of the Factory System*, Demonstrated by Parliamentary Evidence, 1837, repr. 1967, p. 353.

② Redford, A., *Labor Migration in England*, *1800－1850*, 2nd edn, Manchester , 1964, p. 162.

面由于他们的流入使得当地劳动力供给处于过度充盈状态，从而使得报酬低廉的南部本地农业工人利用这一年一度时机（市场对他们有利）的机会减少了，使他们在谈判中处于不利地位。

> 谷物生产郡有幸在收割季节能够获得爱尔兰劳工的帮助，如果没有这些季节性的得力助手，就不能及时完成收割，而且，假如没有这些人，农村中的劳工们也不会明白他们所要求的限度，不管是在工作要价时还是在喝啤酒消遣时，他们都会不知天高地厚。[1]

爱尔兰的移民流入，无论是定居的还是季节性的，他们都造成了当地劳动力的过度供给，弱化了劳工们的谈判地位。况且在 19 世纪中期以前，工会的作用还不是很明显，即便是后来，仅依靠工会的力量也是不够的。英国在 19 世纪中期建立起来的工会试图拉平不同工厂之间、不同城市之间的工资水平，但晚至 1867 年，工会才表达了自己的真实愿望：在考虑到生活费用差别和“其他局部的有利和不利条件的情况下，同一行业的所有工人不管在什么地方受雇，只要在相同的岗位上就应该得到相同的报酬。”工人的集体谈判在一定程度上能导致工资在地区之间、在不同技能程度之间的缩小，的确，工会起了某些作用，“使用最老式机器的地方，经常支付最高的工资，因为那里的工会恰好拥有的权利也最大”。[2]但是，很多数据表明，工资水平难以拉平，在英国的不同地方，同类工人的工资仍然差别很大，泥瓦匠的工资为每小时 4.5—7.37 便士，砖匠小时工资为4.5—8 便士，木匠为 4.6—8 便士。[3]

相对于对工资水平施加影响，工会组织在缩短工作时间上的作用略为明显，因为工作时间的黏性要比工资黏性更大，并且更需要集体谈判。结果是，工会组织在取得了降低工作时数，实现加班工资等方面的成功的同

---

[1] Pollard Sidney, The Labor Condition in Great Britain, H. J. Habakkuk and M. M. Postan, *The Cambridge Economic History of Europe*, London: Cambridge University Press, 1978, Vol. 7, p. 111.

[2] Ward, James, Workmen and Wages at Home and Abroad, 1868, p. 16, from H. J. Habakkuk and M. M. Postan, *The Cambridge Economic History of Europe*, London: Cambridge University Press, 1978, Vol. 7, p. 121.

[3] Mayhew, H., *London Labor and the London Poor*, Vol. 2, London: Macmillan, 1861, p. 292, 336.

时，却损害了工会抵制薪酬降低的能力。① 且在供过于求的劳动力市场面前，工会组织被证明为没有多大功效，尤其在经济萧条时期更是如此。②

3. 缓解失衡问题的关键因素

从以上分析可发现，统一的劳动力市场的形成、劳动力自身知识技能水平的提高，对于缓解劳动者内部的失衡尤为重要。这仅仅依靠劳动者个人，或者企业，或者工会团体，或者政府单方面都是不可行的，这时候，制度的重要性更为明显，问题的缓解取决于在这种制度安排下的各种力量的共同作用。其中，社会保障制度的建立和逐步完善对于缓解收入分配悬殊、劳资及社会其他各种群体之间的矛盾起着不可替代的作用。如在德国，依据国家立法与社会自治相结合的原则建立社会保障制度。国家制定法规，在此基础上，投保人和雇主通过其代表会议和执行机构，实行自治管理；保险种类和机构实行多样化原则，因地制宜，不强求统一；凡是没有保险的领域和地方，不管哪个公民，由于什么原因，只要他陷入困境，就应得到国家的关照和社会的帮助。通过为几乎所有人提供保障的"社会保险体系"和扶弱济贫的"关照体系"，从而为经济稳定发展和缓解社会的不平衡提供了条件。

参与治理权对失衡矫正的贡献是关键的因素。工会自由和选举权在英国社会失衡—冲突—相对均衡的过程中是最关键的因素，也是工人借以参与经济和政治生活的两项重要权利。工业化初期，英国工人曾经为获得参与权而进行暴力抗争，表现为典型的从失衡到冲突的状态；获得经济参与权后，工人放弃了暴力抗争的形式；获得政治参与权后，英国工人及工会开始致力于议会斗争，最终促使多部有利于工人的劳资关系法律出台，英国的劳资关系进入一个以劳资合作、劳资对话为基础的稳定发展轨道，趋向于一种相对的均衡状态。

最初，工会的主要目的是保护工人的经济利益。18 世纪末和 19 世纪初，英国正处在工业革命发展过程中，大工厂纷纷出现。在工厂里，工人的生活条件极端恶劣，工资待遇非常低。为争取改善自己的生活和待遇，有些地区如约克郡的呢绒工人、纺纱工人等组织了工会，工会的数量和性

---

① Bry, G., *Wages in Germany, 1871 – 1945*, Princeton, 1960, p. 301.

② Kaelble, H. and H. Volkmann, "Konjunktur und Streik waehrend des Uebergangs zum Organisierten Kapitalismus," *Zeitschrift fuer Wirtschaft – und Sozialwissenschaften*, Vol. 92, 1972, p. 532 – 534.

质不断变化，参加的工人越来越多。工会运动的迅速发展，使雇主们感到了恐慌，于是在雇主们的请求下，1799 年 7 月，议会通过了第一项禁止结社的法令——《禁止结社法》（*Combination Acts 1799*）使得一切合法的结社活动都"非法"了，当时的工人运动，只能以地下斗争的形式出现，直到 1824 年通过了《禁止结社废止法》，结社才成为工人的合法权利。获得组建工会的权利后，工人组织工会的规模，从地方性迅速扩大到全国性。虽然政府仍然通过各种不同的法律限制工会运动发展，但组织起来的工人却放弃了激烈的暴力抗争，转而以罢工的方式，对抗雇主任意减薪，开除工人，或要求增加工人工资。特别是 1850 年代，英国劳资关系中出现了新的趋势，少数高技术工人为了保护自己的特殊利益，组建了只吸收高技术和高收入工人的工会，更多地以对话代替罢工；资方通常也会做出一些大的让步。非技术工人一是由于市场压力比较大，二是由于经费不足，所以很难与雇主进行长期的斗争，采取了忍让。高技术工人得以分享经济发展成果，社会回归平衡。

同时，获得选举权，合法参与政治生活，是社会平衡的一种重要途径。19 世纪 60 年代，工人在日益壮大的工会领导下，重新展开争取普选权的斗争，并于 1865 年与资产阶级激进派联合结成"全国改革同盟"。1918 年，英国基本上实现了男（21 岁）女（30 岁）公民的普遍选举权，取消了一切选举的资格限制。在改革过程中，工人一方面为争取选举权而斗争，一方面利用自由党和保守党都想争取工人选票的心理，要求政府制定对工人和工会有利的法律法规。如 1874 年自由党在大选中失利，在很大程度上就归因于自由党在 1871 年制定的《刑法修正案》中规定了不利于工人罢工的条款而遭到了工人选民的反对，这次大选还有两位工人在竞选中获得成功，成为英国最早的工人议员，所以保守党上台后立即废除了《刑法修正案》，并制定《雇主与雇工法》促进立法向有利于工人权益的方向转变。[1]

因此，参与经济治理权和选举权的获得，使工人可以通过议会斗争的方式推动一系列对劳方有利的规范劳资关系的法律出台，推动了英国劳资关系走上以劳资合作、劳资对话为基础的稳定发展轨道。工人成为体制内的合作力量，即使在 1906 年英国工人阶级自己的政党——工党建立后，

---

[1] 赵祖平：《欧盟劳工政策三方机制的发展及其启示》，《国家行政学院学报》2010 年第 1 期。

也是以议会斗争作为参与政治的方式。工人及其组织工会和工党成为英国经济、社会和政治生活中的一个重要组成部分。历史的发展表明，英国劳资关系趋向合作与稳定是工人获得参与权后的理性选择，是社会改良和社会文明进步的产物，对于工业化进程中的广大发展中国家来说，不乏启发意义。

福利国家建设是解决社会失衡问题的必要条件。以英国为例，在缓解社会失衡问题的过程中，其相关政策都逐步转向了福利国家的制度建设，政府倾向于为市场体系承担更多的责任。劳工的工作条件、生活条件、教育条件以及弱势群体的保障方面都受到重视并逐渐得以改善。

英国 1833 年的工厂法就是一个非常有效的保证劳工工作条件的法令，它限制儿童的工作实践并为儿童提供教育机会。根据工厂法建立了检查员制度，该制度制定了有关通风、温度和工作时间之类的规则。1844 年的法案又把保护的范围扩大到妇女，1850 年的法案还包括对照明、安全的检查。1855 年英国颁布了第一个关于安全准则的通则，1860 年的煤矿法细化了该通则，不准许 12 岁以下的儿童从事采矿工作。1872 年的规章法规定必须对矿工实行年龄检查。工作条件的改善逐渐向系统化发展，从而维护劳工的权益。

在最低工资的制定方面。如煤炭等行业，根据 1909 年的贸易委员会法建立了若干行业的法定团体，由这些团体管理工资。英国自由党政府于 1912 年同意了以法律支持最低工资的原则。

失业是社会失衡的一个主要方面，政府求助于保险原则，目的是能建立一个支付失业救济金的基金。这样不仅能使政府本身置于经济之外，而且还使得对税收系统造成的压力变得容易接受。1911 年国家保险法（National Insurance Act）的第二部分规定，为失业工人提供每周 7 先令总共 15 周的失业救济金，当时大约有 225 万工人享受了这项待遇。工人与雇主每人每周上缴 2.5 便士，政府在此基础上再增加 25% 用以支付失业工人的救济金。政府以这样一种谨慎的方式负担起维持失业者生活的责任。根据 1920 年劳埃德·乔治的失业保险法，政府扩展了 1911 年的计划，几乎涵盖了所有年收入不超过 250 英镑的手工劳动者和非手工劳动者。这样保险涵盖的范围就从 400 万工人扩大到约 1200 万工人，救济金和捐助款都提高了，失业保险基金运作良好。1934 年，调整了捐助和救济金方面的条款，建立了独立的新团体——失业救济委员会，负责为有劳动能力的失业者和无法得到财政部资助的救济金的失业者提供救济。

在养老金问题上，依据老年抚恤金法（Old Age Pensions Act）的规定，年龄在 70 岁以上的老人享有获得标准规模的抚恤金（每周 5 先令）的权利，而不需支付任何款税。1919 年又提高到 10 先令，并且废除了贫民无资格获得养老金的规定，扩大了养老金的发放范围。

此外，政府还在劳工的医疗卫生、受教育方面进行了一系列卓有成效的尝试，为弱势群体提供的教育和职业培训则是提高了劳工自身的素质和竞争力。

第三节　劳工住房问题

在工业化进程加快、劳动力流动增强的条件下，城市原有的住房不能满足流入人口的需求，新建住房的速度往往跟不上流入人口的增长速度，因此，住房难题在各国工业化过程中似乎无法避免，成为城市病的一大症结。

一、劳工的住房困境

18 世纪下半叶和整个 19 世纪，在英、法、德等进入工业化的国家，城市和工业区工人群体的住房条件都极其恶劣。其中，以英国最为典型。J. H. 特雷布尔关于 19 世纪上半叶利物浦工人阶级住房问题的研究显示，1780—1850 年，工人群体的住房情况有三大特征。

（1）地下室起了重要作用。1790 年，利物浦有 1/8 的人口住在不利于健康的地下室里，与兰开夏的棉纺织业城市不同，利物浦的地下室是专门供穷人居住的。这种房子容易被水淹，人容易感染伤寒等传染性疾病。

（2）背靠背房屋数量多。这种房屋是背向而建的，两排房共用一垛后墙，只有前窗而没有后窗，空气不能对流，通风不良。

（3）经常性的住房拥挤是工人群体的共同经历。在许多贫民居住区，一所房间往往住 18—20 人，从地下室到角楼都挤满了人。1801 年时，利物浦每所住房平均住 6.78 人，1851 年上升为 7.32 人，19 世纪 40 年代，由于爱尔兰移民的大量流入，有的地区一所房屋住 10 多人，如莱斯街，平均每所住房居住人数不少于 13.15 人，有的地方甚至不分男女老幼挤住在一起。[①]

这些使人们毛骨悚然的住房和卫生条件在伦敦和其他大城市司空见惯，直到 1905 年，在德国主要城市中，有暖气的两居室房屋内，平均每间住两个人，而有暖气的一居室房屋则平均每间住三人以上。[②] 理查德·A. 刘易斯指出，如果说贫民窟在工业化开始之前就已经存在，则无论如何从绝对数量上还是相对比例上说，工业化都使得他们成倍增加了。[③]

二、劳工住房问题的缓解

面对住房问题，各国都采取措施以缓解住房拥挤和卫生条件恶劣的状态。下文对英国和德国的情况做一对比分析。

英国起步较晚，政府当局和企业雇主在工业化的后期开始关注这一问题。工业家在建立工厂的同时开始给自己的工人建造住房。相当数量的新工业城镇和农村大量兴建住宅。如英格兰的索尔特或比利时列日附近的大霍鲁等城市不仅有了住宅，而且有了商店。19 世纪末，英国铁路公司在伍尔弗顿、斯温登和克鲁建立了新的机械工厂和工人住宅。但这些企业在建造住房时，也没有忘记保留社会等级：

> 首先，别墅式的住宅接纳最高级的职员；其次，装饰优雅的哥特式房屋给次高等职员居住，工程师们独家独户住在一套房子里，有公司户人家公用的设备，还有花园和单独的入口；最后，工人欣然住在有四套房子的整洁的住所里，入口有古老的门廊。第一、二、三等住宅都有花园和庭院，第四等住宅也有花园。[④]

① Chapman, Sidney, D., *The History of Working - Class Housing*, *A Symposium*, Newton Abbot: David & Charles, 1971, p. 24 - 25.

② Ashok V. Desai, *Real Wages in Germany*, *1871 - 1963*, Oxford U. P., 1968, p. 26.

③ Pollard Sidney, The Labor Condition in Great Britain, H. J. Habakkuk and M. M. Postan, *The Cambridge Economic History of Europe*, London: Cambridge University Press, 1978, Vol. 7, p. 161.

④ 威廉·查洛纳：《克鲁的社会和经济发展 1780—1923》，曼彻斯特大学出版社 1959 年版，第 48 页，转引自卡洛·齐波拉主编《欧洲经济史》第三卷，中译本，商务印书馆 1989 年版，第 122 页。

英国很多农场工人住单幢住所，类似的还有教师、教会牧师等。19
世纪时，不是很富裕的中产阶级所能得到的住房供应大大提高了，境遇
较好的人家能住得很宽敞；19 世纪末，报酬较高的手艺人可以搬进更好
的住所，但是广大的普通民众还是住得十分拥挤。不可忽视的是，以上
住房是与工作绑定在一起的，工人一旦丧失工作就意味着同时丧失住
房。而且尽管这些宿舍价格公道，房租不得任意变动，但这种优点有时
候往往被缺乏保障而抵消。如 19 世纪就出现过一些势力联合起来抬高房
租的情况。

> 由于一些势力联合起来抬高房租，因此，收入中花费在房屋上的
> 比例日益上升。在英国，1801 年房租大约占总消费开支的 5%，1851
> 年增至 8%，1901 年增至 9%。而且，非常明显的是，正如施瓦布所论
> 证的，"房租支出的比例随着收入的降低而增大"。一本维多利亚女王
> 时期的手册中指出，在英国，250 英镑年收入的 10% 要用来支付房租，
> 而收入更少的人则要把自己收入中的更大比例用于房租，年收入在
> 100—125 英镑者，要付约 25 英镑的房租，即收入的 1/5—1/4。①

由于逐渐认识到市场力量不能给城市贫民提供合适的住房，英国 19
世纪成立了一些慈善组织（如皮博迪信托财产会）以供应标准住房，于
是，在伦敦和英国其他一些大城市中可以见到工人阶级公寓大楼。19 世
纪 40 年代，许多城市都相继颁布了改善住房条件的地方法规，如规定建
筑居民院落的最低宽度，两排房屋间的最小距离，房屋两面都必须开窗
等。如 1845 年诺丁汉的一项法规禁止建造背靠背的房屋，要求每所房屋
都必须有厕所，有不少于 30 平方英尺的庭院。② 当时改善住房拥挤状况
的措施很多，但收效不大。为保证房屋满足最低的居住水平，在某些地
区，已经开始实行消除城市贫民窟的计划。但是情况并不如意：

> 19 世纪后半期在改进工人阶级住房方面存在着无数的困难。改

---

① Ashok V. Desai, *Real Wages in Germany, 1871 - 1963*, New York: Oxford University Press, 1968,
p. 31.
② 王章辉、黄柯可等编著《欧美农村劳动力的转移与城市化》，社会科学文献出版社 1999 年版，第
333 页。

良者、慈善家和地方当局的官员们努力去建立和维护卫生设备和通风设备的适当标准，并按工人阶级家庭能定期支付的房租提供住宅。但是，由于失业、广大的临时工的存在、低收入和散漫的习性，想达到更高水平的尝试屡遭失败。这个问题由于无情的人口压力，由于习惯于原始条件的大批爱尔兰移民的涌入，由于为了建造中心铁路终点站而大量毁掉廉价的房地产，更为普遍的是由于缺少教育和不懂得基本的清洁卫生而变得更加严重了。[①]

在满足住房需求的尝试方面，英国的某些工厂主，如凯德伯里和利弗兄弟设法使他们的工人有住房，并且根据立法授予的权利，某些市政当局也开始建造房屋，但进展缓慢，1890—1914 年，英国只有 5% 左右的新工人阶级的住房是由地方当局提供的。[②]

从相关的文献中可发现，英国在改善工人的住房方面没有很务实的规划，或者说它的规划脱离现实，太过于理想主义，而且它的城市规划往往立足于市区本身的范围之内。如，在《工人阶级住房史文集》中提到花园郊区规划的破产：

> 19 世纪初期，伦敦曾经为中产阶级设计了花园郊区，后来各省也相继效法，这种城市规划方案在 20 世纪初扩大了，花园城市——都市里的村庄——的概念受到赞扬。但在第一次世界大战之前，这项运动并未取得进展，更为重要的是，私人部门仍然不能赶上住房需要的步伐。英国的建筑工业在对海外资本的需求不急迫的时候是活跃的，因而存在着房屋建筑的强大的周期性因素，19 世纪 80 年代和 90 年代初，工业地区供出租的房屋的建造大大增加，但是，1909—1913 年出口资金突然猛增达到高峰，于是这一倾向受到抑制。第一次世界大战前夕，大不列颠仍然存在着严重的住房问题，贫民窟还大量存在，据 1911 年人口调查数据显示，1/10 的居民仍住得过分拥挤。[③]

---

① John Parry Lewis, *Building Cycles and Britain's Growth*, Macmillan, 1965, p. 13.

② Chapman, Sidney D., ed., *The History of Working Class Housing: A Symposium*, Newton Abbot: David & Charles Press, 1971, p. 11.

③ Chapman, Sidney D., ed., *The History of Working Class Housing: A Symposium*, Newton Abbot: David & Charles Press, 1971, p. 31.

可见，在当时私人部门提供的住房不足以满足普通工人的住房需求，而工人的支付能力有限，贫民窟大量存在的条件下，英国的首选应该是扩建实用性的而不是花园式别墅以提供急需之用。在私人部门住房投资不足的情况下，没有针对性地辅以财政倾斜，以至于在对外投资需求和满足国内需求之间顾此失彼。

而在英国之后进入工业化的德国，则吸收了前者的相关经验教训，在住房的解决方面显得比前者更为及时，效果更加明显。善于利用发达的运输系统，尤其是20世纪初电车的使用以来，德国城郊的全部旅客都是由电车运送的，这有助于城市摆脱原有的边界限制，向郊区发展，这就相对缓解了城市的住房拥挤问题。德国的有效措施主要表现在以下几个方面。

（1）以法律法规的形式明确了各相关部门的责任。1868年，巴登公国首先制定了城市道路和住宅建筑法规；1875年，普鲁士也制定了城市管理法规，规定对城市的扩建、管理，建筑住宅都必须进行统一规划。其具体做法是：由市长、地形测量师和市政府建筑师勘测地形后，共同起草建筑方案。这个方案必须经市民广泛讨论，然后由地方政府向警察局提出具体的建筑计划，对城市街道的走向、宽窄、住宅的高度、方向等做出具体规定。建筑部要和警察局共同协商改建和扩建老城区、建设新住宅的方案。未列入计划的建筑，一律无效。在建房之前，有关部门还要负责对移民进行调查，考核他们的住房情况。

（2）通盘考虑住宅建设，并且紧扣现实需求。几乎任何一个地方的工业化进程加快时，都会遇到住房瓶颈，德国在工业化伊始，有些大城市中的企业就已进行为企业工人建造一些离工厂较近的住宅。以鲁尔区为例，城市解决住房问题，主要从以下方面着手实施公共住房政策。

根据城市法规中的规定，城市建设要满足公共事业和机构某些方面的局部需要，全国除巴伐利亚、符腾堡和巴登以外，各州公共法律明文规定，各个城市代表机构对城市房产都享有一定的份额。因此，相当多的城市能够通过监督和检查住宅，影响房地产市场和直接参与住宅市场活动，执行公共住宅政策，加速公共住宅建筑业的发展。

很多城市采取相应的措施整顿和监督房地产的开发和利用，在必要的情况下，住宅管理机构还负责统计房屋、调查房租情况，以便城市管理机构能对住宅市场施加影响。有的城市则利用对双方有利的价格把管辖的土地出售给建筑协会，或交出地产权，或争取多方面对建筑住宅进行资助或贷款，前提是，建筑协会或建筑合作社能保证工人住宅问题的解决。公共住宅的公共产品性质决定了它必须由公共机构统一管理，但德国由于争议较大而未能很好地实施这一政策。

公共住宅属于大型的基础设施建设，必须有通盘考虑的一揽子规划，德国在这方面做得非常到位。城市管理机构在建房的同时，也制定出修建城市交通干线、铁路、火车站、汽车站、运河及仓库和料场计划。在此过程中，德国逐渐形成了自己的一套城市扩建、市政建设和管理的法规及计划。尤其在第二次世界大战以后，德国根据城市发展的远景规划，在恢复城市原有重要传统建筑物的基础上，根据实际情况的变化，不断地修改和补充城市征用土地的计划，重点强调在原有基础上扩建和管理好城市，突出综合利用的功能。要求尽量在城市市区内修建住宅和绿地，将住宅与休闲地一体化。此外，德国还不断对城区进行改造，把大城市周围的小城镇合并起来，不仅扩大了建筑面积，而且也使日益增多的居民的生存活动空间得以扩展。

（3）扩大参与范围，协同治理。除了城市管理机构推动执行公共建房政策以外，国家、城市和各大企业以及个人也都从不同的方式参与城市住宅建设。

成立建筑协会和建筑合作社，不少城市根据自己的情况成立有关机构，比较注意合理征用土地，并有权商议购买土地和建房的价格，以便达到双方共赢。如，法兰克福、科隆都较早地成立了建筑协会，并通过缴纳建筑抵押金的办法建造住房。建筑协会还积极组织贷款，为协会的运作筹集资金。当时，科隆还组织抵押贷款及在州保险局没有交担保的贷款，用于建房，使建筑协会或建筑合作社的资金问题得以解决，并使建房者修建街道和使用土地的税减免一半，这就大大提高了合作社和协会的建房积极性。

大企业在工厂周围建造工人住宅区、生活区，能就地解决本单位外来移民的居住问题。由于住所离工厂近，因此还有利于工人上下班，节省往返时间，减少交通压力。因此，不少工业家在建立工厂的同时开始给自己的工人建造住房。相当数量的新工业城镇和农村建起了大量住宅。19世纪末，在德国的克虏伯工厂、巴登苯胺－苏打工厂、染料工厂和奥格斯堡与纽伦堡的联合机械工厂都为自己的工人们建造了住房。① 由于政府、企业以及建筑协会等方面的共同参与，德国劳动者的住房问题得到了缓解，如表 4 - 5 所示，从几个城市不同收入群体的房租支出 - 收入比的变化中可发现，他们收入中用于支付房租的比例均有不同程度的下降。

表 4 - 5　德国某些城市中房租占收入的比例（1868—1880 年）

单位：%

收入情况	柏林		汉堡		莱比锡	
	1876 年	1868 年	1874 年	1882 年	1875 年	1880 年
30—60（英镑）	24.7	18.8	23.5	20.9	21.2	21.0
60—90（英镑）	21.8	19.9	21.1	18.9	20.8	19.7

资料来源：William J. Ashley, *The Progress of the German Working Classes in the Last Quarter of a Century*, Longmans, 1904, p. 35。

　　为更好地解决农村移民的住房问题，德国还建造了大量福利性质的住房，并由市政当局管理。这种福利住房带有公共建筑的色彩。房屋结构比较简单，租金比较低廉，为流入城市的农村移民提供了方便，颇受欢迎②。

　　可见，德国在解决工业化中的城市住房问题上，已经形成了"政府主导、多方参与、全面规划、综合治理"的有效路径，在城市管理、住宅建筑、城市布局等方面也都具有自己独特的管理方法。

　　综上所述，失业和贫困、资本与劳动之间及劳动者内部不同群体之间的收入差距和社会地位差距、劳动者住房困境等城市病是每个国家在工业化过程中无法避免的问题。而就地城镇化则是缓解城市病和劳动力流动压力的有效方式；工会的力量在提高劳动者谈判地位从而改善劳工处境方面发挥了越来越大的作用；建立福利国家制度是一个被证明有效的方向……这些来自外部的动力无疑有利于以上问题的缓解，然而还须内在动力的激发，包括立足于劳动者自身素质的提高，依赖于教育和职业培训，增强劳动者的适应能力，这需要由政府、企业、社会以及劳动者个人等多方面的共同参与。

---

① 卡洛·齐波拉主编《欧洲经济史》第三卷，中译本，商务印书馆 1989 年版，第 121 页。

② 萧辉英：《农村人口的转移与德国社会经济的发展》，王章辉、黄柯可等编著《欧美农村劳动力的转移与城市化》，社会科学文献出版社 1999 年版，第 335 页。

第五章　从过去到未来：欧洲的经验是否对症中国工业化与城镇化？

工业化、城市化及其引致的劳动力流动，使得社会处于一个不断重组的过程，而兼顾效率与公平的发展模式，实现资源、公共产品与公共服务的去中心化和均等化，无疑为劳动力流动与城市化发展的健康运行提供了必要的条件，有助于经济稳定增长和创造和谐社会。回溯欧洲工业化过程，无论是分析托达罗式的"就地城镇化"，德国"公平与效率并重"的社会市场经济及其"去中心化"（Decentralization）模式，还是欧洲国家的福利制度建设，都可以从其制度因素上感受到一个可以参考、借鉴的未来景象。

第一节　就地城镇化——是否适用于中国？

就地城镇化作为欧洲工业化的一个经验，它同样适用于中国缓解城市压力和劳动力流动困境。就基础设施和包括科教文卫在内的软件资源而言，中国的地区分布很不均衡，相对于第二次世界大战后期的欧洲国家，具有很明显的集中化倾向，中国大城市的就业机会和基础设施的完备程度远胜过一般的中小城市，迫于生计和发展，人们不得不涌向大城市。一方面导致了城市的超负荷状态；另一方面在劳动力流入的同时，城市对外来人口的社会保障没有能够及时跟进，原有的基础设施也跟不上人口的扩张速度，于是城市病接踵而至。不仅外来人口没有安全感，而且原住民的生活质量也在降低，[①] 与此相对应的则是农村的空心化现象。回溯欧洲国家

---

① 李松涛：《我国已经进入城市病集中爆发期》，《中国青年报》2010 年 10 月 8 日。

当时的过渡经济（或称过渡部门，包括农村工业、家庭工业和工场手工业），可发现正是这种实质为就地城镇化的过渡地带，缓解了城市的过度集中，使劳动力得以分流，使城市获得跟进各种设施和服务的喘息之机。

从欧洲工业化、城镇化的进程可见，工业化带动了小城镇的发展，而就地城镇化的实现是和小城镇的发展直接联系在一起的，它往往直接表现为劳动力的就地就业和小城镇的广泛兴起。要抑制城市病，发展小城镇是关键途径。

到19世纪中叶第一次工业革命完成后，英国进入城镇化时代。通过城镇化发展，大城市的发展速度比小城镇快了两倍，在英国约克夏、北部各郡和西米德兰的小城镇已经大多超出了小城镇的范围，但是工业化期间英国各城市之间的发展总体比较平衡。为什么在德、英、法、荷等欧洲国家，工业化没有引起小城镇的普遍衰弱和大城市的过分拥堵？为什么在中国，在存在被胡祖六誉为与"奴隶制度"① 相提并论的户籍制度的条件下，还阻挡不了人口对大城市的冲击及其相应的小城镇的凋零？除了人口因素之外，这依然很大程度上应归结为制度所提供的平衡机制。以当时的英国为例，主要包括以下因素，促进了小城镇的全面发展：一是不同城市间的资源及公共服务的同质性，二是城市和农村城镇发展的一致性，三是城镇发展的多元化。

城镇数量的动态平衡。英国到实现城市化的1851年，仍然有着923个小城镇。② 虽然有的小城镇迅速发展，超出了小城镇的范围，进入了大城市的行列，使小城镇的数量有所减少；但在同时，原来的一些定居点或乡村逐渐变成小镇，小城镇数量又有所增长。据当时的资料统计，1851年英格兰的788个小城镇中，有33.6%的人居住在有5000—10000人的小城镇里，3300人以下的小城镇有368个，占小城镇居民总数的46.7%，占比将近一半。1811—1851年，居住在3300人以下的小城镇的人由67%下降到46.7%，而居住在5000人以上的小城镇里的人则由18.8%增长到33.6%。③ 因此，大小城镇数量

① 胡祖六：《户籍制度没有什么好改革的，就是应该取消》，《凤凰财经》2013年4月7日。参见 http://finance.ifeng.com/news/special/2013boao/20130407/7869141.shtml。
② Daunton M.. *The Cambridge Urban History of Britain*：Vol. 12，Cambridge：Cambridge University Press，2000，p. 153。
③ Clark P.，*The Cambridge Urban History of Britain*：Vol. 12，Cambridge：Cambridge University Press，2000，p. 740-741，转引自陆伟芳《小城镇在英国工业革命中的发展》，《学习与探索》2006年第5期。

与规模一直保持着大致相当的水平，城镇数量维持着动态的平衡。

工业化带动了小城镇布局的变化，使得大小城镇分布的地理范围更为广泛，结构更加分散。在工业革命前英国的小城镇中，许多繁荣的小城镇主要集中在南部，尤其集中在东盎格利亚、伦敦周围等，而在北部、西部的小城镇则无足轻重。18世纪和19世纪上半叶，由于工业革命带来的经济变动、城镇本身的发展和交通运输的变革，国家的经济重心发生了转移，移到了西北部，于是小城镇布局随着经济中心的转变而发生了迁移，使得小城镇的范围进一步扩大。工业革命的发展，英国从农业社会向工业社会的转变，从乡村社会向城市社会的转变，为小城镇向城镇和大城市的发展创造了条件，因此，19世纪初的许多小城镇后来发展成为城市，从而走出了小城镇的队伍，许多小城镇已经发展成为城市。

小城镇与大城市资源和服务的同质性，一定程度上避免了由于区域失衡引起的大城市的过度拥堵和小城镇的没落。无论在农业英国，还是在工业英国，小城镇始终是英国社会不可缺少的重要组成部分。到19世纪中叶英国实现城镇化时，小城镇仍然是一个完善的体系，随着城镇化的推进，小城镇的地位不但没有下降，反而有所上升。[①] 一是传统的集市作用的保留和公共服务设施的扩展。小城镇不仅保留了原来农业社会的人口汇聚点和为农产品提供交换场所的乡村集市的功能，而且随着工业化的发展，公共服务设施得到了扩展，如教堂、学校、酒吧、旅店、杂货铺等公共设施。二是工业化促使小城镇向经济多元化发展，它们有着市场、服务、工业、港口等经济要素，如在西米德兰和西北部小城镇中有超过2/3的小镇经济是多元化的。但在传统的农业区，如东米德兰地区只有不到22%的小城镇有着较多的经济要素，在崛起中的西米德兰和北部地区，伴随着大城市的发展，大城市周围雨后春笋般涌现了一批工业小城镇。[②] 随着小城镇发展的加速，服务、零售和制造专业化特性的增强，社交和文化更城镇化了，城镇景观重新规划，建设了更多的娱乐设施，城镇行政管理与组织扩展了，对许多城镇而言，政治也更加成为日常生活了。这种小而全的发展方向使得小城镇能够成为一个独立运行的体系，而不是哪一个大城市的附属地，并能与大城市或其他的小城镇相互补充。于是大城市与小

---

① 　陆伟芳：《小城镇在英国工业革命中的发展》，《学习与探索》2006年第5期。

② 　刘景华：《城市转型与英国的勃兴》，中国纺织出版社1994年版。

城镇在经济、政治、生活、就业及公共设施等方面的差距在缩小，这种资源和服务的同质性，有助于区域的平衡发展，促进了小城镇的广泛分布和全面发展，为劳动力的就地就业和发展提供了机会和空间，避免了大城市的过度拥堵。

目前中国依然需要就地城镇化来代替单向的劳动力流动（即从农村流向主要城市），逐步实现城乡、大中小城市资源和服务的同质性，推动小城镇的可持续发展。作者自2008年底至2009年底，陆续开展了对四川广元、中江等地农业劳动力的调查，调研数据和访谈表明这种替代更加符合流动人口的心理诉求。根据调研我们得出，通过产业转移来部分替代劳动力的转移，结合城乡统筹，以灾后重建的大量用工需求带动就业问题的缓解，实现劳动力的就地城镇化，将带来经济社会和环境的多重外溢效应。既能顺应灾后独特的心理诉求，又能减少交通部门的碳排放，同时也减轻了大中城市的交通和市政管理的压力，更重要的是，它是农村家庭的现实诉求。

为排除灾民心理影响因素，考察就近安置和就地城镇化诉求的普遍性，我们于2012年4月继续对广元等地农业劳动力安置情况追加了一次跟踪，得出的结论与三年前一致，于是排除了灾区心理因素的影响，证明就地城镇化和就近安置是农业劳动力的常态诉求。走访中发现，农业劳动力面临的问题和欧洲当时的状况是类似的。

技能是影响就业安置的关键因素。广元和中江劳动局的统计显示，657名和946名劳动力中，通过职业培训、外出务工、自学、接受师傅传授或祖传方式现已经掌握一种或几种专业技能的人员总数分别为320人和651人，占被调查人员总数的48.7%和68.8%。除了普通工之外，劳动力都集中在与建筑相关的行业上，这是与近年来我国的建筑业发展紧密联系的。从行业技能上分析，技术含量普遍不高，而且存在着较易被其他劳动力替代的特点。这也是大部分劳动力工资难以提高的一个原因。正因为初中级劳动力技术含量低，很容易被替代，所以农民工们讨价还价的能力较弱。

在集中对青川215名民工的调查中，45岁以上的占被调查总数的12.5%，30岁以下的占33.3%，处于30—45岁的占54.2%。

从掌握的技能上看，情况很不乐观，其中无技能人员和非熟练工占82.8%，掌握一种或多种技能的仅占17.2%。而缺乏技能使得农业劳动力

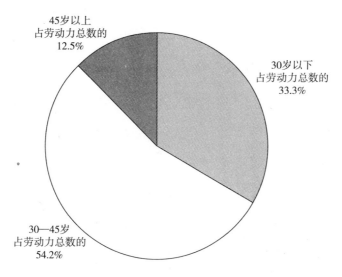

图 5-1 青川被调查劳动力的年龄结构

普遍安全感很低。他们对于"您对现在工作生活状况有安全感吗"的回答中，认为很有安全感的只有15位，占6.98%，而且有安全感的原因并不是来源于工作，而是来源于他们还有家乡的林、地、房子实物。回答"一般"的有45位，而剩下的155位都认为没有安全感，其中一个重要原因是觉得自己不能融入当地社会，被排挤，没有生存能力，被边缘化。从图5-2和图5-3中可大致发现，劳动力的个人安全感程度与技能掌握程度高度一致。

技能缺失直接降低了劳动力的市场地位。对于缺少技能的外出务工人员来说，获得工作岗位显得更加迫切，这使得他们更加容易接受用工单位不公平的条件，这就直接影响了劳动力安置的质量。比如，外出劳动力社会安全系数都很低：在中江县外出务工人员中，与业主签订劳动合同的为104858人，占28.7%，未签订劳动合同的259582人，占71.3%；已参加基本养老保险或基本医疗保险的人数仅为72795人，占20.2%，未参加基本养老保险或基本医疗保险的287685人，占79.8%。在已签订劳动合同的人员中，很多务工人员反映，合同条款一律由老板一方制定，且均为一年或更短的期限合同，特别是个体业主雇佣工尤为突出。

在青川县的215份问卷中，只有23人购买社会保险，106人购买医疗保险，均由自己支付。对于调查问卷中第11个问题"工资有无拖欠"的回答有三种，如表5-1所示。

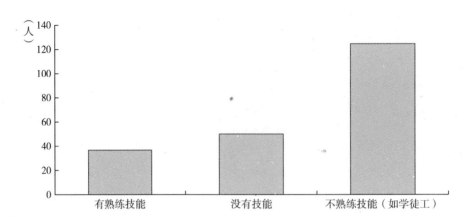

图 5 - 2　青川被调查劳动力的技能掌握情况

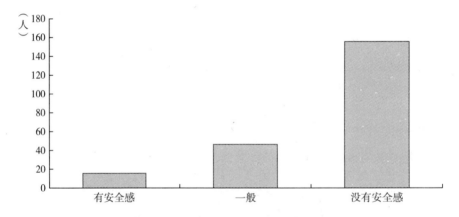

图 5 - 3　青川被调查劳动力的个人安全感程度

表 5 - 1　工资有无拖欠

问　　题	选　　项		
工资拖欠情况	从未拖欠 119(人)	偶尔拖欠 82(人)	经常拖欠 14(人)
有无加班情况	有加无额外补贴 215(人)	有加有额外补贴 0(人)	无加班 0(人)

　　对于第 14 个问题："平时有没有加班干活？如果加班，有没有额外加班补贴？补贴多少？"回答都是，"有加班，没有额外补贴"。

　　外出务工人员工资福利的提高也很困难。在和青川县劳动局、剑阁县劳动局的访谈中，在座人员一再提到，外出农民工的收入，绝大部分是属于"节省"下来的，而不是真正的收入。确切地说是他们对自己基本生存费用的一种达到极限的压缩。由于物价的上涨以及平均生活水平的提高，工资增长往往已经跟不上基本生活所需费用的增长，在这种情况下，民工的办法只有以压缩原本就比较拮据的生活来保证"盈余"。这是笔者在青川、剑阁劳动局访谈时留下最深刻的印象。

在回收的 195 份有效问卷中，30—40 岁的民工 95% 希望到近一点的地方，假如能在本市找到工作，或是在本县城内，他们宁可不去沿海发达城市，因为可以顾家，大部分民工的老人和小孩还在家留守，他们的心愿是返乡工作。而所谓的返乡工作就是在本地就有适合自己的岗位，同时还关顾自己家的农活。

在访谈中发现，93% 的被访家庭表示，相对于外出到大城市务工以获取更高的收入，他们更愿意选择就近谋生获得相对较低的收入，以换取对家庭的照顾。他们对外出务工和就地务工月收入差的预期较一致，90% 的受访者均在 3000 元以内，即在外出收入不超过就地务工收入 3000 元的情况下，都愿意留在本地，也有一部分人表示，只要能在本地找到有收入的工作，不管外出务工的收入能增加多少，都选择留守。

就近安置和就地城镇化诉求与欧洲国家当时的过渡地带具有较高的吻合度，与托达罗关于农业劳动力转移的就地城镇化观点[1]是一致的。只要给他们足够的就业机会，民工剧增的恋土情结、安全感和归属感以及对家庭的团聚期盼都驱使他们选择就近就地工作。因此，在技能之外，就是产业政策和当地的投资环境，就地就业无法在产业空心化的状态下实现。

因此，问题最直接有效的解决方法就是就地城镇化、产业转移代替劳动力流动。这需要加快研究制定中西部地区承接产业转移的具体政策，从规范性的政策层面讲，进一步科学引导和支持东部地区劳动密集型产业积极向西部转移，有效开发利用西部地区富集劳动力资源就近就地转化，而且有利于从根本上减少大城市的社会管理成本。跟踪调查发现，通过劳动力密集型产业由东部向西部转移来实现西部劳动力的就地安置是因地制宜的，深受当地劳动力欢迎的措施。以调研的地区为例，

---

[1]　蒋尉：《农业劳动力流动的机制、动因、问题及对策——欧洲工业化的借鉴》，2007 年博士毕业论文，中国社会科学院研究生院欧洲系。

主要措施有以下几项。

（1）以劳动密集型产业转移替代劳动力的大规模转移。

就劳动力技能等素质而言，短时间内是不可能实现大的转变的，在这一前提下如何解决市场需求的迅速更新和有效供给的滞后之间的冲突？我们可以考虑因地制宜产业政策。与其在当地通过援建抛掷一个个"飞地"，片面地追求与当地的投资环境和运行环境都不匹配的高新产业，[①]还不如在适当的高新产业试点之外，更多地发展劳动密集型产业，如农副产品的生产和加工、服装制造业、电子组装等。通过产业转移来替代劳动力的转移，结合城乡统筹，以灾后重建的大量用工需求带动就业问题的缓解，实现劳动力的就地城镇化，既能顺应灾后独特的心理诉求，又能减少交通部门的碳排放，同时也减轻了大中城市的交通和市政管理的压力。

如考虑国家级劳动密集型产业转移协调领导机构，统筹产业布局，落实鼓励性政策，颁布行业和地域准入标准。要进一步细分劳动密集型产业，根据多种经济指标，如每万元投资的技术含量、每单位产值解决的就业数量、使用技工人数等，把劳动密集型产业划分为相对高附加值、一般附加值、低附加值三类，分别给予不同的政策措施加以区别对待。对东部地区实施发展相对高附加值、限制发展一般附加值、不发展低附加值劳动密集型产业的政策；对西部地区鼓励发展各类劳动密集型产业。对此拟定劳动密集型产业向西部地区转移时间表，支持资本和人才向西部地区转移，使更多西部地区劳动力回流参与家乡建设，促进东西部协调发展，保持我国发展劳动密集型产业的国际比较优势。

通过东部劳动力密集型产业向西部的转移不仅有助于解决灾区劳动力的就地安置，而且具有多种外溢效应。如环境效益，缓解气候变化的压力。每年的民工潮以及假期的交通拥挤不仅给交通部门造成了管理困境、对一、二线城市增加了压力，同时还增加了交通部门的温室气体排放，通过产业转移来替代劳动力的转移，不仅降低了大城市和交通运输部门的管理成本，而且还减少了交通碳排放。从社会效益上看，来自留守儿童及老人的社会压力也能够得以缓解。

其实不乏返乡后就地就业的成功案例。如巴中市何家坝立足乡村的特点，吸收和就地培养了外出务工返乡创业人员共 39 人，其中男性 36 人、

---

① 当然并不是排斥高新技术产业在当地的发展。

女性 3 人，大专文化 3 人、高中文化 8 人、初中文化 21 人、小学文化 7 人，返乡创业主要涉及建筑业、种养业、加工业、运输业、经商等，返乡创业 39 人原在外务工年收入 114.2 万元，2012 年返乡创业年收入 659.5 万元，增加收入 545.3 万元。

（2）结合当地新农村建设的需求，增强技能培训的针对性和实效性。

农业劳动力素质的培养是一项长期的工作，必须因地制宜，根据劳动力的基础和当地新农村建设的需求来量身定制，充分考虑灾区劳动力市场的变化来调整内容，进行有序的培训。如围绕市场需要，大力实施职业培训行动计划，开展多层次、多工种技能培训。围绕企业、产业发展，大力开展订单、定向培训。围绕劳动者需要，开展板房搭建、装修装饰、建筑类等灾后重建技能培训；开展煤炭生产、市场营销、旅游服务等返乡农民工技能转换培训；围绕城乡劳动者创业愿望，开展创业培训。

上述技能培训是实现岗位需求与劳动力素质之间有效链接的最直接的手段。实际上，培训在每个调研地区都开展得很多。如中江县培训机构多，内容丰富。每年有新增劳动力近 2 万人，有 25 所职业技术培训机构为农民工培训提供服务，开设有缝纫、机电维修、计算机、家政服务、厨师等专业，对农民工进行长、中、短期相结合的培训，年培训能力近 9 万人次。各部门还根据其职能特点积极开展农民工技能培训工作，如农业局积极组织实施“农民工阳光培训工程”，劳动社会保障局积极开展农村劳动力进城就业技能培训。培训必须和企业的需求以及劳动力的意愿结合起来，并且随市场需求状况进行调整。针对大多数返乡农民工技能单一的特点，可以及时将职业培训工作重心转向返乡农民工职业培训。如中江县 22 个职业技术培训机构中开设了电工、焊工、汽车驾驶、汽车维修、家政、餐饮、建筑、缝纫、机电技术等适合返乡农民工的专业。从 2008 年 11 月至 2009 年 3 月，全县共培训返乡农民工 3553 人，其中结业取得专业技术证书 3075 人，增强了农民工适应岗位的能力。

广元市利州区还建立了“政府采购、工作统一、资金统筹”的职业培训新机制，确定职业培训由劳动保障部门牵头，实现了培训机构由政府采购，培训标准由政府确定，培训计划由政府下达，培训程序由政府规范，培训效果由政府验收，培训补贴由政府认可。有效整合了农村劳动力的技能培训、再就业培训、品牌培训、扶贫培训、新型农民工培训等各类职业技能项目培训资源。实施培训与市场、培训与企业、培训与劳动者

"三对接"，注重培训与就业紧密衔接，打造特色职业培训品牌，形成了在全省乃至全国的"广建工"、"广电工"、"广核电安装工"等特色培训品牌，创建了"白花石刻"、"麻柳刺绣"、"剑门豆腐"、"苍溪雪梨"等具有浓郁特色的地方职业培训品牌。通过培训机制创新和培训工种拓展，初步形成了培训促进就业与就业引导培训的良性发展。

（3）将就业与城乡统筹相结合。

劳动力的就业安置应该和城乡统筹结合起来。如在广元市的苍溪县，基于当地产业基础和资源禀赋，重点拓展了统筹城乡就业十项政策，建立了职业培训、就业信息发布、就业援助三大体系，实施了就业失业登记、劳动力资源管理两项制度，推行了"培训＋产业—创业—企业—就业"的"1＋4"统筹城乡就业模式和"基地—订单—培训—鉴定—就业—参保—维权"的"七位一体"农民工工作模式。通过对试点方案、制度框架、操作流程、考核机制的建立和规范，分别在全县 39 个乡镇和 5 个产业园区实施分层梯次推进统筹城乡就业工作。经过 4 个月的试点，苍溪县城乡统筹就业服务格局初步形成，城乡劳动者享受平等的就业政策、均等化的就业服务，农村富余劳动力实现了及时、有序转移就业，城镇就业得到有效扩大，试点达到了预期目标。试点结束时，9 个重点镇和 5 个产业园区城乡登记失业率为 3%，较试点前下降了 1.5 个百分点；30 个非重点乡镇城镇登记失业率为 4%，较试点前下降了 0.5 个百分点；农村富余劳动力转移率为 90% 以上，较试点前上升了 5 个百分点；城镇新增就业3656 人，月新增就业 914 人，与试点前相比，每月增加 400 人，增幅达76%。

（4）完善相应的服务体系。

上述内容的实施都需要有一个相对完善的服务体系为支撑。对此，广元灾区的相关制度还有待完善。一是就业服务信息体系建设滞后。就业服务信息功能的丰富性尚未充分挖掘和开发，就业服务信息系统性、整体性运作环境还未形成，不能满足统筹城乡就业发展的需要。二是基层公共就业服务能力建设滞后。服务内容、标准不规范，就业服务整体水平有待进一步提高；服务手段单一、原始，导致就业服务整体效率不高。三是队伍建设有待进一步加强。干部职工责任意识、主动服务意识与广大群众的需求有待加强。其中，再就业信息平台建设，对于促进人力资源和信息的有机结合起着非常重要的作用，有助于输出地政府对劳动力就业状况的动态监控，及时掌握返乡农民工的基本情况，对返乡农民工的动向、数量进行动态监测和登记造册，及时向返乡民工和失业人员提供再就业信息。这种信息发布与促进就业的联动机制能确保及时掌握就业的变化和动向。如对于那些掌握特定技术返乡的劳动力一定要予以重视，注重发挥他们的引领带动作用，为他们提供优惠条件，鼓励他们自主创业，发挥"传、帮、带"的作用。此外，健全服务体系要求输出地政府加强与输入地政府及企业的联系协调。调查中发现，各个地区都非常积极地为劳务输出提供条件，如职业介绍、招聘会等。但是受访民工75%以上都表示，是通过亲戚朋友的介绍找到单位的，有的还表示通过政府部门或是职业介绍所介绍的，但不如亲朋好友介绍的。同时政府部门的人员也表示，给民工介绍工作，效果并不理想，在劳务过程中一旦遭遇问题，首先的反应就是返回当地，并且要求政府解决，而与劳务接收方直接交涉的意识缺乏，或者是有时候缺乏足够的能力与强势的劳务接收方进行协调，而政府和劳务接收方的协调也收效甚微。因此，政府劳务组织的运行还有一个条件，那就是必须加强劳务组织与输入地政府、企业的协调联系，设置一个专门的监管机构，以提高灾区外出劳动力的保障系数，给他们增加足够的安全感。

附：

调查问卷

县　　名		乡　　名	
行政村名		自然村名	
被访民工姓名(自愿提供)		被访民工的年龄	
被访者性别		被访民工在外务工年数	
被访者教育程度		婚否，是否有孩子？	
备　　注		访谈者　蒋尉	

1. 您是通过什么渠道找到务工的单位？
   （1）街头广告
   （2）熟人介绍
   （3）政府组织

（4）人才市场（职业介绍所）

（5）电视网络等媒体

（6）其他＿＿＿＿＿＿＿＿

2. 您外出工作的原因是哪一些？

（1）增加收入，年收入增加了多少＿＿＿＿＿＿＿

（2）耕地少，农活少

（3）当地找不到工作

（4）当地找不到合适的工作

（5）当地收入低

（6）干农活太累

（7）增长见识

（8）其他原因＿＿＿＿＿＿＿＿

3. 您是否已婚？

（1）已　　　　　　　　（2）否

4. 如果已婚，是否一起外出工作？

（1）是　　　　　　　　（2）否

假如不在一起工作，是否生活成本增加？假如是的话，每年约增加多少？

5. 假如已婚，有几个孩子？他们是否和您们在一起？是否在您们的工作所在地上学？

5.1 您觉得孩子没跟着您，是否对他们不好？主要是哪些方面？

5.2 假如孩子也在一起，家里老人有什么安排？

5.3 孩子一起过来的话，是否对他们发展有帮助？还是没有帮助？

6. 小孩子上学好还是不好？

6.1 如果好，你认为上到什么程度最好？

1）小学　　2）初中　　3）中专或技术学校　　4）高中　　5）大学及以上

6.2 如果不好，主要是因为＿＿＿＿＿＿＿＿

7. 您外出工作时，家里的耕地林地是怎么处理的？

8. 您对您现在的状况满意吗？

（1）很满意

（2）一般

（3）不满意

9. 是否希望成为城市居民？

（1）希望，为什么_____

（2）不希望，为什么_____

10. 您受过些技术培训或职业培训？由谁组织？由谁支付？

11. 工资有无拖欠？如有的，怎么解决？

12. 您在外地工作时，有没有觉得离家远而不方便？有没有一些担心的事情？

13. 假如现在有机会在当地工作，离家很近，您是否愿意回来工作？您能接受的工资差额大约是多少？

14. 平时有没有加班干活？如果加班，有没有加班补贴？补贴多少？

15. 您决定在本地工作和外地工作主要有哪一些考虑因素？您觉得在当地工作有哪些好处和坏处？在外地工作有哪些好处和坏处？

16. 近几年外出工作及交通情况

年份	工作地点及内容	每年往返次数、路程	每次往返交通工具和每项交通工具使用时间，规模(如车上人数)	路费

第二节 欧洲"效率与公平"的跷跷板
——德国案例的启示

以效率与社会公平并重为核心理念的德国社会市场经济模式形成于第二次世界大战之后，但从理念和法律基础上看，它更是工业化发展模式的一个延伸，它包括自由市场经济、国家宏观调控以及社会公平和全民福利，其中后者是前两者的目标。①

从经济社会发展模式上区分，一般认为美、英属自由市场经济，法国是计划调节市场经济，德国是社会市场经济；也有按民族或地区划分，如盎格鲁－撒克逊模式（指美英模式）、莱茵模式（泛指欧洲大陆模式），以及北欧模式等；还有按国别划分，如德国模式、荷兰模式、瑞典模式等。② 对于德国的发展模式，国内的研究观点比较一致地倾向于以注重"效率与公平"来概括德国的社会市场经济模式（肖爱民，2007③；谢汪送，2007④），实际上对于其中的"公平"，德国内部则分歧较大，不少观点认为这种"公平"有时候更是一种对市场的扭曲，另一种观点认为是非常有必要的，是对市场的矫正，还有观点则认为"国家对市场的干预对于公平很重要，但是目前已经矫枉过正"。⑤ 从核心理念上看，德国模式是在国家权力和自由市场之间、在不同时期的波动定位，是在工业化进程中逐步形成的一种追求社会均衡的理念惯性。裘元伦认为，德国模式的核心理念主要体现在社会市场经济制度对经济、市场和社会三者的同时并重⑥。确切地说，德国模式的初衷并非是扭曲市场的"公平"，而是试图通过制度设计以达到一种社会均衡或平衡的哈耶克理想状态。这种理念发端于民族特性和文化等制度基因以及德国特殊的历史历练。它不仅体现在经济制度模式上，而且是从民族理念到经济社会行为，渗透在其各种政策及其形成和实施的整个体系中。纵观资本主义数百年的发展史，在市场经济中如此重视社会平衡，应当说，乃是人类社会的一大进步。⑦

因此，以德国为例，再度回溯欧洲工业化和后工业化发展模式，从其发展历程到核心理念及制度因素，探讨其特征、优势与缺憾，这对于我国进程中的工业化城镇化和劳动力流动具有积极的借鉴意义。鉴于案例的完

---

① A. Hofmann, Tatsachen über Deutschland, Societacts – Verlag, 1992, seite, 185.

② 郭小莎：《德国经济社会发展模式改革的欧洲比较——欧盟部分国家发展模式的改革实践与差异》，《德国研究》2006 年第 1 期。

③ 肖爱民：《论德国模式——当代资本主义经济发展模式的新变化、新特点》，《城市学院学报》2007 年第 1 期。

④ 谢汪送：《社会市场经济：德国模式的解读与借鉴》，《经济社会体制比较》2007 年第 2 期。

⑤ 笔者对于政府职员、科研机构、企业家、普通上班族和失业人群的访谈，2011 年 3～7 月。

⑥ 裘元伦：《欧美经济模式之争》，《求是》2004 年第 3 期。

⑦ 裘元伦：《德国社会市场经济模式析论》，《欧洲》1998 年第 2 期。

备性，本节先对德国的基本情况作一概述，然后论述德国社会市场经济理论和发展实践，时间跨度上也就涵盖了工业化和后工业化时期。

一、德国国情特征与资源

1. 地理、资源及产业发展

德国是欧洲联盟的创始国之一，同时也是联合国（United Nations）、北大平洋公约组织（NATO）、八国集团（G8）、经济合作与发展组织（OECD）的成员国。

德国位于欧洲中部，是欧洲邻国最多的国家，东邻波兰、捷克，南接奥地利、瑞士，西接荷兰、卢森堡、比利时、法国，北与丹麦相连，并临北海和波罗的海，与北欧国家隔海相望，海岸线长 1333 公里。德国总面积 357021 平方公里，其中 53.5% 用于农业，29.5% 是森林。德国地势北低南高，北部为平原，南境为阿尔卑斯山麓地带。北海沿岸多沙丘，波罗的海沿岸多沙嘴、沙洲和泻湖，楚格峰海拔 2963 米，为全国最高峰。境内主要河流有莱茵河、威悉河、易北河和多瑙河。①

2011 年德国行政体系分为联邦、州、地区三级，共有 14808 个地区，16 个州，分别是：巴登 - 符腾堡、巴伐利亚、柏林、勃兰登堡、不来梅、汉堡、黑森、梅克伦堡 - 前波莫瑞、下萨克森、北莱茵 - 威斯特法伦、莱茵兰 - 法耳茨、萨尔、萨克森、萨克森 - 安哈特、石勒苏益格 - 荷尔斯泰因和图林根。其中柏林、不来梅和汉堡是市州。德国实行联邦、州和地方三级预算制度。联邦政府主要承担社会福利和国防开支，以及其他一些重要的支出，包括交通通信、文教、科研等。州政府主要承担文教、治安、医疗等支出。地方政府主要承担当地居民多样化的社会需要，比如，供电供水、煤气等。对于文化教育等由联邦和州按比例分摊费用。

德国大部分区域为温带季节性气候，盛行西风。西北部和北部为海洋性气候，全年降雨，夏季降雨量最大。冬季温和，夏季凉爽。东部多为大陆性气候，冬季寒冷，夏季温暖，长期干旱。中部和南部为过渡性区域，

---

① 新华网，《德国概况》，http://news.xinhuanet.com/ziliao/2002 - 03/27/content_ 333436. htm，登录时间 2013 年 4 月 10 日。

由适度海洋性气候过渡到大陆性气候。

德国自然资源较为贫乏。除硬煤、褐煤和盐储量丰富外，原料和能源很大程度上依赖进口，2/3 的初级能源需进口，天然气产量能满足国内需求量的 1/4，东南部有少量铀矿。德国属于自然资源相对贫乏的国家，在工业原料和能源方面主要依靠进口。矿物原料（钢、铝土矿、锰、磷酸、钨和锡）对外国的依赖特别大。德国拥有少量铁矿和石油，天然气需求量的 1/3 可以由国内满足，硬煤、褐煤、钾盐的储量较丰富。德国森林覆盖面积约占全国土地面积的 1/3，以针叶林为主。在西部，私人林占 43%，国营林占 32%，其余属于社团或地方。全国生产的木材只能满足国内木材需求的 45%。褐煤是采矿工业中最大的一个工业部门。褐煤矿主要分布在莱茵兰勃兰登堡州南部和萨克森州，已开采的储量为 560 亿吨。由于铀的储量有限，自 1981 年起，不再开采铀矿，核电站所需浓缩铀由国外进口。

德国现为世界第四大经济体，是欧元区经济的火车头，是全球八大工业国之一。德国的工业品劳动力成本较高，但以品质精良著称，技术领先，做工细腻，在世界享有盛誉。德国工业侧重重工业，其工业结构特点是：侧重重工业、外向型、中小企业比重高①、垄断程度高②。主要工业部门有电子、航天、汽车制造、精密机械、装备制造、军工生产等。其中汽车和机械制造、化工、电气等部门是支柱产业，占全部工业产值的 40% 以上。2010 年工业就业人数占总就业人口的 2.39%，工业增加值占 GDP 的 27.91%。③

德国农业发达，机械化程度很高。1950 年一个劳动力只能养活 10 人，到 1994 年则能养活 95 人。国家对农业实行补贴，农产品价格上涨低于工资的增长。2010 年共有农业用地 1690 万公顷，约占国土面积的一半。当年农林渔业产值为 218.1 亿欧元，占国内生产总值的 0.9%。农业就业人口 85 万人，占总就业人数的 2.14%。2010 年农业从业人员占总就业人口的 1.60%。当年农业增加值占 GDP 的 0.88%。④ 德国具有始于 1926 年的全球最大农业和食品博览会——柏林国际绿色周。

---

① 大约 2/3 的工业企业雇员不到 100 名。众多的中小企业专业化程度较高，技术水平较高。

② 德国占工业企业总数 2.5% 的 1000 人以上的大企业占工业就业人数的 40% 和营业额的一半以上。

③ World bank，http：//api. worldbank. org/datafiles/DEU_ Country_ MetaData_ zh – hans_ EXCEL. xls.

④ 世界银行，http：//data. worldbank. org. cn/country/germany。

德国服务业发展较快，包括商业、交通运输、电信、银行、保险、房屋出租、旅游、教育、文化、医疗卫生等部门。德国交通运输业十分发达。公路、水路和航空运输全面发展，特别是公路密度为世界之冠。民航运输业发达。

2. 政治体制特征

德国具有较完备的宪法体系。宪法（《德意志联邦共和国基本法》）于1949年5月生效。基本法确定了德国五项基本制度：共和制、民主制、联邦制、法制国家和社会福利制度。德国政体为议会共和制，联邦总统为国家元首，联邦政府由联邦总理与联邦部长若干人组成，总理为政府首脑。议会由联邦议院和联邦参议院组成。联邦议院行使立法权，监督法律的执行，选举联邦总理，参与选举联邦总统和监督联邦政府的工作等。联邦议院选举通常每四年举行一次，在选举中获胜的政党或政党联盟将拥有组阁权。2006年，德国通过了联邦制改革法案，采取"以权力换权力"的办法，重新调整和明确了联邦与各联邦州的管辖权限，将部分立法权下放到联邦州，同时减少主要代表各州利益的联邦参议院的立法参与权和审批权，从而提高了政府决策能力和立法效率。

德国实行多党制，主要政党包括德国社会民主党、联盟90/绿党、基督教民主联盟、基督教社会联盟、自由民主党、民主社会主义党、德国的共产党、共和党等。德国的环境政策与绿党的政治地位变化有极大的关联。德国绿党是联邦德国新突起的全国性政治组织，于1980年1月14日成立。战后西德经济恢复迅速，但经济的快速发展造成了生态环境的污染和破坏。20世纪70—80年代西德各种生态保护组织、反核组织、反战运动兴起。1981年1月各种生态环境保护组织、和平主义组织举行联合代表大会，成立全国统一组织——绿党。1983年3月西德联邦议院举行大选，打破了以往三党执政的格局，成为影响政局的第四个政党。①

德国实行两票制选举制度。根据德国《选举法》规定，凡年满18周岁的具有德国国籍的公民都有选举权，每位选民拥有两张选票。第一票用于选出选民所在选区的议员候选人，并根据简单多数原则，由获得选票最多的人当选。选民的第二票用于选举政党。参加联邦议院的各党议员分别

---

① 参见《当代国际知识大辞典》。

组成议会党团。联邦参议院参与联邦立法和对联邦的行政管理施加影响，维护各州的利益。按各州人口比例由各州政府指派3—6名州政府成员组成参议院，共69席。议长由各州州长轮流担任，任期1年，总统因故不能行使职权时代行总统职务。联邦政府由联邦总理和联邦部长若干人组成，联邦总理为政府首脑。德国总统不由民众直接投票选出，而是由议会投票产生。这一职位对国家政策基本没有实际权力，但他的表态能在一定程度上影响政局或政府决策。

从司法体系上看，联邦宪法法院是德国宪法机构之一，是最高司法机构。主要负责解释《基本法》，监督《基本法》的执行，并对是否违宪做出裁定。共有16名法官，由联邦议院和联邦参议院各推选一半，由总统任命，任期12年。正、副院长由联邦议院和联邦参议院轮流推举。此外设有联邦法院（负责民事和刑事案件）、联邦行政法院（负责一般行政司法案件）、联邦惩戒法院（负责公职人员违纪案件）、联邦财政法院（负责财政案件）、联邦劳工法院（审理劳工案件）、联邦社会法院（审理社会福利纠纷）和联邦专利法院（审理有关专利问题的案件）。德国的各级法院都相应地设有检察机关，任务是对违法、犯罪提出起诉，但不受法院的管辖，不干预法院的审判工作，也不独立行使职权，而受各级司法部门的领导。其任务主要是领导刑事案件的侦查并提起公诉。检察机关受联邦或州政府司法部门的领导，在行使职权时相对独立。联邦行政法院设联邦最高检察院，由联邦检察长和数名联邦检察官进行工作。

欧盟建设和跨大西洋伙伴关系是德国外交政策的两大支柱，在此基础上，德国积极参与国际事务，解决地区热点问题和全球性问题，主张建立以联合国为主导的全球合作体系，和平解决国际争端，共同打击国际恐怖主义，促进国际贸易自由化和全球化的公正发展，努力在全球范围内解决贫困问题。

二、德国工业化与经济增长

前民主德国经济史家库辛斯基在《论工业革命问题》一书中提到主要工业化国家工业革命的起止时间，根据他的论断，德国的工业革命是整整一个 19 世纪。① 我国学者邢来顺将德国的第一次工业革命划分为两个阶段：起步阶段（1830—1840 年）和大规模开展阶段（1850—1860年）。②

和英国一致，德国工业革命的起步阶段也是从纺织工业开始，以普鲁士为例，1831 年时它已拥有 25.2 万台麻布织机、2.2 万台毛织机、2.5 万台棉织机和 9000 架丝织机。萨克森的纺织业也很发达。开姆尼兹被称为德国的曼彻斯特。然而，这一时期的德国纺织业与英国等发达国家相比，仍显得落后。③ 在此阶段，作为工业革命开展程度标志的机器制造工业在德国仍然很薄弱。19 世纪 40 年代初德国的 245 辆蒸汽机车中，只有 38 辆产自国内。工业中占主要地位的是工场手工业和分散的小手工业。直到1846—1847 年，在德意志关税同盟内的劳动人口中，工厂工人还不到劳动人口的 3%。因此，无论从深度上还是广度上看，19 世纪上半期的德国工业革命尚处于起步阶段。④

进入 1850 年代后，德国工业革命迅速展开并导致工业的高涨。这主要得益于两大原因：一是经过 1848 年革命后，封建因素在德国进一步遭到削弱。在作为经济基础的农业中，资本主义关系进一步得到加强。二是德意志关税同盟进一步得到扩大，经济一体化程度加强，从而大大缩小了因国家分裂而给经济发展带来的不利影响。由于 19 世纪50—60 年代的高速工业增长，到德意志帝国建立前夕，在德国的一些先进地区，如普鲁士、萨克森、巴伐利业、巴登等地，工业革命已经基本完成。

德国的第一次工业革命发端于纺织业，但主导产业是钢铁和煤炭等重工业。这是因为，在德国，由于铁路的高回报率和各邦政府的军事需求催生了铁路建设的积极投资，并由于铁路建设对钢铁的需要，又带动了煤炭、钢铁等重工业的连锁快速增长。1850—1870 年，德国的煤炭年产量从 670 万吨猛增至 3400 万吨，生铁产量由 21 万吨增加到了

① 约·库辛斯基：《论工业革命问题》，《史学译丛》1958 年第 1 期。
② 邢来顺：《德国第一次工业革命述略》，《华中师范大学学报（人文社会科学版）》1999 年第 6 期。
③ J. H. Clapham, The Economy Development of France and Germany 1815 – 1914, Cambridge, 1936, p. 93 – 95.
④ 邢来顺：《德国第一次工业革命述略》，《华中师范大学学报（人文社会科学版）》1999 年第 6 期。

139 万吨。① 第一次工业革命中，铁路建设对德国的工业扩张起了决定性的作用，德国得以从以纺织业为中心的轻工业迅速转向以铁路建设为重点的重工业，通过铁路建设来带动其他工业部门的发展，这也是德国在第一次工业革命中后来居上的一个极为重要的原因。

相对于英国，德国起步晚而速度快。19 世纪 50—60 年代，其工业发展速度远远高于英法等国。德国人对于这一时期的工业发展充满了自豪感。1867 年，一位德国人在评价巴黎世界博览会时曾这样自信地写道："我们的铸钢是无可匹敌的，我们的玻璃、我们的纸张出类拔萃，在化学产品方面我们击败了英国人和法国人的竞争，我们的织布机、工具机和蒸汽机车已经或至少已经与英国的和美国的不相上下——相比较而言，这一目标是在极短的时间内实现的。②

值得一提的是，私人投资在德国工业革命中占据了独特的重要性。到 1840 年为止，私人企业一直主导了德国的铁路建设。如纽伦堡至费尔特、柏林到波茨坦、莱比锡到德累斯顿等铁路，几乎都是私人投资。③ 宽松的投资环境也造就了一批老牌企业和一批卓有远见的企业家。德国较早涉及工业革命的就是一些私人企业家。在威斯特法利亚，弗里德里希·哈尔科特就建立起了炼铁厂和炼铜厂，并投资于运河和铁路建设，推动蒸汽船只的使用。几乎与此同时，弗里德里希·克虏伯还在靠近鲁尔地区的埃森建立了德国第一家钢铁厂。④

德国的第二次工业革命在 1870—1914 年，当时各国之间围绕着技术展开的竞争推动工业化向纵深发展，推动了工业规模的进一步扩大，而且分工日趋细化，不断地衍生出新的行业部门，创造了新的竞争空间。19 世纪最后几十年是出现集群技术创新的时代，这使整个工业的普遍进步成为可能，而普遍进步是成熟的标志。这种"成熟"是指，把重大创新从作为工业革命核心的工业部门扩散到其他许多生产部门。⑤

---

① 蒋尉：《欧洲工业化进程中的劳动力流动》，中国社会科学院研究生院博士毕业论文，2007 年 4 月。

② Deutscher Bundestag, Fragen an die deutsche Geschichte: Ideen, Krafte, Entscheidungen von 1800 bis zur Gegenw art, Bonn: 1993, p.161. 转引自邢来顺《德国第一次工业革命述略》，《华中师范大学学报（人文社会科学版）》1999 年第 6 期。

③ 邢来顺：《德国第一次工业革命述略》，《华中师范大学学报（人文社会科学版）》1999 年第 6 期。

④ R – H. Tenbrock, Geschichte Deutschlands, Hueber Verlag, Muenchen, 1977, p.180.

⑤ 裴元伦：《欧洲国家工业化过程中的技术创新与扩散》，《中国经贸导刊》2005 年第 23—24 期。

德国借助于这一时期的关键产业（以钢铁、化学、电力为代表）及其核心技术方面据有的优势，与英国展开了竞争，由此带动了工业化的加速发展，进入集群创新的时代，相关产业不断外延。这可从劳动力流向的变化中见一斑：19 世纪最后 30 年和 20 世纪初是工业规模迅速扩大以及化学、药品、电气、内燃机、钢铁、汽车、飞机、光学等产业确立和快速发展的时期。第二产业中不同行业的人数增加速度差别很大，新兴产业的增长速度大于传统行业。采矿业在 1849—1913 年就业人数由 9.5 万人上升至 86.3 万人，年均增长率约为 12.63%；冶金工业由 4.3 万人增加至 44.3 万人，年均增长率为 14.53%；金属加工业由 29 万人增加到 188.7 万人，年均增长率为 8.60%；化学工业由 2.4 万人增加到 29 万人，年均增长率为 17.32%；造纸行业由 2.3 万人增加到 28.2 万人，年均增长率达 17.60%。就业增加趋向于新兴行业，尤其是水电、煤气、印刷、化工等行业的集中。①

　　德国对英国的赶超首先表现在新材料领域，即廉价钢材的发明与扩散，以及化学工业的转变。19 世纪最后 30 年，技术发展的主要特点是钢替代铁以及与此相伴而来的金属消费量的迅速增长。炼钢工业的迅速发展，不仅得益于已持续了一百多年的技术进步，同时还受到了品质改良、价格下降以及出现新的需求等因素的推动。贝塞麦、西门子—马丁以及托马斯炼钢法，使粗钢的实际生产成本在 19 世纪 60 年代初至 90 年代中期下降了大约 80%—90%，并使地下铁矿开采得到了更为有效的利用。英国、德国、法国和比利时 1861 年的钢产量合计约为 12.5 万吨，1870 年为 38.5 万吨，到 1913 年则达 3202 万吨，在 43 年内增长了 83 倍（年均增长 10.8%）。② 其中德、英两国相比，德国逐渐占据了上风。19 世纪 70 年代，英国所生产的生铁产量为德意志关税同盟的 4 倍，钢产量则为 2 倍；到 1910—1914 年，德国铁的年均产量已是英国的 2 倍，钢为 2 倍以上③。电的发明也一样，最惊人的成就是在德国发生的。直到第一次

---

① 根据萧辉英《德国农村人口的转移》，载于王章辉、黄柯可主编《欧美农村劳动力的转移与城市化》，社会科学文献出版社 1999 年版，第 161 页中的数据计算。

② 根据萧辉英《德国农村人口的转移》，载于王章辉、黄柯可主编《欧美农村劳动力的转移与城市化》，社会科学文献出版社 1999 年版，第 161 页中的数据计算。

③ 根据萧辉英《德国农村人口的转移》，载于王章辉、黄柯可主编《欧美农村劳动力的转移与城市化》，社会科学文献出版社 1999 年版，第 161 页中的数据计算。

世界大战前夕，英国在电力消费方面可能仍然领先于德国，但在此后不到10 年的时间内，德国已经远远超过了其竞争对手。1925 年，德国主要原动力的日常产量已达到 2119 万马力，而英国 1924 年为 1681 万马力；两国的发电机装机容量分别为 1329 万马力和 851 万马力。更重要的是，德国发电站和输电网的平均规模大，其电流性质更为统一且性能效率更高①。在德国，到第一次世界大战爆发时，有机化学工业已占化学工业部门全部就业人数和投资的一半以上，它们又不断地衍生出新的方向与产品。

独特的职业教育系统和大规模的私人投资，是德国工业革命进展迅速的两大重要因素。如果说，完成第一次工业革命，德国开始越过英法势头的话，那么，通过第二次工业革命，德国则彻底奠定了在欧洲强国的基础。而此后，经过第一次世界大战、第一次经济危机以及第二次世界大战，德国经济受到了连续重创。第二次世界大战后德国经济结构得以进一步调整。工业和农林牧渔业在国民生产总值中所占比重均逐年减小，而第三产业（包括商业、交通、服务等行业）则持续壮大，如图 5 - 4a、5 - 4b、5 - 4c 和 5 - 5a、5 - 5b、5 - 5c 所示，三大产业 1960—2012 年的就业人数变动情况和增加值占 GDP 的比重的变动情况。主要包括商业、交通运输业、电信、银行、保险、出租房屋、旅馆、教育、文化、医疗卫生等部门。其中 2010 年服务业就业人数占总就业人口的 70%，服务业增加值占GDP 的 71.21%，年增长率达 3%。② 对外贸易是德国经济的重要支柱，主要贸易伙伴是欧盟成员国、美国和中国，德国在近年来一直是贸易顺差国。

21 世纪初以来，德国社会市场经济体系面临巨大的困境，长期为许多社会问题所拖累。经济结构的僵化导致高失业率，成为长期而非周期性的经济问题，人口高龄化问题也给社会保障体系造成了莫大的压力。德国经济自 2000 年增长了 2.9% 后便陷入徘徊和停滞交替的状态。2001 年的增长率为 0.8%，2002 年仅为 0.1%，而 2003 年甚至还下降了 0.1%。2004 年实现了 1.7% 的增长却又伴随着 2005 年的 0.9%。与此同时，失业增加和居民工资收入增长缓慢，国内需求依然疲软，财政赤字一直高于欧盟《稳定与增长公约》规定的 3% 的上限，面临高额罚款的压力。进入

---

① 戴维·兰迪斯：《1750—1914 年间西欧的技术变迁与工业发展》，刊于《剑桥欧洲经济史》第六卷，中译本，经济科学出版社 2002 年版，第 462、471、476、491 页。

② World bank, http://api.worldbank.org/datafiles/DEU_ Country_ MetaData_ zh - hans_ EXCEL. xls.

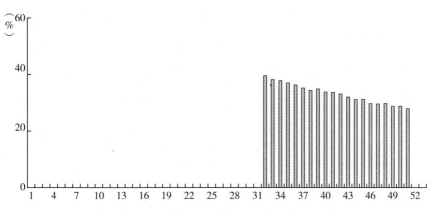

图 5－4a 工业就业人数占总就业人数的比重

资料来源：World Bank，http：//api. worldbank. org/datafiles/DEU＿ Country＿ MetaData＿ zh－hans＿ EXCEL. xls。

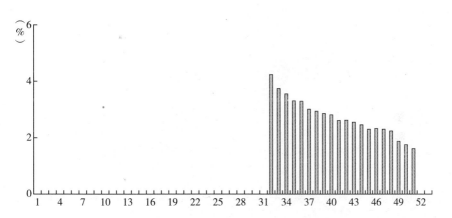

图 5－4b 农业就业人数占总就业人数的比重

资料来源：World Bank，http：//api. worldbank. org/datafiles/DEU＿ Country＿ MetaData＿ zh－hans＿ EXCEL. xls。

2006 年以后，投资率上升、经济增长加快、失业率下降、财政赤字减少，德国经济的增长率从 2005 年的 0.9％上升到 2006 年的 2.8％，2007 年第一季度达到 3.3％。[①] 但是好景不长，2008 年金融危机和 2009 年欧债危

---

① https：//www. destatis. de/DE/Startseite. html.

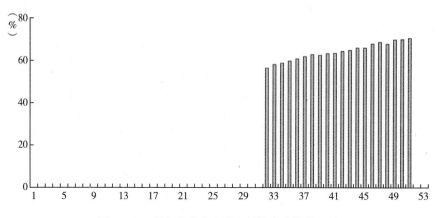

图 5 - 4c　服务业就业人数占总就业人数的比重

资料来源：World Bank，http：//api. worldbank. org/datafiles/DEU＿ Country＿ MetaData＿ zh－hans＿ EXCEL. xls。

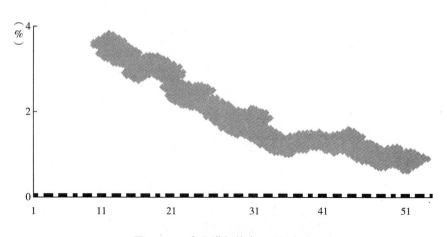

图 5 - 5a　农业增加值占 GDP 比重

资料来源：World Bank，http：//api. worldbank. org/datafiles/DEU＿ Country＿ MetaData＿ zh－hans＿ EXCEL. xls。

机，尤其是欧债危机给德国经济带来的拖累显而易见，德国 2008—2012 年国内生产总值增速变化，如图 5 - 6 所示。

　　2010 年德国在整个欧盟经济低迷的环境下创造了欧洲老大的形象：国内需求是德国 2010 年 GDP 增长的最大动力，总共为 GDP 的增长贡献了 2.5 个百分点。其中消费增长了 0.5％，政府开支增长了 2.2％，投资增长

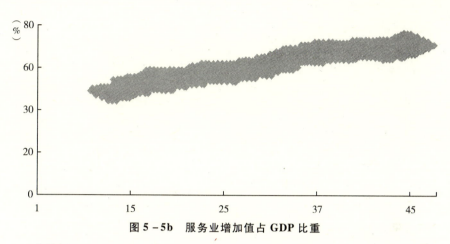

图5-5b　服务业增加值占 GDP 比重

资料来源：World Bank，http：//api. worldbank. org/datafiles/DEU_ Country_ MetaData_ zh - hans_ EXCEL. xls.

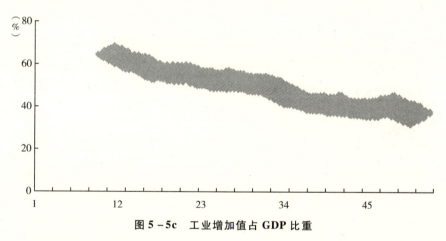

图5-5c　工业增加值占 GDP 比重

资料来源：World Bank，http：//api. worldbank. org/datafiles/DEU_ Country_ MetaData_ zh - hans_ EXCEL. xls.

了 5.5％；2010 年德国对外贸易总共为 GDP 增长贡献了 1.1 个百分点。其中出口增加 14.2％，进口增加 13.0％。整个 2010 年，德国失业人口减少了 26.2 万人，消费者信心指数也接近三年来的最高点。①

---

① 《第一财经日报》，《德国经济实现统一后最快增速》，http：//finance. ifeng. com/news/20110113/3196506. shtml。

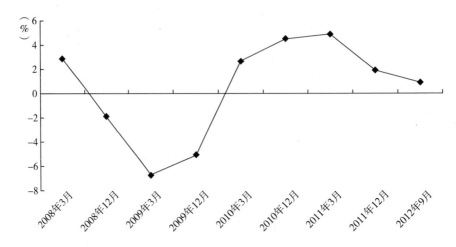

图 5-6　德国 2008—2012 年国内生产总值增速变化

资料来源：Statistisches Bundesamt, 2009 - 2013。

联邦统计数据显示，按平均汇率计算，2012 年上半年德国名义 GDP 折合为 16846.97 亿美元，较上年同期的 17837.89 亿美元减少 990.92 亿美元，同比下降 5.6%。其中，第一季度 GDP 折合为 8531.49 亿美元，下降 1.5%；第二季度 GDP 折合为 8311.30 亿美元，下降 9.4%。[①] 按现价折算的第三季度国内生产总值为 6748.5 亿欧元，环比增长 0.2%，同比增长 0.4%。[②] 德国 2012 年 12 月的服务业 PMI 终值为 52.0，这一数值为 2011 年 4 月以来的最高点，但仍低于长期平均值 52.9，2012 年 12 月的制造业 PMI 经修正后从 46.8 的初值大幅降至 46.0。德国 2012 年 11 月消费者物价指数（CPI）同比上升 1.9%，环比下降 0.1%。其中，食物价格同比上升 4.2%，环比上升 1.4%。此外，11 月德国消费者价格调和指数（HICP）同比上升 1.9%，环比下降 0.2%。[③] 表 5-2 中近三年主要经济指标反映，德国基本上处于一个发展缓慢或停滞的状态。当然相对于 2008—2009 年的负增长状况，目前可谓稍有好转。

---

① Statistisches Bundesamt, Pressemitteilung Nr. 004 vom 04.01.2013.

② Statistisches Bundesamt, Economic and financial data for Germany, Date of latest update：3 January, 2013.

③ Statistisches Bundesamt, Economic and financial data for Germany, Date of latest update：12 December, 2012.

表 5 – 2　德国主要经济指标的变动（2009—2011 年）

单位：10 亿欧元

经济指标	2009 年	2010 年	2011 年
国内生产总值	2374.50	2496.20	2592.60
最终消费支出	1866.85	1920.76	1987.43
政府最终消费支出	475.30	487.60	499.77
固定资本形成总值	408.65	435.26	469.85
进出口差额	116.93	138.90	131.66
国民总收入	2432	2546	2640
国民净收入（按成本要素计算）	1812	1919	1984
雇员报酬	1233	1270	1327
财产与企业收入	578.8	648.3	656.6

　　德国经济增长缓慢，固定资产投资近一两年有大幅下滑（见图 5 – 7、图 5 – 8），主要原因是欧洲财政紧缩要求过于苛刻，在欧洲债务危机初期各国削减预算速度过快，从而打击了投资积极性，牺牲了急需的经济增长空间。[①] 从发展模式上看，则是在国家权力与自由市场之间没有适时调整好度的问题。

　　由上文可见，工业革命是德国经济史中浓墨重彩的一笔。如果说德国的技术创新和私人投资造就了第一、二次工业革命时期德国的狂飙突进并且超越英国的话，那么，在快速发展的背后则是积极的制度因素，一是市场经济的逐步规范，二是社会公平理念的日益深化，工业化时期成为德国社会市场经济主要理念和法律制度的萌芽时期。

三、社会公平——德国社会市场经济模式的核心理念

　　纵观德国经济的发展，可以发现一个平稳缓慢、走走停停的过程，尤其是近十几年来几度出现缓慢增长甚至停滞的状态，然而尽管如此，《经

---

① Statistisches Bundesamt, Pressemitteilung Nr. 004 vom 04.01.2013.

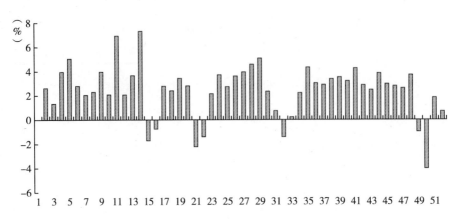

图 5 – 7 德国 GDP 年均增长率变化（1960—2012 年）

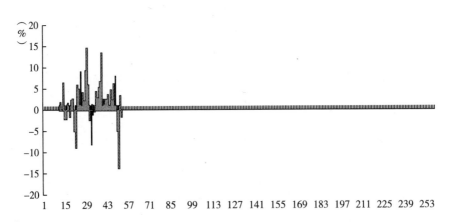

图 5 – 8 德国固定资本形成规模的变化（1960—2012 年）

资料来源：World Bank, http：//api. worldbank. org/datafiles/DEU_ Country_ MetaData_ zh – hans_ EXCEL. xls。

济学人》对德国在欧洲和世界上的地位评定依然乐观，最终定位德国为世界上少数正在经历强劲经济复苏的富裕国家和少数不存在巨额赤字危机的富裕经济体之一，这正是源于德国模式的内在张力。迪克·赫尔曼在《好年景：德国为何前途光明》一书中预测，到 2030 年，在人均收入方面，德国将成为世界上最富有的大国（见图 5 – 9）。[①] 该判断不是空穴来

——————

① http：//www. cnest. cn/Global/GlobalFocus/201204/t20120422_ 12614_ 1. html.

风：2012 年在欧洲国家普遍陷入财政危机和经济衰退之际，德国 GDP 涨幅达 0.7%，德国联邦和各州政府的财政赤字分别为 122 亿欧元和 68 亿欧元，较上一年减少了一半。同时，地方乡镇政府和社会保险的收支却连续2 年呈现大幅度盈余[1]，以至于引发了近来对德国模式是否可以复制的热烈讨论。欧洲问题研究的著名学者裴元伦一直对德国的长期发展持积极态度，因为尽管德国模式优劣参半，但是其制度底蕴不是经济危机和欧债危机所能销毁的，我们可以从德国模式的形成、核心理念和文化制度基因上解释它的影响力。

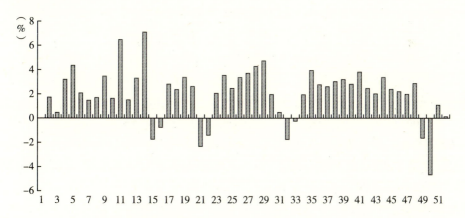

图 5 - 9　德国人均收入的增长率变化（1960—2012 年）

　　资料来源：World Bank，http：//api. worldbank. org/datafiles/DEU_ Country_ MetaData_ zh - hans_ EXCEL. xls。

1. 社会市场经济模式的形成和发展

　　一般将第二次世界大战作为德国社会市场经济模式的开始，然而，如上文所述，第一、二次工业革命其实已经开始了社会市场经济模式的理念和相关制度的萌芽。我们可以直观地判断，社会市场经济德国模式是从工业革命开始的，大致经历了下述六个阶段。

　　工业革命阶段是社会市场经济的萌芽阶段，最重要的制度铺垫则是维护社会市场经济运行的法律体系。其中最基本的就是 1896 年颁布、1900年生效的《德国民法典》（*Bürgerliches Gesetzbuch*），1897 年制定、1900 年

---

① Statistisches Bundesamt, Pressemitteilung Nr. 004 vom 02. 22. 2013.

生效的《德国商法典》(*Handelsgesetzbuch*)。其中《德国民法典》就有调整劳动关系的规定（第 611 条至第 630 条）。随着经济的发展、法制的逐步完善，劳动法逐渐从民法中分离了出来，以至今日已形成一个相对独立的法律体系。德国从最初 1869 年颁布《工业法典》承认工会合法开始，到民法典，再到之后的劳动法，在保护雇员即劳动者权益方面力度在增加，为缓和劳资矛盾社会公平方面提供了重要的法律保障。

1945—1965 年是德国社会市场经济的雏形时期，此时，自由主义思潮占主导地位。面对第二次世界大战后全面瘫痪的特殊条件，时任经济管理委员会主席的路德维希·艾哈德力推以货币改革为突破口，实行社会市场经济，取消管制、配给制和物价冻结，发挥市场机制的作用，同时在 1957 年制定了《反不正当竞争法》(*Gesetz gegen den unlauteren Wettbewerb*)，力图在无限制的自由放任主义和极端的国家统制经济之间走一条中间道路，建立一种由政府调控但更偏向自由的制度体系。

1965—1973 年德国社会市场经济模式处于微调阶段，是自由主义与凯恩斯主义妥协的结果。当时的导火线就是德国第一次全面性生产过剩危机，经济发展缓慢，政府被迫以"看得见的手"加强调控，实现稳定增长。当时的《促进经济稳定增长法》标志着社会市场经济的重点从强调竞争转到强调国家对经济进行宏观调控，形成了"有限调节的社会市场经济"。

1973—1983 年是重调阶段，当时全面性生产过剩危机再次袭击德国，联邦德国政府开始由"凯恩斯主义与自由主义的结合体"转向实行"全面调节的社会市场经济"，将"市场经济"、"政府全面调控"和"社会福利"紧密结合，实现从"有限调节"到"全面调控"的关键转变。[①]

1983—2005 年是完善阶段，20 世纪 80 年代，西欧福利制度与财政赤字的矛盾已经开始显现，劳动力市场僵化使得效率降低，成本增加。科尔执政时期新自由主义思潮杀了一个回马枪，德国模式又进入减少干预和放松管制的阶段，按照"供应学派"的理论制定经济政策：通过减少税收、减少政府对经济的干预，提高资本形成率和劳动生产率；缩减社会福利开支和政府财政赤字，减少政府负债；让个人和企业有更大的经济自由活动空间，使市场经

---

① 国家发改委赴德社会市场经济考察团：《经验、教训与启示：德国社会市场经济考察》，《经济研究参考》2004 年第 19 期，第 27—33 页。

济更多地发挥作用；抑制工会的影响力，提高劳动力市场的自由度和灵活性等。施罗德政府于 2000 年启动 "新社会市场经济倡议"，2003 年提出 "2010 改革计划"，对现行的社会福利保障体制进行一系列改革及相关的配套改革，从而使社会福利保障制度与市场经济的自由竞争原则相协调。总体思路是在政府调控和自由市场之间的一种浮动调节机制——市场经济能自行调节交由市场，反之加强国家干预，是自由化和放松管制的相互渗透。

　　2005 年开始了默克尔时代的德国模式，这一阶段，德国模式以更开放的姿态发展，在提升自己在欧洲一体化中的角色的同时，面向全球化，展示德国模式的独特精神：一个建立在庞大和革新性制造业基础上的出口型经济，一个面向世界经济的、由中小型（通常是家族式）企业组成的庞大网络，一种对环境负责任的态度，以及对英美式全球化和企业资本主义的怀疑态度。①

表 5 - 3　德国社会市场经济模式的发展历程及特点

时间	发展阶段	重要动因	主要特点	成效
1945 年以前	萌芽时期	规范经济生活,缓和劳资矛盾	颁布法典和其他法律文件 干预—初始调试—＊—自由	形成了初步概念和秩序
1945—1965 年	雏形时期	特殊条件时期:经济社会全面瘫痪,通胀严重,物资匮乏。需要市场机制刺激全社会的积极性	以货币改革为突破口,取消管制、配给制和物价冻结,发挥市场机制的作用。国家干预少,自由主义占主导地位 国家干预—＊—自由市场	社会市场经济的秩序框架初步确立,战后恢复
1965—1973 年	微调阶段	20 世纪 60 年代中期的生产过剩危机呼唤 "稳定增长"	与凯恩斯主义相结合的产物, "有限调节的社会市场经济", 国家宏观调控增强 国家干预—＊—自由市场	颁布了《促进经济稳定增长法》,经济增长进入稳健状态

───────────

①　对裴元伦先生的访谈和讨论。

续表

时间	发展阶段	重要动因	主要特点	成效
1973—1983 年	重调阶段	第二、三次全面过剩危机	有限调节——全面调节,依靠国家对经济进行干预,提出社会市场经济就是"市场经济 + 总体调节"和"市场经济 + 社会福利"。 国家干预—＊—自由市场	暂时走出困境
1983—2005 年	完善阶段	财政赤字和僵化的劳动力市场,以及竞争力下降	减少干预 + 放松管制,"新社会市场经济倡议",缩减社会福利开支和政府财政赤字,提高劳动力市场的自由度和灵活性 国家干预—＊—自由市场	确立了第三条道路,但是在灵活性方面收效不显著
2005 年至今	模式巩固和输出阶段	长期低迷和第二次世界大战以来最严重的经济危机	经典德国自由主义融入社会市场经济——有节制的政府调控的市场经济,立足优势基础,定位一体化、全球化,更加开放的姿态。 国家干预—按需浮动定位＊—自由市场	经济社会稳定增长,展示了一种与后金融危机时代与世界需求相一致的模式

资料来源:德国模式的发展受益于与裴元伦先生的讨论。

2. 社会市场经济模式的核心理念

社会市场经济模式的历程,从萌芽时期到艾哈德的自由主义到与凯恩斯主义的捆绑,再到科尔的新自由主义思潮的回返和施罗德最终确立第三条道路,并在默克尔时期进一步欧洲化和全球化,德国模式在成功和失败的尝试中得以提升,它所涵盖的核心理念就是"市场效率"和"社会公正"并重。它力图在无限制的自由放任主义和极端的国家统制经济之间走一条中间道路。① 这一模式就像以"社会市场经济 + 社会福利制度"为双轴，五大治理结构为轮子的一架大型马车，任何一个关键部件的障碍都可能导致停止或瘫痪，反之配合默契则导致乐观的增长率和高社会福利的有效运转。其中社会福利涵盖了福利住房、养老、教育和贫困者的社会救济。五大治理结构包括：国家与市场的关系（体制导向问题）、政府与企业的关系（经济监管问题）、雇主与雇员的关系（权益分配问题）、国家与公民的关系（社会安保）以及企业与资本市场的关系（资本积累）。其核心是资本、劳动和政府三者的力量对比、所起作用及如何协作运行。重视市场经济，但不听任市场社会②，内含五个核心要素：金融系统和公司治理、劳资关系体系和劳动力市场结构、企业间关系、教育和培训体系以及社会保障体系。这五个核心要素共同构成了一套复杂而又互补的经济制度，以及以高质量、高效率为特色，拥有熟练劳动力、高生产率和高工资的竞争模式。③

总之，社会市场经济不同于传统的自由放任的市场经济，又不同于中央集中管制的统制经济，而是一种有社会秩序的、实现了社会公正的市场经济制度，即克服了漫无限制的自由放任和严酷无情的政府管制，在绝对自由与极权主义之间的一种"第三条道路"。"社会市场经济"一词源于德国经济学家 A. 缪勒·阿尔马克，但艾哈德则是德国现行社会市场经济的主要奠基者（由他主持的 1948 年货币改革是奠基石）和长期执行人（1948—1966 年他担任德国经济部长和总理）。④ 艾哈德社会市场经济理论兼具多元性、实用性、开放性、连贯性和系统性的特点。社会市场经济发展模式以私有制为主体，鼓励和发展市场经济，强调个人自由和市场竞争，同时主张宏观调控和政府干预，消除市场缺陷，实行广泛的社会保障制度，以保证整个经济和社会的公平、效率、稳定和可持续发展，也包括了以下政策途径。⑤

（1）通过行政机构和法律规范维护制度条件，突出私有制和自由竞

---

① 裴元伦：《德国社会市场经济模式析论》，《欧洲》1998 年第 2 期。

② 裴元伦：《欧美经济模式之争》，《求是》2004 年第 3 期。

③ Harald Bathelt and Meric S. Gertler, The German Variety of Capitalism: Forces and Dynamics of Evolutionary Change, *Economic Geography* 81: 1, 2005, p. 1 – 125.

④ 裴元伦：《德国社会市场经济模式析论》，《欧洲》1998 年第 2 期。

⑤ 裴元伦：《欧美模式的比较》，博士生课程讲义，2004 年度第一学期。

争等理念。

（2）通过由国家参与投资建设和维持各种为整个社会经济生活正常运行所必需的经济基础设施和社会基础设施创造发展的基础条件，突出政府适度干预原则。

（3）建立平衡原则的社会秩序，矫正经济过程的日常运转条件，主要通过各项行情政策、增长政策、稳定政策和结构政策等，以免经济大起大落和结构失调。如运用经济杠杆，扶持中小企业，鼓励竞争，德国政府特别制定了旨在提高中小企业效率的措施，主要采用财政手段来支持与鼓励中小企业适应结构转变，通过技术革新和提高效率来改善自身地位，使广大中小企业能与大型企业进行有效的竞争。

（4）促进社会平衡和公平正义，主要着力方向是尽量处理好雇员与雇主和弱者与强者之间的关系问题，以期实现相对的社会公正和社会安全，为经济稳定发展创造必需的社会和平条件。

3. 社会市场经济模式的实现机制

援引李稻葵的观点，德国社会市场经济可以从下述三个维度来考察：第一个是生产和交换的基本制度安排；第二个是维系市场平稳运行的制度安排，包括社会福利和宏观稳定；第三个是利益冲突解决和权利分配的机制。[1] 实际上，还应该包括纵向的不同层级之间和横向的利益相关者之间的政策传导和利益协调机制（其中也涵盖了利益冲突解决和权利分配的机制）。[2] 上述方面也集中反映在德国社会市场经济的目标上，即强调实现"社会公平"、"增长"和"可持续性"，并决定于下述制度安排。

（1）生产和交换的基本制度安排。首先是严格秩序下的完全竞争，坚持自由竞争原则，当且仅当市场调节无效时，政府干预介入实施，将"经济"、"社会"和"市场"视为同等重要，把高度集中的中央计划经济和自由放任的资本主义市场经济有机结合起来，力求自由、效率和社会秩序的和谐统一，侧重于可持续性。相对于英美模式一味地强调市场经济交换的自由以及企业投资者的利益极大化，德国模式更注重利益相

---

[1] 李稻葵：《罗兰贝格管理咨询公司和清华大学"德国模式：启示与借鉴"研讨会的发言》，2013年3月21日，北京。

[2] Jiang Wei, Study on Germany Renewable Energy: Development and Non - technological Innovation, paper submitted to the AvH, July, 2011.

关者，强调可持续性，如强调"共同决策机制"①。在企业层面，德国模式强调企业是利益相关者组成的集体，各方的利益必须协调，既包括出资者，如创始人家族、其他股东、债权人等投资者，也包括职工、高级管理人员、供应链上下游的商家以及地方政府。因此，德国企业的公司治理结构与英美完全不同。众所周知，除董事会外，德国的企业还有监事会。这个机制保证了德国的企业在运行中比较强调可持续发展，比较强调长远决策。②

其次是市场竞争之外的政府干预。为防止完全竞争条件下的社会失衡，德国还以社会公正修正市场竞争，进行矫正，力求稳定和均衡。明显的例子就是政府对房地产市场的调控。在对租房市场的干预上，第一是强制出租。德国法律规定，所有由合作社建造的住房必须用于出租，而不能出售，而合作社住房占全国总数量的1/3。第二，开发商在建造住房时，必须预留一定比例的住房，专门卖给或者租与低收入群体。第三，房租管制。各地方市政部门协同商业协会，根据房屋类型公布"房租合理价格表"。法律规定，如果房东的房租超过该价格的20%，就构成违法行为；如果超过50%，就构成犯罪，有可能被判刑入狱。于是，严格的限制保证了稳定的房地产市场。过去10年来，德国房价年均涨幅仅为1%，低于年均通胀水平的2%，意味着住房实际价格年均下降1%。1977—2007年，房价仅上升60%，而同期工资上涨了约3倍。③

再次，通过再次分配修正收入失衡。就业问题也是德国维护社会均衡的重头戏，为保持整个经济的稳定性，而不让大规模的失业带来经济的波动，德国在社会福利制度方面经历了漫长的改革。失业者从最初的可以领取32个月的失业金减少到只能领12个月，而且对失业者提出了必须接受就业部门所

---

① 即通过规定劳工代表在监事会的席位来有效参与企业的经营决策从而维护劳工权益。劳工和企业管理层的共同决策机制提高了劳工的地位和积极性，促进了劳工目标与企业目标的一致性，减少了相互的矛盾和冲突，提高了企业经营绩效。此外，工会制度也一定程度上保障了员工的利益。

② 德国的很多企业事实上是由地方政府直接干预的，比如说大众汽车（Volkswagen）有相当一部分的控制权属于它所在的下萨克森州的政府，根据延续52年之久的"大众法律"，该州政府对大众汽车的内部重大事务决策具有一票否决权，这一票的重要性在大众汽车的重大战略问题上充分体现。州政府比企业管理层以及出资人更加关注社区的稳定，关注就业，关注企业长期的稳定运行，这对于德国经济的影响不见得是坏事，对德国企业的发展也未必是坏事（李稻葵，2013）。

③ 李稻葵：《罗兰贝格管理咨询公司和清华大学"德国模式：启示与借鉴"研讨会的发言》，2013年3月21日，北京。

提供的任何工作等要求。2011 年德国的就业人数第一次突破 41 万人大关，失业人数减少至 2.5 万人，其中可再生能源产业链提供了 381600 个就业岗位。[①]德国政府十分重视社会财富公平分配，通过二次收入分配缩小高低收入差距，为广大非就业者和失业者提供了基本生活保障。2005 年，在德国 3793 万个家庭中，有就业者家庭 2403 万个，其中独立劳动者家庭 225 万个，非独立劳动者即雇员家庭 2178 万个，包括官员、职员、工人和失业者；非就业家庭有 1390 万个，占全国家庭总数的 36.6%，加上失业者家庭合占 42%，他们主要以官方的转移支付为生（见图 5－10、图 5－11）。[②]

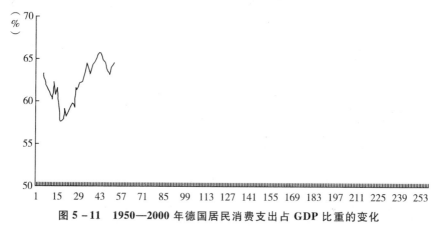

图 5－11   1950—2000 年德国居民消费支出占 GDP 比重的变化

资料来源：World Bank，http：//api. worldbank. org/datafiles/DEU_ Country_ MetaData_ zh－hans_ EXCEL. xls。

如图 5－10 所示，第二次世界大战以来德国的基尼系数一直处于 0.27—0.32 相对较低而且比较平稳的状态。德国在缩小收入差距方面采取了以税收政策和社会保障政策为主的一系列措施，使德国的贫富差距大为缩小，维持了国家的长期相对稳定，[③] 避免了因贫富悬殊及机会不均等引起的社会失衡和动荡。

（2）维系市场平稳的制度安排。德国尤为强调宏观经济的稳定运行，

---

① Development of renewable energy sources in Germany in 2011, BMU, July, 2012.

② 裴元伦：《德国社会的收入分配与再分配》，《德国研究》2005 年第 4 期。

③ 周荣美：《德国是如何缩小收入差距的》，《当代世界》2002 年第 5 期。

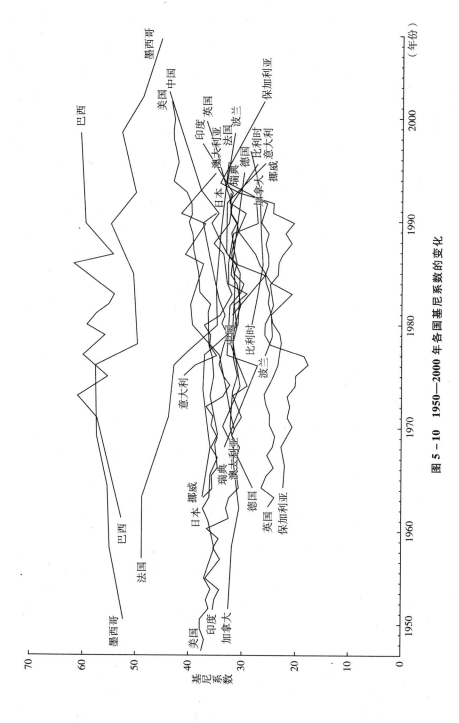

图 5 - 10　1950—2000 年各国基尼系数的变化

对于那些容易带来短期波动的部门给予严格的管制，如实行审慎的金融体系。首先，德国金融监管部门对金融机构的监管非常严格，以至于德国金融机构的投资回报率在欧洲相对较低。欧洲一百家最大的银行平均资金回报率是9.9%，而德国因严格的监管措施平均的回报率仅为4%左右。2001年德国政府取消了对储蓄银行的政府担保，要求它们自己担保自己，进一步减少了银行的高风险行为。同时由于政府对商业银行的拨备率要求非常高，使得商业银行体系不良资产率逐年下降，严格监管并创造了德国在金融危机爆发之后独善其身的奇迹。货币政策方面，德国也体现了"稳"的特征。

（3）政策传导和利益协调的多层治理机制。社会平衡是社会市场经济的核心内容，它的实现还归功于多层治理机制。以可再生能源为例，从纵向维度看，德国的政策形成与实施很大程度上是自上而下的过程，如图5-12所示。

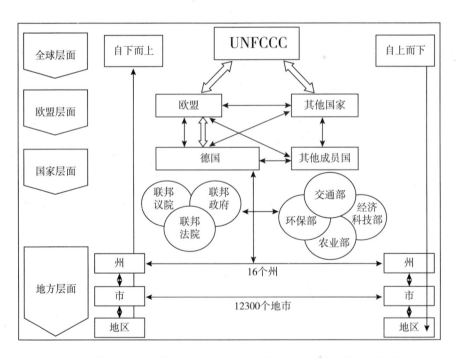

图5-12 德国政策形成与实施的多层治理模式（以可再生能源政策为例）

在与欧盟法规一致的原则上，德国根据自身的情况制定可再生能源政策，各市州根据国家层面的政策因地制宜进行中长期规划，成为市场信号，并作为基层单位和企业的参考；但同时它也具有丰富的自下而上的途径，各地最基层的社区和个人都可以通过社区议员或者公民动议的形式将意见逐层反馈，成为政策改进的来源之一；从横向维度看，政策主要产生于资源与环保部（BMU），但是它必须与经济技术部（VBMWi）、农业部（BMEL）、交通部（BMVBS）等多个部门通过争论和相互妥协来达成最后的一致意见。在实施的过程中，可再生能源发电企业、电网公司、电厂所在的社区、电厂占用土地的土地主等利益相关者之间会有比较透彻的多层博弈，如投资方无论有多雄厚的资金和游说能力，都必须获得土地所有者对使用权或所有权让渡的同意，方能进行投资、规划和运营。多层博弈使得各方义务和权益都变得清晰，也最大可能地减少了因"权力至上""金钱至上"引致的公民权益损失现象。

（4）人和自然界的平衡机制。环境破坏和污染随着工业革命发展而累积直至采取措施进行防治。19 世纪与 20 世纪之交，德国工业中心的上空长期为灰黄色的有害烟幕所笼罩，工业区的河流也变成了污水沟。如德累斯顿附近的穆格利兹（Muglitz）河，因玻璃制造厂排放污水的污染而变成了"红河"。① 欧洲工业化国家在环境治理过程中开始重视人与自然界的平衡，这种平衡也发展到对环境和气候治理的重视。德国 20 世纪 80 年代末开始实施有抱负的可持续发展和综合性气候政策，德国先后增设了气候治理的两个重要机构——资源、环境与核安全部②（BMU）和经济部（Ministry for Economics，BMWi）。BMU 是应对气候变化问题的领导部门，BMWi 主要负责能源政策。这两个部门从 20 世纪 80 年代末至今一直保持着气候政策演进过程中的核心地位③。在《京都议定书》中，欧盟作为整体的目标是 2008—2012 年在 1990 年基础上减排 8%，其中德国承担了最大分量的减排任务——21%（以 1990 年或 1995 年④为基准年份）。⑤ 2002年，德国环境部提议欧盟到 2020 年以 1990 年为基准，将温室气体减排

① Raymond Dominick，"Capitalism，Communism and Environmental Protection，Lessons from the German Experience"，*Environmental History*，Vol. 3，No. 3，July 1998，p. 313.

② 这里重点介绍德国环境部。

③ Michael T. Hatch，*The Europeanization of German Cliamte Change Policy*，prepared for the EUSA Tenth Biennial International Conference，Montreal，Canada，May 17–19，2007.

④ 对于 HFC、PFC 和 SF6，基准年为 1995 年。

⑤ BMU/NC4，*Fourth National Report by the Government of the Federal Republic of Germany*，Federal Ministry of the Environment，Nature Conservation and Nuclear Safety，June 2006.

30%。如果欧盟同意此项提议，德国将减排40%[①]。2006年，德国完成了欧盟承担减排量很大一部分的减排。与基准年（1990年）相比，2006年减排18.4%[②]。德国每2000美元GDP的二氧化碳排放量下降明显，气候变化政策取得了一定的收效，德国是依靠提高能效降低单位碳强度，发展可再生能源调整能源结构以及提高产品设计来实现的。

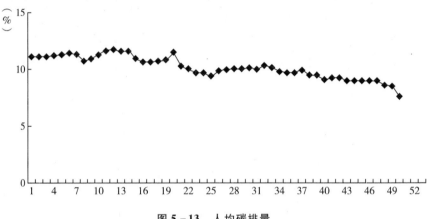

图5-13　人均碳排量

环保产业已经成为德国新的经济增长点。德国在可再生能源方面处于世界领先地位，如图5-15所示，2011年德国可再生能源在最终能源消费中占据了12.5%，可再生能源电力占电力消费总量的20.3%。[③]

（5）双轨制职业技术教育体系为创新发展提供了人力资源。德国的职业教育体系为国民提供了广泛的义务教育和职业教育，是社会市场经济的一个重要内容。双轨制职业教育模式——由学校和企业联合展开职业教育，被公认为是促成该国强盛的关键所在。它是一种以"职业能力的培养"为本位、以"为未来工作而学习"为目标、以"职业活动的开展"为核心的职业教育模式，由职业技术院校和企业共同协作完成对学生的职业能力培养。首先职业教育机构将某一工种所需的职业能力按照由浅入深

① 　BMU, *Germany to Stay Pacemaker in Global Climate Protection*, 2003.

② 　这里提及的排放量没有纳入来自LULUCF的二氧化碳。

③ 　Development of Renewable Energy Sources in Germany in 2011, BMU, July, 2012.

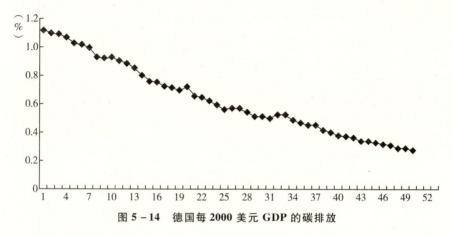

图 5 - 14　德国每 2000 美元 GDP 的碳排放

资料来源：World Bank，http：//api. worldbank. org/datafiles/DEU_ Country_ MetaData_ zh - hans_ EXCEL. xls。

的规律划分为基础能力、专业能力、专长能力三个递进的层次，在不同层次的职业能力培养中，按照模块化实施教学。每一个教学模块的实施都是以职业学校和相关企业为基本培训场所。这种模式的优点很明显：有一个明确的教学目标"为未来特定的工种而学习"，从而使教育内容与社会需求和技术发展相匹配，学生的职业能力培养与企业的需求相联系，职业培训成为通往职业生涯的一个重要环节。

在德国可以参加的培训职业多达 350 多种。德国约 70% 的青少年在中学毕业后会接受双轨制职业教育，每周有三至四天在企业中接受实践教育，一到两天在职业学校进行专业理论学习，培训时间一般为两年到三年半。职业学校教育费用由国家承担，企业实践培训费用由企业承担。这种模式突出的优势就在于，培训生通过理论与实践结合，有效保证了制造业所需的高技能。关键的一点是，德国技术工人平均工资远高于英、法、美、日等国，与白领阶层大致相当，人们从事的职业与所学的专业具有很高的匹配度，这给技术创新和全球领先的制造业优势提供了有益的土壤。相应的，技术工人的社会地位和自我满意度都较其他国家更高。德国双轨制职业技术教育体系为技术创新和产品的国际竞争力提供了可靠的人力资源保障和确保了增长潜力。

无疑，社会市场经济在"社会公平"、"增长潜力"和"可持续性"方面为德国经济社会的发展做出了关键的制度贡献。

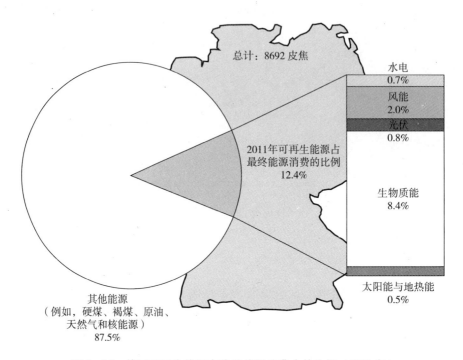

图 5-15　德国可再生能源在终端能源消费中的比例（2011 年）

资料来源：Development of renewable energy sources in Germany in 2011，BMU，July 2012。

第三节　去中心化——缓解城市病的有效途径

　　我国"城市病"的一个典型的问题就是随意的城市布局，主要表现为：盲目地扩张城市功能，放大城市规模，增大经济总量，以至于超出了城市资源环境承载能力的物理极限，与此同时，全国大跨度的调水、输电、输气，治污的压力越来越大，其中水带来的问题尤为突出。与德国在相同的工业化阶段比较，境况截然不同：在德国，除了柏林、汉堡等少数城市稍嫌拥挤外，绝大多数是环境比较幽静的中小型城市。那里商店、工厂、住宅区分布合理，列为全国主要城市的有 36 座，其中人口在百万以上的仅 4 座（柏林、汉堡、慕尼黑和科隆），各城市人口分布均衡，没有形成由边缘向中心城市蜂拥的局面。两种不同状况的一个关键原因是源自不同的模式：我国是"集中化"模式，德国是"社会均衡"发展模式，体现在"去中心化"（Decentralization）层面，主要包括规划和立法的均衡、资源的二次分布、公共服务可获得性的均衡、行政机构的分散化以及教育分享的多种选择等方面的一种平衡和去中心化。这种模式曾经使德国工业化进程中的城镇化有效地避免了至今仍然为很多国家棘手的城市病，至今仍然对社会平衡和正义发挥着正面的作用。去中心化程度应作为城市可持续发展的一项重要指标。

一、德国"去中心化"模式与城市化

德国经济社会发展的一项重要原则就是"去中心化"，避免城市人口过度集中。在这一理念下，德国"去中心化"的特征和优势非常显著：城市化率达90%的德国，其最大城市柏林的人口约340万人，港口城市汉堡以180万人位居第二，第三大城市慕尼黑约为130万人。相形之下，100年来，巴黎的人口从360万人增至1200万人，伦敦的人口由620万人增至1400多万人，而柏林的人口却仍然与1910年的规模相当。德国城市发展的"去中心化"总体特征是：单个城市规模小、数量多、分布均衡，星罗棋布地分散在全国，形成平衡发展的城市圈。德国的11个大都市圈聚集着德国一半的人口，包括莱茵-鲁尔区、柏林/勃兰登堡、法兰克福/莱茵-美茵区、斯图加特、慕尼黑、汉堡，以及莱茵-内卡河区等。如杜塞尔多夫（德国第九大城市，位于莱茵河畔），市区人口仅约57万人，在以其为中心的方圆500公里范围内却是拥有1150万人口的莱茵-鲁尔经济区。[①]

德国城市化的"去中心化"特征是与其社会发展的均衡特性相一致的，它源自其政治、历史及文化等多重因素。在历史上，德意志是由众多小的城邦国组成的，直到19世纪末由铁血宰相俾斯麦实现统一，20世纪又屡经战乱和分裂，德国地方经济文化的发展一直呈均衡而分散的态势。这种城市化发展格局也是德国法律和民主政治体制的必然产物，德国宪法第106条规定，"德国应追求区域的平衡发展和共同富裕"。[②] 目前德国有16个联邦政府，它们的行政权力和财政相对独立，比如德国的中央政府

---

① 冯禹丁：《德国人收入是中国10倍 柏林房价却不及京沪深》，《商务周刊》2010年7月14日。
② 冯禹丁：《德国人收入是中国10倍 柏林房价却不及京沪深》，《商务周刊》2010年7月14日。

不能决定全国统一的教育体系设定，各个联邦政府可以自己决定。为振兴中小城镇，德国创造各种物质和文化条件，消减城乡和地区差异，满足当地居民合理的工作与生活需要。"去中心化"使得德国的工业化和城市化有效地避免了很多工业化国家曾经遭遇的，以及包括我国在内的不少发展中国家正面临的城市病问题。

二、德国"去中心化"模式的实现途径

作为工业化、城市化发展进程中的一个成功范式，德国的"去中心化"模式防止了一些城市特别肿胀而小城镇遭到削弱，甚至沦为中心大城市"殖民地"的现象，并且促进了地区均衡和经济社会的可持续发展。而"去中心化"的实现则要归功于德国严谨的法律体系、科学的规划和一系列合理的制度安排。

1. 立法的均衡理念

德国通过立法，促进竞争，反对集中和垄断。其中《基本法》对公民享有的基本权利，特别是经济权利作了详尽的规定，主要包括：自由竞争的权利、自由发展个性的权利、自由消费的权利等。而《反对不正当法》和《促进经济稳定与增长法》则为自由竞争确立了总体秩序。德国还依靠行政和立法的手段，建立包括社会福利和社会保险、救济等在内的社会保障制度，从而使国民能够集中精力投身于经济社会发展。同时社会保障力求通过收入再分配达到经济效益与社会平衡的兼顾。既强调政府在社会保障体系中的作用，又突出社会自治原则，发挥"共参制"原则的优势。如德国的工资类别、工资水平的高低以及近期、远期工资增长的幅度，不是由政府确定的，而是由企业主和企业工会双方协商解决，使得劳资双方共同从关心提高企业劳动生产率的角度平抑对增加工资的过高要求。短期工资增长幅度一般受劳动生产率的增长幅度和价格变动指数两个因素的影响。

此外，德国宪法保障选举、工作、迁徙、教育等公民权利没有城乡差异，德国农民要进城，只需到市政局登记并且按规定纳税，就可成为城市居民，但其实德国大中小城市之间以及城乡之间的基础设施、工作机会、社会保障、就医等条件几乎无差异，德国小城镇的通信、电力、供水等条件与大都市相比丝毫不差，医院、学校、购物场所等

一应俱全。①

　　2. 规划的均衡理念

　　德国从战后落后的农业地区发展为经济发达、生态环境宜居地的城市化发展道路，不是通过耕地变厂房、农村变城市，人口及资源涌向中心城市的"集中"模式，而是托达罗式的就地城镇化、城乡均衡的"去中心化"发展模式。联邦德国从1950年代起推行的地区发展规划，就力图使城镇建设同经济、社会未来发展的要求相吻合。如科隆市在1975年制定的目前仍在推行的发展规划，就包括：城镇布局的均衡化——使城镇网更加均匀，包括中心城镇、基层小城镇。吸引人口分散和向边缘地区移动，并且辅以住房、交通、文化设施等；服务设施的均衡化——每个住宅区的设施规划齐全，尤其是对于老年人住宅区则有配置相对集中的商店、文化和医疗设施，既照顾老年人特殊生理状况，又要防止产生同年轻人的隔绝感；市场分布均衡规划——除综合性超级市场外，小城镇都设立就地交易市场，使附近农场主携带产品上市，直接交易，保证产品时鲜，并设有绿化和休憩区规划。这种去中心化的规划深刻影响了德国的城市化发展，直接导致了全国资源二次分布的平衡，防止了人口向大城市集中的趋势，成为德国有效避免城市病的一个关键因素。

　　如果以城市病的交通堵塞问题为例做一个国别比较，可以发现，从人口密度上看，德国的人口密度为231人/平方公里，英国是248人/平方公里，而中国仅仅为138人/平方公里，但德国和英国的交通拥堵问题相对于中国不可同日而语。其中一个重要的因素就是"去中心化"。尤其是德国，各个城市发展比较均衡，没有人口众多的大城市，最大城市柏林也只有350万人。那么，城市发展均衡的一个重要原因又是来源于公共服务和行政机构地理分布的"去中心化"。

　　德国的政府行政部门是分散在各个城市的，而不是集中在某几个中心城市。如环保部分布在两个城市柏林和波恩，环保部的三个分支机构联邦环境局、自然保护署和在 Dessau - Roßlau 的环境局，自然保护署总部在波恩，但分部却在 Leipzig 和德国最北端的 Vilm 岛上；辐射防护署则设在 Salzgitter。联邦宪法法院和联邦法院在卡尔斯鲁厄，联邦中央银行在法兰克福，联邦统计局在威斯巴登，联邦劳动局在纽伦堡等。经济与技术部在

---

① 冯禹丁：《德国人收入是中国10倍　柏林房价却不及京沪深》，《商务周刊》2010年7月14日。

欧洲工业化、城镇化与农业劳动力流动

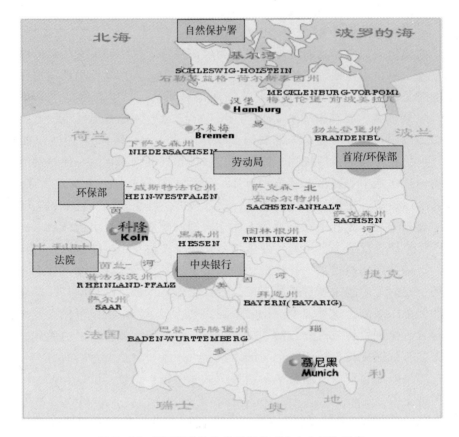

图5-16 德国行政和公共服务的"去中心化"示意

柏林；而其他的服务设施，如医疗和教育机构也不是集中在某几个大城市，而是均衡的分布，从而减少了人群集中在某几个大城市的机会，也许这种行政机构和公共设施的"去中心化"是值得借鉴的（见图5-16）。

城市交通的"去中心化"也是一个重要因素：北京的人口密度为3300人/平方公里，柏林的人口密度为3800人/平方公里，柏林的人口密度更大，而且路都很窄，对比一下地铁的分布结构，可得到一部分答案：柏林由西到东，如Alexanderplatz到FranlkfurterAlle，具有不下六条平行的轨道交通，也就是说行人至少有六项选择；而在北京，同样由西到东，从木樨地到国贸，只有一条轨道，因此，尽管发车频繁，但人山人海依然未能幸免，这和分布在六条线上的差异是非常显著的。①

可见，德国便捷的交通网络为"去中心化"的城市化发展模式提供了基础条件。德国国土面积仅为 35 万多平方公里却拥有 3.5 万公里铁路和 23 万公里公路，包括 1.2 万公里高速公路，城市之间四通八达的电气化高速列车平均几分钟一列。

3. 职业教育的分散化（多样化）

19 世纪末 20 世纪初，在德国经济中出现了三种基本的职业教育形式：现场工作岗位培训、手工业学徒培训、在企业实习车间和学校中进行封闭式培训。② 其中，一些企业建立了专门的徒工实习车间，作为职业教育和培训的重要机构。如 1860 年，斯图加特的 G. 库恩机器和锅炉厂开始建立造型工的徒工实习车间，1872 年又建立了旋工徒工实习车间。到 1911 年，德国已经有 28 家公司拥有徒工实习车间，其中大部分在克虏伯、波尔锡希等大型冶金和机器制造企业中。③ 当时还出现了另一种职业培训机构——厂校，学徒除了在徒工实习车间接受实践性培训外，还要在厂校等机构接受理论培训。德国的第一所"厂校"是 1844 年由阿尔萨斯机器制造公司建立的。此外，诸如克虏伯等大型企业还在马格德堡、埃森等地建立起了自己的工厂职业学校。④ 1900 年，德国工人在 9 年初级学校教育中每周花费 32 小时，而英国工人则是在 7 年的初级学校中每周花费 20 小时。

到 1914 年，德国不仅建立了世界上前所未有的一流综合大学，而且也建成了最好的技术和商务教育体系。当时，行会也推动了进入城市的农村劳动力积极参与相关的职业培训，学习与自己职业相关的必要技术，以适应职业转换并提高其在城市中的社会地位。1910 年，约有 135.6 万人接受职业培训，其中工业占 39%，商业占 6.4%，农业占 6%，借此，各层次的劳动者文化技术水平得以提高。⑤ 在造就和提供熟练技术工人方

① 源自笔者对德国交通部门的访谈和柏林线路的考察，以房东和 Ullioh 对北京市交通图和柏林市交通图的对比。

② Hans Pohl, *Berufliche Aus – und Weiterbildung in der deutschen Wirtschaft seit dem 19 Jahrhundert*, Wiesbaden 1979, p. 15.

③ Hans Pohl, *Berufliche Aus – und Weiterbildung in der deutschen Wirtschaft seit dem 19 Jahrhundert*, Wiesbaden 1979. p. 26.

④ Samuelson, James, *The German Working Man*, London, 1869, p. 10, 105 – 107.

⑤ 参考萧辉英《农村人口的转移与德国社会经济的发展》，王章辉、黄柯可等主编《欧美农村劳动力的转移与城市化》，社会科学文献出版社 1999 年版，第 223 页。

面，行会组织也发挥了积极效应：行会组织塑造了诚实的商业态度和商业氛围；行业活动促进了行会成员尽快适应工业化对其提出的前所未有的高要求；行会活动鼓励其成员接受更高级别的教育。这种多样化的教育体制提供了公民发展机会的多样化，促进了行业的技术进步，并且有助于防止其对高学历的盲目、无效追求，也为择业倾向的分散化埋下了伏笔。

4. 治理模式的均衡多元化

以德国工业化期间解决城市住房问题为例，当时就已形成了"政府主导、多方参与、全面规划、综合治理"的均衡多元化模式，在城市管理、住宅建筑、城市布局等方面也都具有自己独特的管理方法。

（1）以法律法规的形式明确了各相关部门的责任。1868年，巴登公国首先制定了城市道路和住宅建筑法规，1875年，普鲁士也制定了城市管理法规，规定对城市的扩建、管理，建筑住宅都必须进行统一规划。其具体做法是：由市长、地形测量师和市政府建筑师勘测地形后，共同起草建筑方案。这个方案必须经市民广泛讨论，然后由地方政府向警察局提出具体的建筑计划，对城市街道的走向、宽窄、住宅的高度、方向等做出具体规定。建筑部要和警察局共同协商改建和扩建老城区、建设新住宅的方案。未列入计划的建筑，一律无效。在建房之前，有关部门还要负责对移民进行调查，考核他们的住房情况。

（2）定位面向现实和未来需求，通盘考虑，均衡发展。几乎在任何一个地方工业化进程加快时，都会遇到住房瓶颈，德国在工业化伊始，有些大城市中的企业就已为企业工人建造一些离工厂较近的住宅。以鲁尔区为例，德国的公共住房政策体现了紧扣其现实和未来的需求，通盘考虑，均衡发展的特征。

根据城市法规中的规定，城市建设要满足公共事业和机构某些方面的局部需要，全国除巴伐利亚、符腾堡和巴登以外，各州公共法律明文规定，各个城市代表机构对城市房产都享有一定的份额，因此，相当多的城市能够通过监督和检查住宅，影响房地产市场和直接参与住宅市场活动，执行公共住宅政策，体现不同群体的现实需求，实现公共住宅建筑业的均衡发展。

不少城市采取相应的措施整顿和监督房地产的开发和利用，在必要的情况下，住宅管理机构还负责统计房屋、调查房租情况，以便城市管理机构能对住宅市场施加影响。有的城市则利用对双方有利的价格把管辖的土地出售给建筑协会，或交出地产权，或争取多方面对建筑住宅进行资助或贷款，前提是，建筑协会或建筑合作社能保证工人住宅问题的解决。公共住宅的公共产品性质决定了它必须由公共机构统一管理，但德国由于争议较大而未能很好地实施这一政策。

公共住宅属于大型的基础设施建设，必须有通盘考虑的一揽子规划，德国在这方面做得非常到位。城市管理机构在建房的同时，也制定出修建城市交通干线、铁路、火车站、汽车站、运河及仓库和料场的计划。在此过程中，德国逐渐形成了自己的一套城市扩建、市政建设和管理的法规及计划。尤其在第二次世界大战以后，德国根据城市发展的远景规划，在恢复城市原有重要传统建筑物的基础上，根据实际情况的变化，不断地修改和补充城市征用土地的计划，重点强调在原有基础上扩建和管理好城市，突出综合利用的功能。要求尽量在城市市区内修建住宅和绿地，将住宅与休闲地一体化。此外，德国还不断对城区进行改造，把大城市周围的小城镇合并起来，不仅扩大了建筑面积，而且也使日益增多的居民的生存活动空间得以扩展。

（3）参与主体多元化，协同治理。除了城市管理机构推动执行公共建房政策以外，国家、城市和各大企业以及个人也都以不同的方式参与城市住宅建设。

成立建筑协会和建筑合作社。不少城市根据自己的情况成立有关机构，比较注意合理征用土地，并有权商议购买土地和建房的价格，以便达到双方共赢。如，法兰克福、科隆都较早地成立了建筑协会，并通过缴纳建筑抵押金的办法建造住房。建筑协会还积极组织贷款，为协会的运作筹集资金。当时，科隆还组织抵押贷款及在州保险局没有交担保的贷款，用于建房，使建筑协会或建筑合作社的资金问题得以解决，并使建房者修建街道和使用土地的税减免一半，这就大大提高了合作社和协会的建房积极性。

大企业在工厂周围建造工人住宅区、生活区，能就地解决本单位外来移民的居住问题。由于住所离工厂近，因此还有利于工人上下班，节省往返时间，减少交通压力。因此，不少工业家在建立工厂的同时开始给自己的工人建造住房。相当数量的新工业城镇和农村大量建起了住宅。19世纪末，在德国的克虏伯工厂、巴登苯胺－苏打工厂、染料工厂和奥格斯堡与纽伦堡的联合机械工厂都为自己的工人们建造了住房。① 由于政府、企业以及建筑协会等方面的共同参与，德国劳动者的住房问题得到了缓解，如表 5 - 4 所示，从几个城市不同收入群体的房租支出 - 收入比的变化中可发现，他们收入中用于支付房租的比例均有不同程度的下降。

表 5 - 4　德国某些城市中房租占收入的比例（1868—1880 年）

单位：%

收入情况	柏林		汉堡		莱比锡	
	1876 年	1868 年	1874 年	1882 年	1875 年	1880 年
30—60 英镑	24.7	18.8	23.5	20.9	21.2	21.0
60—90 英镑	21.8	19.9	21.1	18.9	20.8	19.7

资料来源：William J. Ashley, *The Progress of the German Working Classes in the Last Quarter of a Century*, Longmans, 1904, p. 35。

　　针对农村移民的住房问题，德国还建造了大量福利性质的住房，并由市政当局管理。这种福利住房带有公共建筑的色彩。房屋结构比较简单，租金比较低廉，为流入城市的农村移民提供了方便，颇受欢迎②。德国善于利用发达的运输系统，尤其是 20 世纪初电车的使用以来，德国城郊的全部旅客都是由电车运送的，这有助于城市摆脱原有的边界限制，向郊区发展，这就相对缓解了城市的住房拥挤问题。

　　5. 德国的多层治理机制

　　多层治理是德国社会平衡和去中心化实现的一个关键要素。它既包括了纵向的、不同层级之间的自上而下的传导过程，以及自下而上的比较顺畅的反馈过程；还包括了横向的各方利益相关者之间的沟通和协调过程。这种多层多维的协调机制尽管会带来速度损失，但是它所提供的充分的争论和沟通则在很大程度上保证了政策的可操作性和民众的可接受性，并且有助于解决政策的负外部性（如政策引起了利益各方的不公允），最大限度地实现资源和公共产品与公共服务的均衡分布，最大可能地减少因政策失误引致的社会正义损害。

---

① 卡洛·齐波拉主编《欧洲经济史》第三卷，中译本，商务印书馆 1989 年版，第 121 页。
② 萧辉英：《农村人口的转移与德国社会经济的发展》，王章辉、黄柯可等编著《欧美农村劳动力的转移与城市化》，社会科学文献出版社 1999 年版，第 335 页。

第四节　德国工业化城镇化发展模式的
制度基因与借鉴

一、制度基因

正如任何一个国家的经济体制都是植根于该国基本的社会禀赋之上（社会禀赋包括民众的市场经济理性度、民众在社会秩序与个人自由之间取舍的偏好以及政府的能力），[①] 德国的工业化和城镇化，乃至第二次世界大战后的发展模式，其主导因素则可以追溯到德国更早以来形成的民族特性、历史沉淀以及文化底蕴等制度基因。

首先是日耳曼人的文化基因，德国人可以为一件很小的事情能够花很长时间去进行精细的思考和周密的筹划。民族中有一种守旧守规、不求快但求稳的文化基因，渗透在德国的发展历程中。

其次，还源于德国几百年来纷乱的历史历练。德国的历史与战乱相伴，失败成功参半，德国既是两次世界大战的发动者又是惨败者。这种惨痛的历史导致德国社会浓烈的社会情结——消除纳粹政权统治，求稳定和公平福利，避免通货膨胀、高失业率，克服经济衰退，成为主流。德国人长期的军事氛围，也促使了喜欢团结、凝聚力，易于接受政府掌握权力这一特征，德国人习惯于遵守纪律、崇尚规则，无疑也培养了他们的行政管理能力以及政策执行能力。

值得一提的是，早在 19 世纪末 20 世纪初，俾斯麦就已推出社会福利体系，社会市场经济正是它的一个延续[②]，同时，德国民众的市场经济理性度很高，市场经济制度在德国早已深入人心，于是，对于不断在放任自由的市场经济和国家调控的社会平衡之间徘徊的德国，社会市场经济模式

---

① 李稻葵：《罗兰贝格管理咨询公司和清华大学"德国模式：启示与借鉴"研讨会的发言》，2013 年 3 月 21 日，北京。

② 罗兰·贝格：《罗兰贝格管理咨询公司和清华大学"德国模式：启示与借鉴"研讨会的发言》，2013 年 3 月 21 日，北京。

自然便成了最能满足共同决策的选择。

最后,对科技和教育的无上尊崇①是德国模式的一个重要制度基因。受数次经济危机的影响,其间固定资本投资波动较大,但是对于研究开发的投入一直是在高位波动并长期持续增长,研发人员规模也不断扩大,如图5-17所示。

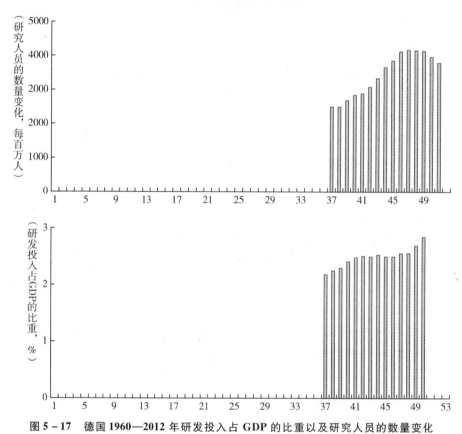

图5-17 德国1960—2012年研发投入占GDP的比重以及研究人员的数量变化

资料来源:World Bank,http://api.worldbank.org/datafiles/DEU_ Country_ MetaData_ zh-hans_ EXCEL. xls。

作为兼顾市场经济和社会保障的一种经济模式,德国社会市场经济曾取得巨大成就,它帮助德国创造了经济奇迹,第二次世界大战之后德国跃

___

① 罗兰·贝格:《罗兰贝格管理咨询公司和清华大学"德国模式:启示与借鉴"研讨会的发言》,2013年3月21日,北京。

居世界第三经济强国。同时，德国模式也为"两德"统一起了巨大推动作用。同时，由于没有根据全球发展环境和自身条件的变化及时更新模式中不合时宜的要素，德国模式弊端逐渐显露。

二、德国工业化城镇化发展模式的经验参考

我国与德国是具有可比性的，一是多层治理行政体系的相似性；二是社会行为规范的一致性，即相对于英、美，在法与社会秩序之间，德国和中国都倾向于后者，但是其中也有明显的区别，德国是"规则秩序"的遵守者，我国则是基于一种畸形的"人情网络"。评价德国模式，优势与缺陷并存，应用这一模式的核心是对于度的动态掌握，借鉴模式也是如此。

1. 分散化（多元化）的双轨制职业教育模式

我国有句俗话"行行出状元"，但这句话在德国得以更好地体现，这与德国分散化或者说是多样化的职业教育紧密联系。19 世纪末 20 世纪初，在德国经济中出现了三种基本的职业教育形式：现场工作岗位培训、手工业学徒培训、在企业实习车间和学校中进行封闭式培训。[1] 其中，一些企业建立了专门的徒工实习车间，作为职业教育和培训的重要机构。如1860 年，斯图加特的 G. 库恩机器和锅炉厂开始建立造型工的徒工实习车间，1872 年又建立了旋工徒工实习车间。到 1911 年，德国已经有 28 家公司拥有徒工实习车间，其中大部分在克虏伯、波尔锡希等大型冶金和机器制造企业中。[2] 当时还出现了另一种职业培训机构——厂校，学徒除了在徒工实习车间接受实践性培训外，还要在厂校等机构接受理论培训。德国的第一所"厂校"是 1844 年由阿尔萨斯机器制造公司建立的。此外，诸如克虏伯等大型企业还在马格德堡、埃森等地建立起了自己的工厂职业学校[3]。1900 年，德国工人在 9 年初级学校教育中每周花费 32 小时，而英国工人则是在 7 年的初级学校中每周花费 20 小时。德国企业有一种共识：

[1]　Hans Pohl, *Berufliche Aus – und Weiterbildung in der deutschen Wirtschaft seit dem 19 Jahrhundert*, Wiesbaden, 1979, p. 15.

[2]　Hans Pohl, *Berufliche Aus – und Weiterbildung in der deutschen Wirtschaft seit dem 19 Jahrhundert*, Wiesbaden, 1979, p. 26.

[3]　Samuelson, James, *The German Working Man*, London, 1869, p. 10, 105 – 107.

没有经过职业教育的人不能进入工作岗位。可以说，学校教育和职业培训是德国模式工业活力的一个决定性因素。

到 1914 年，德国不仅建立了世界上前所未有的一流综合大学，而且也建成了最好的技术和商务教育体系。当时，行会也推动了进入城市的农村劳动力积极参与相关的职业培训，学习与自己职业相关的必要技术，以适应职业转换并提高其在城市中的社会地位。1910 年，约有 135.6 万人接受职业培训，其中工业占 39%，商业占 6.4%，农业占 6%，借此，各层次的劳动者文化技术水平得以提高。① 在造就和提供熟练技术工人方面，行会组织也发挥了积极效应：行会组织塑造了诚实的商业态度和商业氛围；行业活动促进了行会成员尽快适应工业化对其提出的前所未有的高要求；行会活动鼓励其成员接受更高级别的教育。这种多样化的教育体制提供了公民发展机会的多样化，促进了行业的技术进步，并且有助于防止其对高学历的盲目、无效追求，也为择业倾向的分散化埋下了伏笔。

2. 稳定而灵活的公共财政制度

德国的公共财政渗透着浓厚的均衡理念：一是税收来源相对均衡，直接税跟间接税比重相对比较均匀。德国个人所得税在整个税收体制中所占比重为 27%，比美国低很多，同时它从流转过程中征收的税收比较多，比如增值税占到整个税收体制的 36%。这是因为，流转税和经济周期的相关度相对比较低，相对容易征收，而个人所得税的税基是个人收入，跟就业相关，波动性更大。因此一个相对均衡的税收体制能够帮助公共财政提供稳定的税收收入，这是德国应对本轮经济衰退一个潜在的法宝。二是提升能源税、资源税。这不仅能够提供稳定的政府税收，更主要的是促进节能环保，推动环境友好型社会发展。三是以人为本的转移支付，即根据各个地方的实际社会发展的需要进行转移支付，尤其是在所谓的穷州和富州之间能够直接进行转移支付，不经过中央政府。

我国借鉴德国均衡且灵活的公共财政制度，将第一直接税、间接税并重，可以改变地方政府对土地出让税过多地依赖，因为这个税种对经济周期的依赖度非常强；其次是应该想办法出台政策适当地逐步增加能源税、资源税。此外，财政转移的方式要按需分配，以人为本，而不要从上至下

---

① 参考萧辉英《农村人口的转移与德国社会经济的发展》，王章辉、黄柯可等主编《欧美农村劳动力的转移与城市化》，社会科学文献出版社 1999 年版，第 223 页。

按项目分配。① 通过这些措施，将有助于社会的平衡发展。

3. 共同决策与多层治理机制

德国的多层治理机制在政策形成、传导和实施过程中使不同利益相关者的权益得到了较充分的表达，有效地避免了社会不均和冲突。"共同决策＋监事会"机制使得劳工有序参与企业决策，使劳工和企业管理决策有机结合在一起，提高了劳工的积极性，缓和了劳资关系，避免恶性劳资冲突事件。中国所缺少的不仅仅是对劳工的义务培训，更重要的还是最基本的尊重，以及在此基础上的协商与合作，以扭转将劳工视为仅仅是雇来的奴隶的畸形思维。

4. 必要的福利制度

社会保障制度是维系社会均衡的一个核心要素。政府和企业应该确定合理的比例对所有的员工提供基本的住房和医疗保险，使得劳动者专心致志工作，这将间接提高经济效益。对于这一问题，德国模式值得借鉴：德国企业更多关注企业的长期利益，而不是股东的眼前利益，公司经营更多的是为雇员而不是为股东谋取利益，并重视对员工的教育培训和素质提高。

5. 以国家权力调控房地产市场

稳健和"重租轻购的两端控制"是德国房地产市场的典型特征，如果考虑实际物价水平，德国的房价几十年来不增反降。这应归功于德国社会市场经济模式，在这一点上，国家权力远大于自由市场：在供给端，政府补贴开发房地产，同时严禁出售，并对租金有严格的控制；在需求端，政府通过各种方式提供租房补贴。补贴对象严格地限制于应该依法有资格接受补贴的人，而不是与权力挂钩，这一点很值得处于城镇化过程中的我国借鉴。

6. "去中心化"与城乡等值化发展

在德国除了柏林、汉堡等少数城市稍嫌拥挤外，绝大多数是环境比较幽静的中小型城市。那里商店、工厂、住宅区分布合理。列为全国主要城市的有 36 座，其中人口在百万人以上的仅 4 座（柏林、汉堡、慕尼黑和科隆），各城市人口分布均衡。"去中心化"、避免城市人口过度集中，是

---

① 参见李稻葵《罗兰贝格管理咨询公司和清华大学"德国模式：启示与借鉴"研讨会的发言》，2013 年 3 月 21 日，北京。

德国经济社会发展的一项重要原则。为振兴中小城镇，德国从立法、规划、资源分配、职业教育到治理机制，从不同角度、多种措施创造各种物质和文化条件，满足当地居民合理的工作与生活需要，推动城乡的无差异化发展（等值化发展），使得城乡吸引力相当，避免了由边缘向中心城市蜂拥的局面，有助于有效地防治城市病。

三、德国工业化城镇化发展进程中的教训规避

德国，乃至欧盟近年来问题和困难重重，经济发展几近停滞，以至于社会市场经济模式也受到世人的质疑。然而究其原因其实不在于社会市场经济原则本身，而在于用来贯彻这些原则的某些具体政策、措施和办法未能及时调整，比较透彻的多层治理未能改变自身程序性的慢节奏，以适应已经大大改变了的内外环境条件。尽管如此，德国工业化和城镇化还是给我国提供了可资借鉴的不少经验，同时也包括需要规避的教训。

（1）政策调整对经济社会发展的滞后性。对于全球化下经济社会发展的新环境，社会市场经济模式的调整往往显得滞后。"三高政策"（高工资、高福利、高税收）造成投资成本高、利润空间小、资金外流严重、投资环境恶化。日益加重的赋税压抑了经济活动。尽管自施罗德政府以来，进行了促进投资、刺激经济的一揽子税制改革，但德国企业的各种税费负担与其他国家相比依然过重，对于企业的扩大再生产、新产品开发、员工培训以及增加就业负担过重，很难适应变化了的经济环境。

（2）效率与公平的跷跷板困境。效率与公平是德国发展模式的核心所在，同时也是德国工业化与后工业化发展模式的一大困惑，两者之间的潜在矛盾如果没有得到恰当的解决，则会引起双向的损失，从福利制度与劳动力积极性之间失调的问题上看更加明显：高福利政策溺坏了"弱者"，优厚的失业、医疗、养老等社会保障制度宠出了一部分人严重的福利依赖性和惰性，如逃避就业、常年病假、提前退休却享受福利保障。与此同时，挫伤了"强者"的积极性，因福利制度是基于财富转移来实现的，将一部分利益从市场竞争中的强者手中转移到弱势群体手中，经济的快速发展往往可以覆盖这种影星，但是在经济不景气时这种矛盾便开始凸显，尤其是两德统一的成本尚未完全消化，统一给德国增加了50%以上的福利和其他社会支出负担，债务和赤字数次超过欧盟60%和3%

的标准。① 于是"强者"积极性被挫伤，也带来了社会不满情绪。鲍莫尔就曾经在《福利经济及国家理论》中质疑基于财富转移的福利制度的公正性问题，他认为，社会福利制度是国家强行剥夺市场获利者利益的行为，当政府干预去改变既定利益分配时，也必然损害了另一部分人的利益。② 可见，假如既要顾及强者利益和效率，又要保证弱势群体的发展以赢得社会稳定，那么福利制度不是越多越好，而是如何恰到好处。

（3）"市场与国家"之间的冲突。国家干预与自由市场之间的关系是德国社会市场经济的核心要素之一。国家有效干预必然要求其对市场信息的把握和对经济动向的准确预测，而瞬息万变的全球化社会和20世纪中期已经截然不同，何况市场经济是分散地被掌握在千百万市场主体手中，任何机构都将难以集中所有的市场信息去有效地配置资源，"合理的经济秩序需要一个价格体系，而没有自由市场经济，将不能收集所需的数据来确定价格。因此，对于瓦尔拉斯均衡来说，如果人们缺失了解决均衡方程的起码的必要信息，均衡方程又有什么价值呢？"③ 可见，无限信息量和波动频繁的全球化市场无疑给政府干预造成了巨大的干扰，如何在国家干预和自由市场之间把握合理的度，将对市场的扭曲减少到最低，对任何一个政府来说，都是一个高难度挑战。

（4）多层治理的效率损失问题。多层治理无疑对于增进社会平衡和正义具有关键的作用，但也造成了明显的效率损失。如决策时各利益有关者往往各持己见，需要兼顾各方利益要求，决策过程拉长，又导致有时候错失良机。这就要求在多层治理的公正目标和效率损失之间找到一个合理的帕累托效率点。

尽管如此，德国社会市场经济模式毕竟确立了"效率与公平并重"、"国家、社会和公民和谐"的一种理想模式。直到现在，德国模式依然有着强大的影响力，其社会平衡和"去中心化"理念，避免了社会发展过

---

① Berliner Morgenpost: Der gefesselte Arbeitsmarkt, 2005 - 03 - 03.

② William J. Baumol, Welfare Economics and the Theory of the State, Cambridge: Harvard University Press, 2nd edition, 1965.

③ Hayek's response is that absent a free - market economy, the data required to determine prices cannot be gathered. Thus, reference to the equations of Walrasian equilibrium misses the mark. Of what value are these equations if one lacks the information to solve them? See Can Equations Save Socialism? In Bruce Caldwel ed., *The Collected Works of F. A. Hayek*, Vol. 10, Chicago: The University of Chicago Press, 1997. At http: //mises. org/misesreview_ detail. aspx? control = 107.

程中的极端不公现象，提升了公民的幸福指数；也有效地减轻了工业化过程中的人口和资源以及公共服务向少数中心城市聚集的弊端，在很大程度上缓解了城市病。这对于我国在全面建成小康社会的过程中，避免城市病，增进社会公平和正义，仍然有着举足轻重的意义。德国发展一直伴随着挫折，这并不是德国模式理念与制度设计本身的缺陷，而是具体的执行框架没有在"国家权力与自由市场之间的动态定位"中找到合适的"度"。我国借鉴德国模式，也一样需要掌握这一动态的"度"。

结　论

　　始自英国的工业化不仅深刻而不可逆转地影响了欧洲的命运，且作为一种理念扩散到各地，陆续在各国成为现实，进而改变了整个世界。欧洲的实践证明，在此过程中，农业劳动力的流动，进而结构的改变，是每个国家工业化的重要内容，其中各种难题的出现是必然的，但都是有解的，欧洲工业化也正是在"问题—对策"的变迁中不断演进，同时也给后起的国家如中国提供了可资借鉴的经验和需要规避的教训。

　　从促进农业劳动力流动的因素上看，土地关系的变化是劳动力得以自由流动的前提；技术进步以及由此推动的工业扩张和农业劳动生产率的提高起着决定性的作用，技术创新与扩散不仅是一个国家占据领先地位的关键，而且也是劳动力从农业流向其他产业的必要条件，农业劳动力向非农部门的流动最终完成必须建立在第二、三产业发展的基础上，尤其是第三产业的发展；其中，基础设施建设则是不可或缺的辅助力量；教育和职业培训作为提高劳动力资质最有效的方式在工业化过程中需得到足够的关注。①

　　从增强劳动力吸纳能力的方式看，农业劳动力的流动还受到国家产业发展战略选择的影响，有的国家"先轻工业后重工业"，有的则相反。欧洲国家的工业化过程大都遵循"霍夫曼定律"，工业化的顺序是先发展轻工业（属劳动密集型产业），后发展重工业（技术及资金密集型产业）。中国，作为一个农业人口占绝大比重的国家，这种产业演进的顺序无疑是

---

① 如普鲁士文化大臣法尔克在普鲁士邦议会的发言中指出，人民的生活需要、工业的发展、人口的快速移动等，都在提醒人们，"需要对职业的和具有判断能力的男男女女实行教育和培训"，参见 Hans – Georg Herrlitz, *Deutsche Schulgeschichte von 1800 bis zur Gegenwart*, Knigstein/Ts, 1981, p. 93。

明智的选择，轻工业相对于重工业对劳动力的吸纳能力较强，因而更有利于劳动力流出农业部门。

然而在我国，体制性障碍依然是劳动力流动的杀手：户籍制度使绝大多数农业劳动力及其家属无法获得他们应得的城市公共产品和公共服务，并导致人为的城乡劳动力市场分割；农业劳动力依然在社会保障体系之外，其劳动强度与获得的社会保障和公共服务严重倒挂，劳动力市场和社会的歧视明显。制度是非中性的，上述体制性障碍并非凭借大力发展第三产业、增强承包土地的流动性，以及深化普通教育、加强对农村外出劳动力的培训等所能缓释的。尤其重要的是，我国"集中化"（Centralization）的城镇化发展模式，使得重要的经济、社会、政治资源和公共服务倾向于向主要的大城市集中，作为就地城镇化的一大惯性阻力，它进一步收缴了农业劳动力获得公共资源和公共服务的能力，对他们最直观的影响效果便是——涌入城市则资源无从获得，返回农村则无资源可获！于是，农业劳动力进退两难的困境与我国目前集中化模式下的工业化、城镇化进程如影随形！去中心化程度应该作为我国城市可持续发展以及区域平衡发展的一项重要指标。

如果可以将欧洲工业化视作一面镜子，那么，值得强调的是，其工业化中的"去中心化"和"就地城镇化"在有效防治城市病方面做了关键的贡献：前者通过经济社会政治资源、公共产品和公共服务的分布均等化和同质化，消除了主要大城市的"唯一资源中心"地位，从而大大降低了人口涌向大城市的生存必要性，促进了地区的均衡发展和就业分散化。后者则以"过渡地带"为特征的"就地产业创造"为主线，以产业发展代替劳动力流动，有效地缓解了劳动力向主要城市过度集中引起的各种城市病。"过渡地带"包括农民兼业现象在内的多种形式的过渡经济，其就业创造作用显著。以农村工业、家庭工业等形式存在的过渡部门能凭借其技能普及性、劳动高度密集性、运作灵活性、强流动性等固有优势更易吸收农业剩余劳动力和失业工人，它在农业劳动力向其他部门流动的过程中起了重要的缓冲作用。因此，在产业重心由农业向非农产业转化的过程中，最优的选择并非刘易斯式的农业人口大量地流向城市工业，而更应考虑托达罗式的"就地城镇化"和流向"农村工业"，这是农业劳动力实现职业转变的一个重要支撑点。对于以高比例农业人口，并且教育程度相对较低为初始状态的我国来说，以恰当的产业转移替代劳动力转移，同时建

立和完善系统的职业教育和培训体系，加强劳动力的职业技术培训，大力
发展乡镇企业、实现就地城镇化，其意义更为深远。

从工业化的影响看，由于劳动力流动的自发性不可避免地引发了社会
的失衡，如失业、贫困以及社会阶层分化。劳动力的流动加速了经济中两
大主要的社会群体——资本方和劳动方的形成，并加剧了不同部门中劳动
与资本收益的非均衡性，总的说来是越来越向资本倾斜，它们之间的收入
差距在工业化过程中进一步扩大，进而在政治、社会地位方面也存在着扩
大的鸿沟。从工资－收入比的整体变化上看，劳动者的收益是与国民总收
入成比例地增加的，但事实表明，工业化过程中不同群体之间的差距在扩
散，这种数据与事实背离的症结在于：工业化前期，收入差距主要表现为
资本和劳动之间的非均衡性，而工业化后期，工资收入者内部的差距也在
不断地扩大，这也正是工业化引起的产业的不断演进与扩大外延造成了劳
动者整体不断地裂变出新的不同群体，而工业化引起的收入增加效应在这
些群体之间形成了明显落差，他们之间差异的扩大即是在整体工资水平上
升所掩盖下的真实现象，成为社会经济失衡的另一表现形式。

工业化创造了巨大的财富，也更清晰地划分了最大受益者与弱势群
体，这也正是处于工业化阶段的中国目前所面临的困境。如何应对社会失
衡，处于弱势的劳动者如何应对工业化？这需要花一代人的时间——在工
业化的英国，也就是劳动者一生的时间。经过了各种痛苦的实践和各种各
样的组织尝试，工人们最终发展起来相对可行的工会组织。工会和社会团
体等群众运动的确导致了某些保护性的立法的产生，通过议会立法和工会
的力量，工作时间在缩短，12 小时工作日在 19 世纪 20 年代、11 小时工
作日在 19 世纪 40 年代、10 小时工作日在 19 世纪 40 年代以后逐渐成为普
遍现象。①

然而相对于工会以及社会团体，教育的作用则更具内在效应。农村劳
动力的竞争力较弱，一方面是缺少他们自己的社团组织，另一方面是接受
教育的机会相对更少。教育的普及有助于从根本上提升劳动者的竞争力。
德国双轨制、多元化的职业技术教育和基础教育模式，以多样化、实用性
和针对性强的优势顺应了不同受教育群体的需要，催生了高素质、高水平
的劳动力，为品牌创建和国际竞争力奠定了坚实的基础，并有效地推动了

① Steffen, G. , Studien zur Geschichte der Englischen Lohnarbeiter, 1901, p. 81 – 89.

技术的扩散，促进了农业劳动生产率的提高，同时还提升了农业劳动力的知识技能水平。教育使得劳动者增加了技能知识，原先为了增进受教育者驯服程度的教育，现在正逐渐使受教育者走向思想独立。教育不仅使劳动者熟悉了工业社会的"游戏规则"，也帮助他们制定自己的规则。在各种力量此消彼长的长期博弈过程中，欧洲主要资本主义国家最后都相继走向了福利国家的方向，对于中国，这也应该不失为一种良好的路径依赖。

最后，无论是农业劳动力流动的条件创造、产业战略和流动方式的选择、对问题的各种回应，还是福利制度的建设，及时、适时、到位的政府调控都是其中必不可少的因素。欧洲工业化的历史证明，经济自由主义只是短短的一段插曲，然而它扩大了政府调控任务的范围。从 19 世纪最后几十年开始，欧洲主要资本主义国家的政府便不得不担负起更积极的经济和社会任务，设法缓和由自由放任经济的结构性缺陷放大了的经济和社会失衡问题。放任主义走向沉落，不是被工业化的先决条件所扼杀，而是被工业化的后果所断送，相应的，政府的作用逐渐彰显。

政府和市场，看得见的手和看不见的手是两种交互作用的力量。依靠行政管制、道义劝说和政策调节，政府可以在一定时期的经济活动中起到举足轻重的作用，但从长期来看，客观经济规律总是能够纠正由政府行为惯性、惰性以及决策者个人偏好或意识形态偏见产生的各种非效率倾向，让物质利益规律、价值规律、供求规律成为经济社会发展的最终牵引力量。在欧洲主要资本主义国家工业化、城镇化和劳动力流动一系列"问题—对策"的发展过程中，我们已经感受到这种逻辑规律，而正处在这一阶段的中国，将进一步获得这种逻辑体验，并在建设和谐社会的实践中日臻完善。

参考文献

中文文献

统计资料

B. R. 米切尔编《帕尔格雷夫世界历史统计欧洲卷 1750—1993》第四版，贺立平译，经济科学出版社 2002 年版。

麦迪逊：《世界经济二百年回顾》，李德伟等译，改革出版社 1997 年版。

中国社科院世界经济与政治研究所编《苏联与主要资本主义国家经济历史统计集》，人民出版社 1989 年版。

中国现代化战略研究课题组、中国科学院中国现代化研究中心编《中国现代化报告》，北京大学出版社 2004—2006 年版。

著作

J. H. 克拉潘：《1815—1914 年法国和德国的经济发展》，中译本，商务印书馆 1965 年版。

M. M. 波斯坦等主编《剑桥欧洲经济史》第四卷—第八卷，经济科学出版社。

M. 鲍塞洛普：《土地所有制结构和起飞》，载 W. W. 罗斯托编《从起飞进入持续增长的经济学》，贺立平译，四川人民出版社 1988 年版。

阿萨·勃利格斯：《英国社会史》，陈叔平、刘城等译，中国人民大学出版社 1991 年版。

阿瑟·刘易斯编著《二元经济论》，北京经济学院出版社 1989 年版。

保尔·芒图：《18 世纪产业革命》，商务印书馆 1983 年版。

蔡昉：《中国的二元经济与劳动力转移——理论分析与政策建议》，中国人民大学出版 1990 年版。

端木美等著《法国现代化进程中的社会问题》，中国社会科学出版社 2001 年版。

费景汉、古斯塔夫·拉尼斯著《劳动力剩余经济的发展》，王月、甘杏姊等译，华夏出版社 1989 年版。

卡洛·齐波拉主编《欧洲经济史》，第三卷—第六卷，中译本，商务印书馆 1989—1991 年版。

李剑鸣：《美国通史·美国的奠基时代 1585—1775》，人民出版社 2002 年版。

马克思、恩格斯：《马克思恩格斯选集》第三、第四卷，人民出版社 1972 年版。

马克思：《资本论》第 1 卷，人民出版社 1975 年版。

麦迪森：《世界经济二百年回顾》，李德伟等译，改革出版社 1997 年版。

钱纳里：《结构转换：经济发展的实证研究程序》，经济科学出版社 1987 年版。

钱纳里等著《工业化与经济增长的比较研究》，吴奇等译，上海人民出版社 1995 年版。

裴元伦：《西德的农业现代化》，农业出版社 1981 年版。

裴元伦：《稳定发展的联邦德国经济》，湖南人民出版社 1988 年版。

裴元伦：《裴元伦文集》，社会科学文献出版社 2005 年版。

戎殿新、司马军编《各国农业劳动力转移问题研究》，经济日报出版社 1989 年版。

舒尔茨：《改造传统农业》，商务印书馆 1987 年版。

宋则行、樊亢主编《世界经济史》（修订版）上、下卷，经济科学出版社 1998 年。

托达罗：《第三世界的经济发展》，中国人民大学出版社 1988 年版。

托达罗：《第三世界的经济发展》，中国人民大学出版社 1991 年版。

托多洛维奇和希波什：《西欧国家的农业工业化》，裘元伦译，北京出版社 1979 年版。

王章辉、黄柯可编《欧美农村劳动力的转移与城市化》，社会科学文献出版社 1999 年版。

夏耕：《中国城乡二元经济结构转换研究》，北京大学出版社 2005 年版。

杨异同等编《世界主要资本主义国家工业化的条件、方法和特点》，上海人民出版社 1959 年版。

约瑟夫·克拉兹曼：《法国农业》，宇泉译，农业出版社 1982 年版。

论文

R. D. 罗德菲尔德：《农业技术、农场规模和农场组织结构变化的原因》，载《美国的农业与农村》，安子平等译，农业出版社 1983 年版。

戴维·兰迪斯：《1750—1914 年间西欧的技术变迁与工业发展》，载《剑桥欧洲经济史》第六卷，中译本，经济科学出版社 2002 年版，第 260 页。

杜恒波：《历史上的英国农业剩余劳动力转移》，《经济论坛》2004 年第 4 期。

高德步：《工业化过程中的"中间部门"与"过渡性"就业——英国经济史实例考察》，《东南大学学报（哲学社会科学版）》2003 年第 6 期。

顾振华：《英国农、科、教情况简介》，《农业信息探索》1997 年第 6 期。

李世安：《英国农村剩余劳动力转移问题的历史考察》，《世界历史》2005 年第 2 期。

刘英杰：《英国、荷兰农业人力资源开发》，《世界农业》1999 年第 5 期。

农业部软科学委员会考察团：《欧洲农民多种形式的联合与合作组织——法、德、荷三国的考察与启示》，《中国农村经济》1999 年第 4 期。

平培元：《法国的农业教育》，《世界农业》2002 年第 11 期。

裘元伦：《德国工业化中的农业》，《世界农业》1989 年第 1 期。

裘元伦：《德国反失业政策措施》，《德国研究》1998 年第 1 期。

裘元伦：《欧美经济制度模式比较——以就业失业与收入分配两个具体问题为例》，《科学社会主义》2001 年第 2 期。

裘元伦：《欧洲经济—社会政策改革述评》，《红旗文稿》2003 年第 13

期。

裴元伦:《德国社会的收入分配与再分配》,《德国研究》2005 年第 4 期。

裴元伦:《德国社会的收入分配及其对社会福利政策的影响》,《求是》2005 年第 12 期。

裴元伦:《欧洲国家工业化过程中的技术创新与扩散》(上),《中国经贸导刊》2005 年第 23 期。

裴元伦:《欧洲国家工业化过程中的技术创新与扩散》(下),《中国经贸导刊》2005 年第 24 期。

裴元伦:《二百年的发展观:欧洲的经历》,《科学与现代化》2006 年第 5 期。

薛庆根:《英国农村劳动力转移及对中国的启示》,《生产力研究》2004 年第 4 期。

外文文献

著作

AshokV. Desai, *Real Wages in Germany, 1871 – 1963*, London: Oxford University Press. , 1968.

Baines. D. , *Migration in a Mature Economy, Emigration and Internal Migration in England and Wales, 1861 – 1900*, Cambridge: Cambridge University Press, 1985.

Bardhan, P. , *Land, Labor, and Rural Poverty: Essays in Development Economics*, New York: Columbia University Press, 1984.

Borrie, Wilfred David, *The Growth and Control of World Population*, London: Weidenfeld and Nicolson, 1970.

Bry, G. , *Wages in Germany, 1871 – 1945*, Princeton, 1960.

Carr-Saunders Alexander, *World Population: Past Growth and Present Trends*, Oxford: Clarendon Press, 1936.

Chambers, J. D. , *The Agricultural Revolution*, *1750 – 1850*, London: B. T. Batsford Ltd. , 1966.

Chenery, H. B. , *Structural Change and Development Policy*, New York: Oxford University Press, 1979.

Mingay, G. E. , *English Landed Society in the 18th Century*, London: Routledge and Kegan Paul, 1963.

Clark, C. , *The Conditions of Economic Progress*, 3rd edn. , London: Macmillan, 1957.

Coale, Ansley J. , *The Decline of Fertility in Europe from the French Revolution to World War II*, Michigan University Press, 1969.

Court, *British Economic History 1870 – 1914*, *Commentaries and Documents*, New York: Cambridge University Press, 1965.

Dean T. Jamison and Lawrence J. Lau, *Farmer Education and Farm Efficiency*, Washton: The Johns Hopkins University Press, 1982.

Deane, P. and Cole, W. H. , *British Economic Growth*, *Trends and Structure*, London: Cambridge University Press, 1967.

Dovring , F. *Land and Labor in Europe 1900 – 1950. A Comparative Survey of Recent Agrarian History*: *with a Chapter on Land Reform as A Propaganda Theme by Karin Dovring*, The Hugue, 1956.

Eric Kerridge, *The Agricultural Revolution*, London: George Allen & Unwin Ltd. , 1967.

Fei, J. H. and Ranis, *Growth and Development from an Evolutionary Perspective*, Oxford: Blackwell Publishers Ltd. , 1997.

Fei, J. H. and Ranis, *Development of the Labor Surplus Economy*: *Theory and Policy*, Homewood, IL: Richard A Irwin, Inc. , 1964.

Feinstein, C. H. , *National Income*, *Expenditure and Output of the United Kingdom*, *1855 – 1965*, London: Cambridge University Press, 1972.

Franklin. L. Ford, *Europe*, *1780 – 1830*, London: Longmans, 1970.

Frumkin, Grezegorz, *Population Changes in Europe since 1939*: *A Study of Population Changes in Europe during and since World War II as Shown by the Balance Sheets of Twenty-four European Countries*, New York: Kelley, 1951.

Grebenik, E. , in *The Study of Population*, Hauser , P. M. , and Duncan O.

D. , eds. , Chicago: Chicago University Press, 1959.

Hertfelder, Thomas, Roedder, Andreas ed. , Modell Deutschland: Erfolgsgeschichte oder Illusion? Goettingen: Vandenhoeck & Ruprecht, 2007.

H. J. Habakkuk and M. M. Postan, *The Cambridge Economic History of Europe*, Vol. 5, New York: Combridge University Press, 1977.

H. J. Habakkuk and M. M. Postan, *The Cambridge Economic History of Europe*, Vol. 6, New York: Cambridge University Press, 2nd. , 1978.

H. J. Habakkuk and M. M. Postan, *The Cambridge Economic History of Europe*, Vol. 7, New York: Cambridge University Press, 1978.

H. J. Habakkuk and M. M. Postan, *The Cambridge Economic History of Europe*, Vol. 8, New York: Cambridge University Press, 1989.

Hans-Georg Herrlitz, *Deutsche Schulgeschichte von 1800 bis zur Gegenwart*, Knigstein/Ts, 1981.

Hans-Ulrich, Wehler, *Deutsche Gesellschaftsge Schichte1847 – 1914*, Muechun, 1995.

Hans P. Binswanger and Vernon W. Ruttan eds. , *Induced Innovation*: *Technology*, *Institutions and Development*, Baltimore: Johns Hopkins University Press, 1978.

Henderson, W. O. , *Industrial Britain under Regency*: *The Diaries of Escher*, *Bodmer*, May and de Gallois, 1968.

Hill, C. P. , *British Economic and Social History*, *1700 – 1982*, London: Macmillan, 1982.

Johnson, H. G. , *The Two-Sector Model of General Equilibrium*, Chicago: Aldine-Atherton, 1971.

John Parry Lewis, *Building Cycles and Britain's Growth* London: Macmillan, 1965.

Jones, E. L. *Agriculture and the Industrial Revolution*, New York: Halsted Press, 1974.

Kenneth, G. , Connell, *Irish Peasant Society*: *Four Historical Essays*, Oxford: Clarendon Press, 1968.

Kocka Jurgen und Ritter Gerhart, *Sozialgeschichtliches Arbeitsbuch*, Ⅷ, Muechun, 1978.

Koellman Wolfgang, *Bevolkerung in der Industriellen Revolution* , Goettingen, 1974.

Kosinski, Leszek A. , *The Population of Europe*, London: Longmans, 1970.

Kriedte, P. , *Peasants, Landlords and Merchant Capitalists*, Cambridge University Press, 1983.

Kuznets, S. , *Modern Economic Growth: Rate, Structure and Spread*, New Haven: Yale U. P. , 1966.

Mingay, G. E. , *English Landed Society in the 18th Century*, London: Routledge and Kegan Paul, 1963.

Mitchell, B. R. , *British Historical Statistics*, New York: Cambridge University Press, 1988.

Mosson, T. M. , *Management Education in Five European Countries*, London: Business publication Ltd. , 1965.

North Douglass C. , *Structure and Change in Economic History*, New York: W. W. Norton, 1981.

Overton, M. , *Agricuture Revolution in England*, London: Cambridge University Press, 1996.

Peacock, A. T. and Wiseman, J. , *The Growth of the Public Expenditure in the United Kingdom*, Princeton University Press, 1961.

Pollard, S. , *The Development of the British Economy 1914 – 1967*, London: E. Arnold Ltd. , 1969.

Postan, M. M. , *An Economic History of Western Europe: 1945 – 1964*, London: Methuen & Co. , 1967.

Puppke, L. , *Sozialpolitik und Soziale Anschauungen fruehindustrieller Unternehmer in Rheinland und Westfalen*, Cologne, 1966.

Rainer Fremdling , *Eisenbahnen and deutsches Wirtschaft swachstum 1840 – 1879*, Muechun, 1975.

Reford, A. , *Labour Migration in England, 1800 – 1850*, Manchester, 1964.

Richard Sylla and Gianni Toniolo edi. , *Patterns of European Industrialization, The 19th Century*, New York: Routledge, 1991.

Richardson, H. W. , *Economic Recovery in Britain 1932 – 1939*, London: Weidenfeld and Nicolson, 1967.

Ronald Max Hartwell, *The Industrial Revolution and Economic Growth*, London: Methuen Press, 1971.

Samuelson, James, *The German Working Man*, London: Macmillan, 1869.

Saville, J., *Rural Depopulation in England and Wales, 1851 – 1951*, London, 1957.

Schumpeter, J., Business Cycles: *A Theoretical, Historical and Statistical Analysis of the Capital Progress*, Vol. 1, New York, 1939.

Scrinenor, H., *The History of Iron Trade*, London: Longmans, 1854.

Shonfield, A., *Modern Capitalism, the Changing Balance of Public and Private Power*, London: Oxford University Press, 1965.

Sidney, D. Chapman, *The History of Working-Class Housing, A Symposium*, Newton Abbot: David & Charles, 1971.

Simon Kuznets, *Modern Economic Growth: Rate, Structure and Spread*, New Haven: Yale University Press, 1966.

Stone, R., and Rowe, D. A., *The Measurement of Consumers' Expenditure and Behaviour in the United Kingdom 1920 – 1938*, Vol. 2, Cambridge University Press, 1966.

Schultz, T. W., *Transforming Traditional Agriculture*, New Haven: Yale University Press, 1964.

Svennilson, I., *Growth and Stagnation of the European Economy*, UN Economic Commission for Europe, Geneva, 1954.

Thomas, B., *Migration and Economic Growth, A Study of Great Britain and Atlantic Economy*, London: Cambridge University Press, 1965.

Tompson, F. L., *English Landed Society in the 19th Century*, London: Routledge& Kengan Paul, 1963.

Toynbee, A., *Lectures on the Industrial Revolution of the 18th Century in England*, London: Warterloo Place, 1884.

Urwick, L., *The Golden Book of Management, An Historical Record of the life and Work of Seventy Pioneers*, London: Newman Neame Ltd., 1963.

W. W. Rostow, *The Stages of Economic Growth*, New York: Cambridge University Press, 1990.

Weber. A. F., *The Growth of Cities in the 19th Century, a Study in Statistics*,

New York, 1963.

William J. Ashley, *The Progress of the German Working Classes in the Last Quarter of a Century*, London: Longmans, 1904.

William J. Baumol, *Welfare Economics and the Theory of the State*, Harvard University Press, 2nd edition, 1965.

Wilson, C., *The History of Unilever: A Study in Economic Growth and Social Change*, London: Cassell& Co., 1954.

Zorn, Wolfgang, *Handbuch der deutschen Wirtschafts-und Sozialgeschichter*, Vol. 2, Stuttgart, 1976.

论文类

Bardhan, P., "Economics of Development and the Development of Economics", *Journal of Economic Perspectives*, Vol. 7, 1993.

Dieter Langwirsche, " Wanderungsbewegungen in der Hochindustrialisierungsperode Regional, interstaditiche und innerstaditiche Mobilitat in Deutschland 1880 – 1910," *Viertejahrschrift fur Sozial-und Wirtschaftsgeschichte*, No. 64, 1977.

Dovring, F., "The Share of Agriculture in a Growing Population," *Monthly bulletin of Agricultural Economics and Statiistics*, Rome: F. A. O., August/September, 1959.

Feinstein, C. H., "Domestic Capital Formation in the United Kingdom", H. J. Habakkuk and M. M. Postan, *The Cambridge Economic History of Europe*, Vol. 7, New York: Cambridge University Press, 1978.

George G. Stigler, "The Early History of Empirical Studies of Consumer Behavior," *Journal of Political Economy*, LXII, 1954.

Harald Bathelt and Meric S. Gertler, The German Variety of Capitalism: Forces and Dynamics of Evolutionary Change, *Economic Geography* 81: 1, 2005.

Harris, J. and Todaro, M., "Migration, Unemployment and Development: A Two Sector Analysis", *American Economic Review*, Vol. 40, 1970.

Hunt, E. H., "Labour Productivity in English Agriculture (1850 – 1914)," *Economic History Review*, 2nd ser., xxiii, 1970.

Jones, E. L. , "The Agricultural Labour Market in England, 1793 – 1872," *Economic History Review*, Vol. 17, 1971.

Jorgenson, D. W. , "Surplus Agricultural Labor and the Development of a Dual Economy", *Oxford Economic Papers*, Vol. 19, 1967.

Kaelble, H. , "Sozialer Aufstieg in Deutschland, 1850 – 1914," *Vierteljahrschrift fuer Sozial-und Wirtsschaftsgeschichte*, vx, 1973.

Kaelble, H. and H. Vol kmann, "Konjunktur und Streik waehrend des Uebergangs zum Organisierten Kapitalismus," *Zeitschrift fuer Wirtschaft-und Sozialwissenschaften*, Vol. 92, 1972.

Kellenbenz, H. , "Unternehmertum in Suedwestdeutschland," *Tradition*, x, 1965.

Morgan, Valirie, "Agricultural Wage Rates in Late 18th Century Scotland," *Economic History Review*, 2nd ser. xxiv, 1971.

Murata Yasusada, "Rural-urban Interdependence and Industrialization", *Journal of Development Economics*, Vol. 68, 2002.

Pollard Sidney, "The Labor Condition in Great Britain", H. J. Habakkuk and M. M. Postan, *The Cambridge Economic History of Europe*, New York: Cambridge University Press, Vol. 7, 1978.

Qiu Yuanlun: Eight Pairs of Contradictions Contained in Economic Globalization, *World Economy & China*, Vol. 4, 1998.

Stefan Friedrich, "Aus der Geschichte Lernen", Kas-Schriftenreihe China, No. 48, 2004.

Wing, Charles, "*Evils of the Factory System*," Demonstrated by Parliamentary Evidence, 1837, repr, 1967.

索　引

后　记

　　该书根据 2006—2007 年的博士毕业论文并在老师指导下修改而成。工业化是欧洲经济史中一个涉猎宽泛且深度难以估量的题目，导师建议选择该项议题不仅仅是出于让学生补上一堂必修的欧洲经济史课程，更重要的是因为中国正处于这一阶段，而在工业化宽泛的问题中锁定工业化、城镇化及劳动力流动也是由于它们对于中国可持续发展的显著重要性。

　　在工业化的过程中，每个国家或多或少地走过弯路，或者经历过错误的政策选择，而错误政策实施和退出的成本之大，往往使得经济和社会落后几十年乃至一个世纪。国内外关于工业化相关政策研究的文献可谓浩如烟海，而真正适用于中国的却寥若晨星。能否通过对欧洲国家的经验研究洞悉存在于工业化繁多无序的问题中的规律性因素，掌握变化的逻辑和趋势，从而可以超然于短期的无序波动，轻松游弋于工业化过程的波澜变化之上，这是每个发展中国家政策制定者的理想，也是国际问题研究者的努力方向。

　　对于工作与上学的单项选择，我毫不犹豫地选择了后者，静心读书和思考这些问题，亲人们的温暖后盾使我的学习生涯一直是那么充实而快乐。在从仅对大自然感兴趣的思维向经济学转变的过程中，我得到了导师裘元伦先生诸多耐心指导和帮助。入学以来他从阅读文献、写作思路、外语学习等方面手把手地教导我们，并且和师母在生活上给我们以关心和爱护。是导师领我走向了学术之路，作为一个国际问题研究者，必须立足于中国的国情，具有强烈的爱国使命，敏锐的问题意识，在论文的定题、框架安排等方面都渗透着导师的这种理念。

　　对我来说，本书即便是在博士后期间再度修葺，它依然如爱因斯坦最粗陋的第一个小板凳，因为留下了太多的不足和还没来得及做或者细细推敲的问题：尚未收集更加充分的数据对多个国家做第二、三产业劳动力吸纳能力的量化比较；部分内容有待于进一步深化；等等。论文也留下了很大的研究空间，如欧洲工业化中能源环境政策与劳动力市场及经济增长的关系、能源结构变化与绿色就业、去中心化模式对环境及气候保护的作用等。

以上问题以及还有不少未意识到的疏漏都亟待进一步研究，本人以浓厚的兴趣加上进取心，相信会不断地深化对这些问题的研究，同时也会努力完善自己的思考和研究能力。

在开题报告会上，我院李毅研究员、吴弦研究员，国际关系问题研究所孙小青研究员提出了很多宝贵意见；王章辉研究员承担了论文的审读工作，提供了很多建议；陈龙渊研究员、北京师范大学贺力平教授，给了我很有价值的资料和帮助；担任同行评议的德国问题专家殷桐生教授对论文给予了高度赞扬、鼓励和指导。根据他们的建议，我对论文的选题和切入点进行了很大的改动。在写作的过程中，还得到了师友们的诸多有益帮助，限于篇幅无法一一列出，7 年之后的今天，在此一并表示深深的谢意。

感谢上天的恩惠，让我的毕业论文能如愿以偿被随机抽签为全国匿名评审的对象，并得到高度评价；若干年之后，在两位导师的指导下做进一步修改，有幸通过匿名评审入选"优秀博士后学术成果"。由衷地感谢匿名评审专家的宝贵建议和高度评价，这也是对我理论基础和科研能力的肯定，极大地鼓舞了我对梦想的执著和热忱，更加激发了我对可持续发展领域的研究兴趣。

诚惶诚恐，呈现给前辈同行的是一个迟到了 7 年的小板凳，粗浅简陋而远不足以承载师恩。但它是一个起点，我会以更好的研究来回馈上述恩典！由此，作为晚辈，我尤其感谢王伟光院长和我的博士后合作导师潘家华研究员以及张冠梓研究员，感谢他们在我遭遇生命断层期间给我的极大的支持和鼓励，使我得以继续我的梦想！

毋庸置疑，我要特别感谢两位英雄——罗强老师和马华老师，在我最艰难的时期，他们给我以重任，使我在忙碌中得以暂时冻结悲伤，浴火重生，也赋予了我一个实现梦想的宽容和广阔的空间。

感谢张宇燕所长及我所老师们的关心，感谢全国博士后管理委员会以及我院博士后管委会老师们的辛勤付出，感谢社会科学文献出版社的邓泳红、谢炜、郭峰和张丽丽等老师对本书的贡献。

　　对于我在论文中参考或引用了他们作品的所有前辈，我都满怀敬意和谢忱，而对本人在粗陋的小板凳中挥之不去而又贻笑大方的所有错误、疏漏和浅薄承担全部责任，并恳请前辈、同行批评指正。

　　最后，再次感谢两位恩师裘元伦先生和潘家华先生，他们反反复复地敦促我学习，指导论文的写作，并鼓励我修改尘封 7 年的论文参加全国博士后文库评选。求学生涯转瞬即逝，但恩师们的严谨治学和悉心指导却永远铭刻在心。